W0070587

rororo studium

Herausgegeben von Ernesto Grassi
Universität München

*rororo studium ist eine systematisch konzipierte wissenschaftliche Ar-
beitsbibliothek, die nach Inhalt und Aufbau die Vermittlung von theoretischer Grundlegung und Handlungsbezug des Wissens im Rahmen inter-
disziplinärer Koordination anstrebt. Die Reihe orientiert sich an den
didaktischen Ansprüchen, der Sachlogik und dem kritischen Selbstver-
ständnis der einzelnen Wissenschaften. Die innere Gliederung der Stu-
dienkomplexe in EINFÜHRENDE GRUNDRISSE, SCHWERPUNKTANALYSEN und
PRAXISBEZOGENE EINZELDARSTELLUNGEN geht nicht vom überlieferten Fä-
cherkanon aus, sondern zielt auf eine problemorientierte Zusammenfassung der Grundlagen und Ergebnisse derjenigen Wissenschaften, die
wegen ihrer gesellschaftlichen Bedeutung didaktischen Vorrang haben.
Kooperation und thematische Abstimmung der mitarbeitenden Wissen-
schaftler gewährleisten die Verknüpfung zwischen den einzelnen Bänden
und den verschiedenen Studienkomplexen.*

E. G.

Psychoanalyse

MELANIE KLEIN

Das Seelenleben des Kleinkindes

und andere
Beiträge zur
Psychoanalyse

ROWOHLT

Herausgeberassistent: Eginhard Hora
Redaktion: Ursula Einbeck
Ragni M. Gschwend / Frank Schwerin
München

Veröffentlicht im Rowohlt Taschenbuch Verlag GmbH,
Reinbek bei Hamburg, Mai 1972
Herausgegeben von Hans A. Thorner, London
© Ernst Klett Verlag, Stuttgart, 1962
Alle Rechte vorbehalten
Umschlagentwurf Werner Rebhuhn
Satz Aldus (Linofilm-Super-Quick)
Gesamtherstellung Clausen & Bosse, Leck/Schleswig
Printed in Germany
ISBN 3 499 21006 1

INHALTSVERZEICHNIS

Der Gedanke, die vorliegenden gesammelten Schriften dem deutschen Leser zugänglich zu machen, ist aus Gesprächen zwischen MELANIE KLEIN, ALEXANDER MITSCHERLICH und dem Herausgeber entstanden. Seit 1933 sind die Arbeiten MELANIE KLEINS nicht mehr in deutscher Sprache erschienen, und gerade in diesen Zeitraum fallen ihre wichtigsten Beiträge zur Psychoanalyse.

Von vornherein war es klar, daß die Auswahl der Schriften begrenzt sein mußte, und es war der Wunsch der Autorin, daß sie sich auf die reine Psychoanalyse beschränken sollte. Wir haben deshalb alle Arbeiten zur angewandten Psychoanalyse und zur Kinderanalyse weggelassen, mit Ausnahme der Arbeit zur Geschichte und Bedeutung der Spieltechnik, die das Einleitungskapitel bildet. Kinderanalyse war der Ausgangspunkt und die Quelle der analytischen Forschung MELANIE KLEINS, die ihr den direkten Zugang zu den frühkindlichen Konflikten eröffnete. In dieser Arbeit hat MELANIE KLEIN beschrieben, wie sie dazu kam, Spielsachen in die Analyse des Kindes einzuführen, und wie sie zu verstehen begann, daß das Kind im Spiele Phantasien zum Ausdruck bringt wie der Erwachsene in Wortassoziationen. Sie hatte damit ein überaus wichtiges Werkzeug zur analytischen Forschung entdeckt, das ihr erlaubte, die Erkenntnisse FREUDS aus der direkten analytischen Beobachtung zu bestätigen. Zu ihrer Überraschung fand sie, daß der Ödipuskomplex und das Über-Ich bereits in einem früheren Alter wirksam waren, als FREUD aus der Analyse Erwachsener angenommen hatte. Das, was FREUD als die Blütezeit des Ödipuskomplexes beschrieben hatte, hat eine lange Vorgeschichte, die bis in die ersten Monate des Lebens zurückreicht.

Die Kinderanalyse war aber noch unter einem anderen Gesichtspunkt von Wichtigkeit. MELANIE KLEIN erkannte, daß schon Kinder von zweidreiviertel Jahren fähig sind, in eine Übertragungssituation einzutreten. Nach ihrer Überzeugung sind Übertragungsvorgänge mit den fundamentalen Prozessen von Projektion und Introjektion, die von Anfang an bestehen, auf das engste verbunden, und somit war es ihr nicht überraschend, wenn die kleinen Patienten ihr in der Spielanalyse demonstrierten, was für Ängste sie empfanden und in welchen Rollen sie die Analytikerin sahen. FREUD hat die Übertragung entdeckt, aber sie ist von vielen Analytikern nicht ernst genug genommen worden; diese Analytiker nahmen die Übertragung erst dann wahr, wenn sich der Patient ganz bewußt über seine Gefühle und Gedanken in bezug auf den Analytiker aussprach. MELANIE KLEIN dagegen ging auf die ursprüngliche Bedeutung der Übertragung zurück, die, wie FREUD erklärte, nicht von der Analyse geschaffen, sondern nur von ihr aufgedeckt wird.

Die zweite Arbeit dieser Sammlung ist ein Frühwerk. Es handelt sich um die Untersuchung der Symbolbildung. Die Arbeit, die sich noch nicht auf MELANIE KLEINS spätere Einsichten stützen konnte, wurde grundlegend für die Erforschung des Denkens psychotischer Patienten, insbesondere der Schizophrenen. HANNAH SEGAL hat in ihrer Arbeit ‹Notes on Symbol Formation›[1] die Verbindung zu Ideen des späteren Werkes MELANIE KLEINS, speziell dem Geschehen, das sie mit dem Begriff der depressiven Position beschrieb, hergestellt. Die Symbolbildung wird am Kinde studiert, das sich noch nicht der Sprache bedienen kann.

MELANIE KLEIN ist im wesentlichen Klinikerin. Ihre theoretischen Begriffe stammen aus der klinischen Beobachtung und wurden immer wieder an neuen Erfahrungen geprüft. Neben dem sicheren klinischen Blick zeigt die genannte Arbeit die hohe Sensibilität für unbewußte Prozesse, die charakteristisch für alle Schriften MELANIE KLEINS ist.

Es folgen zwei Arbeiten über manisch-depressive Zustände. In ihnen stellt MELANIE KLEIN die Psychogenese der depressiven Reaktion im Zusammenhang mit der kindlichen Entwicklung dar. Auf der einen Seite beschreibt sie die frühkindliche Entwicklung vom Gesichtspunkt der Objektbeziehung aus in zwei Phasen, der paranoid-schizoiden Position und der depressiven Position. Auf der anderen Seite betont sie, daß die Depression nicht eine Reaktion auf einen tatsächlichen Verlust während der späteren Entwicklung darstellt, sondern auf einen phantasierten, der seine Bedeutung dadurch gewinnt, daß der Patient auf jene Stufen regrediert, die mit dem wichtigen frühkindlichen Verlust — symbolisiert durch die Entwöhnung und den Verlust der Mutterbrust — verbunden sind.

Man hat MELANIE KLEIN oft vorgeworfen, daß sie die Bedeutung des Vaters unterschätzt und deshalb den Ödipuskomplex vernachlässigt habe. Ein genaueres Studium ihrer Arbeit, besonders derjenigen über manisch-depressive Zustände, widerlegt diesen Einwand. Die Aufstellung der beiden Positionen ist nicht an Stelle des Ödipuskomplexes getreten, sondern betrifft die Entwicklung der Objektbeziehung. Der Ödipuskomplex taucht ungefähr gleichzeitig mit der depressiven Position auf und ist in seiner Entwicklung aufs engste mit ihr verbunden.

Die nächste Arbeit, ‹Bemerkungen über einige schizoide Mechanismen›, stellt eine Ausarbeitung der Prozesse dar, die in der paranoid-schizoiden Position ihren Ausgangspunkt haben. Spaltungsvorgänge, die bisher wenig Bedeutung in der psychoanalytischen Theorie gewonnen hatten, treten in den Vordergrund, und Begriffe wie projektive Identifikation—im Gegensatz zu der introjektiven Identifikation—werden formuliert. Das sind aber keine theoretischen Abstraktionen, sondern Erscheinungen, die der direkten analytischen Beobachtung zugänglich sind. Seit ihrer ersten Formulierung haben sich diese Begriffe im analytischen Denken eingebürgert, obwohl oft vergessen wird, daß sie auf die Arbeit MELANIE KLEINS zurückgehen.

Die folgenden beiden Arbeiten ‹Zur Theorie von Angst und Schuldgefühl› und ‹Über das Seelenleben des Kleinkindes› sind mehr als eine bloße Zusammenfassung früherer Forschungen. In ihnen stellt die Verfasserin dar, daß die

---

[1] H. SEGAL, Notes on Symbol Formation. Int. J. Psycho-Anal. 38, 1957.

tiefste Angstquelle in der Trieborganisation des Kindes zu suchen ist. Sie hat den Begriff des Todestriebes von FREUD übernommen. Hier ist der eigentliche Grund, von dem her das Kind von Beginn seiner Entwicklung an gezwungen wird zu projizieren; es muß den Todestrieb, der als eine angsterregende innere Bedrohung empfunden wird, nach außen ablenken. Dieser Beitrag bringt die Ideenverknüpfung der Forschung MELANIE KLEINS besonders klar zur Darstellung.

Die letzte Arbeit, ‹Neid und Dankbarkeit›, die auch dem gleichnamigen Buch MELANIE KLEINS den Titel gegeben hat, stellt in einer gewissen Hinsicht die Krönung ihres Werkes dar. Hier wird der Lebenskonflikt von Liebe und Haß, von Lebenstrieb und Todestrieb, in der frühesten Objektbeziehung zu erfassen gesucht.

MELANIE KLEIN hat eine Fülle neuer Gesichtspunkte in die Psychoanalyse eingeführt, aber sie ist immer im Rahmen der Psychoanalyse geblieben. Sie hat die klassische Psychoanalyse weitergeführt, ohne sich von deren Grundprinzipien zu entfernen. Man kann mit Recht sagen, daß ihre Arbeit die weitestgehende Fortentwicklung der klassischen Psychoanalyse in unserer Zeit darstellt. Ihre neuen Gesichtspunkte haben sich organisch aus ihrer klinischen Arbeit, die mit Kindern begann, entwickelt.

MELANIE KLEIN hat auch durch die Erforschung frühester seelischer Entwicklungsstadien neue Wege für die Psychoanalyse der Psychosen eröffnet. Einige ihrer Schüler haben sie weiter ausgearbeitet.[2]

Wenn man von FREUD sagen kann, daß er in den Mittelpunkt seiner Betrachtungen den Sohn gestellt hat, der mit dem Vater um den Besitz der Mutter kämpft, so hat MELANIE KLEIN diesem Konflikt eine weitere Seite hinzugefügt, indem sie Licht auf die Position der Mutter in der Entwicklung des Kindes warf. Sie hat mit anderen Autoren eine wichtige Rolle im Kampfe für die Emanzipation der Frau in der analytischen Theorie gespielt (H. DEUTSCH, K. HORNEY, ERNEST JONES, JOAN RIVIERE). Sie hat sich dagegen gewandt, die Frau in der Theorie quasi nur als kastrierten Mann aufzufassen. Ihr Beobachtungsmaterial hat sich organisch aus ihrer Arbeit mit Kindern entwickelt. Diese Analysen haben die frühen Entwicklungsstadien gezeigt, die dem klassischen Ödipuskomplex, der im fünften Lebensjahr seinen Höhepunkt hat, vorausgehen. Damit waren auch noch weitere Entdeckungen verbunden, die an sich nicht neu waren, aber von ihr in einem neuen Lichte gesehen wurden. Zu denken ist hier an die ‹inneren Objekte›; schließlich ist das Kind für die werdende Mutter das größte und konkreteste innere Objekt. MELANIE KLEIN sah sehr klar die Bedeutung solcher inneren Objekte, oder besser gesagt, der Phantasien von inneren Objekten für die Über-Ich-Entwicklung oder auch für

---

2 Vgl. den Sammelband ‹New Directions in Psycho-Analysis. The Significance of Infant Conflict in the Pattern of Adult Behaviour›. Edited by MELANIE KLEIN, P. HEIMANN, R. E. MONEY-KYRLE. London 1955, und andere Arbeiten in The International Journal of Psycho-Analysis.

hypochondrische und manche psychosomatischen Prozesse.

Die in dem vorliegenden Buch zusammengefaßten Arbeiten geben kein vollständiges Bild der Technik MELANIE KLEINS, die streng analytischen Prinzipien folgte: reine Interpretation der Übertragungssituation, die sie, wie erwähnt, als von Anfang an bestehend erkannte; keine Vermischung mit Angstberuhigung. Soweit sie eine Wahl zwischen verschiedenen Interpretationen hatte, wandte sie sich immer dem dringendsten Angstinhalt zuerst zu. Sie hat sich nie auf die Deutung von Symbolen beschränkt, sondern hat immer das Erlebnis der unbewußten Übertragungssituation in den Vordergrund gestellt. Eine Darstellung ihrer Technik findet sich in ihrem Buch ‹Die Psychoanalyse des Kindes› und in dem kurz vor ihrem Tode erschienenen Buch ‹Narrative of a Child Analysis›.

Die Arbeit ‹Die Bedeutung der Symbolbildung für die Ich-Entwicklung› ist deutsch geschrieben. Die Arbeit ‹Die Psychogenese der manisch-depressiven Zustände› ist von DR. PAULA HEIMANN, London, ‹Neid und Dankbarkeit› von DR. MARLISBETH V. NIEDERHÖFFER, Heidelberg, übersetzt worden, die übrigen vom Herausgeber. MELANIE KLEIN selbst hat die Übersetzungen bis auf zwei vor ihrem Tode noch durchgesehen.

Am Ende des Buches befinden sich eine chronologische Liste der gesamten Veröffentlichungen von MELANIE KLEIN und eine Bibliographie der von ihr benützten Werke. Soweit es möglich war, haben wir die deutschen Übersetzungen angeführt. FREUD ist nach den Gesammelten Schriften zitiert, die nunmehr vergriffen sind. Wir haben der Bibliographie eine besondere Liste folgen lassen, die es dem Leser ermöglicht, die Zitate in den Gesammelten Werken, die die Gesammelten Schriften ersetzen, nachzuschlagen.

Hans A. Thorner, London

DIE PSYCHOANALYTISCHE SPIELTECHNIK:
IHRE GESCHICHTE UND BEDEUTUNG

I

Von der Erkenntnis ausgehend, daß meine Arbeit mit Kindern wie mit
Erwachsenen und meine Beiträge zur psychoanalytischen Theorie sich letzten
Endes auf der Spieltechnik aufbauen, stelle ich eine Untersuchung, die sich
hauptsächlich mit der Spieltechnik befaßt, an den Anfang dieses Buches. Das
bedeutet nicht, daß meine spätere Arbeit eine direkte Anwendung der Spieltechnik ist. Aber die Einsicht, die ich durch sie in die frühe Entwicklung, in
unbewußte Prozesse und in das Wesen der Deutungen, mit denen man sich
dem Unbewußten nähern kann, gewann, hatte einen weitreichenden Einfluß
auf meine Arbeit mit älteren Kindern und Erwachsenen.

Ich werde deshalb kurz die Phasen beschreiben, in welchen sich meine
Arbeit aus der psychoanalytischen Spieltechnik heraus entwickelt hat, aber
ich beabsichtige nicht, eine vollständige Zusammenfassung meiner Ergebnisse zu bringen. Als ich im Jahre 1919 meinen ersten Fall behandelte, lagen
bereits Berichte über Erfahrungen mit Kindern, besonders der von HUG-HELL-
MUTH vor.[1] Allerdings hatte HUGH-HELLMUTH keine Kinder im Alter unter
sechs Jahren analysiert, noch hatte sie eine Spieltechnik ausgearbeitet,
obgleich sie Zeichnungen und gelegentlich auch Spiele als Material benützte.
Zu der Zeit, als ich zu analysieren begann, war es eine allgemein anerkannte
Regel, Deutungen nur selten zu geben. Von wenigen Ausnahmen abgesehen,
hatten die Psychoanalytiker damals die tiefen Schichten des Unbewußten
noch nicht untersucht — bei Kindern wurde ein solcher Versuch sogar für möglicherweise gefährlich erachtet. Diese Zurückhaltung hatte zur Folge, daß
man für eine ganze Reihe von Jahren die psychoanalytische Therapie bei Kindern nur vom Latenzalter ab für möglich hielt.[2]

Mein erster Patient war ein fünfjähriger Knabe. Ich habe ihn unter dem
Namen ‹Fritz› in einer meiner ersten Arbeiten erwähnt.[3] Anfangs glaubte ich,
daß es genügen würde, die Haltung der Mutter zu beeinflussen. Ich regte an,
daß sie das Kind dazu bringen sollte, die vielen unausgesprochenen Fragen,
die es offenbar beschäftigten und seine intellektuelle Entwicklung hinderten,
mit ihr zu besprechen. Das hatte eine gute Wirkung, aber seine neurotischen
Schwierigkeiten wurden nicht genügend gemildert, so daß ich mich bald entschloß, den Knaben zu analysieren. Hierbei wich ich von gewissen Regeln ab,

---

1 H. v. HUG-HELLMUTH, Zur Technik der Kinderanalyse. Int. Zschr. f. Psa. VII,
1921.

2 Eine Beschreibung dieser frühen Methoden findet sich in ANNA FREUDS Buch
‹Einführung in die Technik der Kinderanalyse›. Wien 1927.

3. Eine Kinderentwicklung. Imago VII, 1921. Die Rolle der Schule für die libidinöse
Entwicklung des Kindes. Int. Zschr. f. Psa. IX, 1923; Zur Frühanalyse. Imago IX,
1923.

die man damals allgemein befolgte, indem ich deutete, was mir in dem von dem Kinde gebotenen Material am dringendsten erschien; dabei erlebte ich, wie sich mein Interesse auf die Ängste des Patienten und auf die gegen sie errichteten Abwehrmechanismen konzentrierte. Dieser neue Zugang zur Analyse stellte mich bald neuen Problemen gegenüber. Die Ängste, auf die ich bei der Analyse dieses ersten Falles stieß, waren sehr akut; obgleich ich meine Überzeugung, daß ich mich auf dem rechten Wege befand, durch wiederholte Beobachtungen der Angstverminderung als Folge meiner Deutungen bestätigt sah, war ich manchmal von der Intensität der Ängste, die die Analyse aufdeckte, beunruhigt. Bei einer solchen Gelegenheit bat ich KARL ABRAHAM um Rat. Er erwiderte, er sehe keinen Grund für eine Änderung der Methode, da meine Deutungen bisher oft Erleichterung gebracht hätten und die Analyse offenbar Fortschritte mache. Ich war von dieser Unterstützung ermutigt, und wirklich verminderte sich die Angst, die sich so zugespitzt hatte, in den folgenden Tagen weitgehend, und eine weitere Besserung trat ein. Die Erkenntnis, die ich durch diese Analyse gewann, hat den Verlauf meines ganzen Wirkens beeinflußt.

Die Behandlung wurde im Hause des Kindes mit seinen eigenen Spielsachen durchgeführt. Diese Analyse war der Beginn der psychoanalytischen Spieltechnik: Das Kind drückte von Anfang an seine Phantasien und Ängste hauptsächlich im Spiel aus, während ich beständig deutete, mit dem Erfolg, daß neues Material im Spiele auftauchte. Das heißt, ich wandte schon bei diesem Patienten im wesentlichen die Deutungsmethode an, die charakteristisch für meine Technik wurde. Diese Methode entspricht dem fundamentalen *Prinzip des freien Assoziierens*. Bei der Deutung der Worte sowie auch der Spieltätigkeit des Kindes wandte ich dieses Prinzip auf das Gemüt des Kindes an, da dessen Spiel und Aktivität, d. h. sein ganzes Gebaren, die Ausdrucksmittel für das sind, was der Erwachsene vorwiegend mit Worten ausdrückt. Außerdem ließ ich mich von zwei weiteren Konzepten der Psychoanalyse, die von FREUD aufgestellt und von mir von Anfang an als grundlegend betrachtet wurden, leiten: der *Ergründung des Unbewußten* als der Hauptaufgabe des psychoanalytischen Vorgehens und der *Analyse der Übertragung* als dem Mittel, mit dem man dieses Ziel erreicht.

In den Jahren 1920 bis 1925 gewann ich weitere Erfahrung mit anderen Kindern, aber ein wichtiger Schritt in der Entwicklung der Spieltechnik war die Behandlung eines Kindes im Alter von zwei Jahren und neun Monaten, das ich im Jahre 1923 analysierte. Ich habe Einzelheiten dieses Falles unter dem Namen ‹Rita› in meinem Buche ‹Die Psychoanalyse des Kindes› veröffentlicht.[4] Rita, die an *pavor nocturnus* und Angst vor Tieren litt, war sehr ambi-

---

4 Wien 1932; ‹On the Bringing Up of Children› by five Psycho-Analysts (Herausgeber J. RICKMAN), London 1936; The Oedipus Complex in the Light of Early Anxieties. Int. J. Psycho-Anal. XXVI, 1945.

valent ihrer Mutter gegenüber und hing an ihr in einem Grade, daß man sie kaum jemals allein lassen konnte. Sie hatte eine ausgesprochene Zwangsneurose und war zeitweise sehr deprimiert. Ihr Spiel war gehemmt, und ihre Unfähigkeit, Entbehrungen zu ertragen, machte ihre Erziehung außerordentlich schwierig. Ich war mir nicht klar, wie ich diesen Fall anfassen sollte, da die Analyse eines so kleinen Kindes etwas vollkommen Neues war. Die erste Behandlungsstunde schien meine Zweifel zu bestätigen. Sobald Rita und ich allein in der Kinderstube waren, zeigte sie Anzeichen, die ich als negative Übertragung auffaßte: sie war ängstlich und schweigsam und verlangte sehr bald, in den Garten zu gehen. Ich gab nach und ging mit ihr – ich muß hinzufügen, daß das von der Mutter und Tante beobachtet und als Mißerfolg betrachtet wurde. Sie waren deshalb sehr überrascht, als sie sahen, daß Rita ganz freundlich etwa 15 Minuten später mit mir in die Kinderstube zurückkehrte. Diese Änderung erklärte sich daraus, daß ich ihr die negative Übertragung deutete, während wir draußen waren (was wiederum dem damaligen Gebrauch widersprach). Aus dem, was sie sagte, und aus der Tatsache, daß sie im Garten weniger ängstlich war, schloß ich, daß sie etwas Spezielles fürchte, was ich ihr, wenn wir allein im Zimmer waren, antun würde. Ich deutete ihr das und verband es mit ihrem *pavor nocturnus*, indem ich sagte, daß sie mich als eine feindselige Fremde empfinde oder daß ich ihr wohl auch als die böse Frau erscheine, die sie in der Nacht, wenn sie allein sei, bedrohe. Als ich einige Minuten später vorschlug, in das Kinderzimmer zurückzukehren, war sie ohne weiteres dazu bereit. Wie erwähnt, hatte Rita eine ausgeprägte Spielhemmung; anfangs tat sie kaum etwas anderes, als zwanghaft ihre Puppe aus- und anzuziehen; aber bald begann ich die Ängste, die die Grundlage ihrer Zwangshandlungen waren, zu verstehen und deutete sie. Dieser Fall bestärkte meine wachsende Überzeugung, daß es eine Voraussetzung für die Analyse eines Kindes ist, Phantasien, Gefühle, Ängste und Erlebnisse, die im Spiele ausgedrückt werden oder die im Falle einer Spielhemmung Ursache der Hemmung sind, zu verstehen und zu deuten.

Wie bei Fritz führte ich die Behandlung Ritas bei ihr zu Hause und mit ihren eigenen Spielsachen durch, aber während dieser Behandlung, die nur wenige Monate dauerte, erkannte ich, daß die häusliche Umgebung eines Patienten die Psychoanalyse stört. Obgleich das Kind Hilfe sehr brauchte und die Eltern beschlossen hatten, daß ich es psychoanalysieren solle, fand ich die Haltung der Mutter sehr ambivalent und die Atmosphäre gegenüber der Behandlung feindselig. Ein noch wichtigerer Gegengrund war, daß die Übertragungssituation – das Rückgrat des ganzen psychoanalytischen Prozesses – nur hergestellt und erhalten werden kann, wenn der Patient den Behandlungsraum oder das Spielzimmer, in Wirklichkeit die ganze Analyse, als etwas vom gewöhnlichen Leben zu Hause Getrenntes erleben kann. Nur unter solchen Bedingungen kann der Patient seine Widerstände gegen das Erleben und das Ausdrücken von Gefühlen und Wünschen überwinden, die unvereinbar mit den Konventionen sind und vom Kind als vielen Erziehungsprinzipien widersprechend empfunden werden.

Ebenfalls im Jahre 1923 machte ich weitere wichtige Beobachtungen in der Analyse eines siebenjährigen Mädchens. Ihre neurotischen Schwierigkeiten waren anscheinend nicht ernst, aber ihre Eltern waren seit geraumer Zeit um ihre intellektuelle Entwicklung in Sorge. Obwohl sie ein gescheites Kind zu sein schien, hielt sie in der Schule mit ihrer Altersgruppe nicht Schritt und lehnte die Schule ab; manchmal schwänzte sie den Unterricht. Seit dem Schulbeginn hatte sich ihre zärtliche und vertrauensvolle Beziehung zu ihrer Mutter verändert; sie wurde zurückhaltend und schweigsam. Selbst nach mehreren Behandlungsstunden gelang es mir nicht, mit ihr in Kontakt zu kommen. Auf Grund einiger scheuer Bemerkungen, u. a. über ihre Abneigung der Schule gegenüber, konnte ich einige Deutungen geben, die neues Material lieferten. Aber ich hatte den Eindruck, daß ich auf diesem Wege nicht viel weiter kommen würde. In einer Behandlungsstunde, in der ich das Kind wiederum schweigsam und zurückgezogen fand, verließ ich es mit der Bemerkung, daß ich sofort zurückkehren würde. Ich ging in das Kinderzimmer meiner eigenen Kinder, nahm einige Spielsachen, Autos, kleine Figuren, einige Bausteine und einen Zug, legte sie in eine Schachtel und kehrte zu der Patientin zurück. Das Kind, das bisher weder gezeichnet noch Interesse an anderen Beschäftigungen gezeigt hatte, war an den kleinen Spielsachen interessiert und begann sofort zu spielen. Aus diesem Spiel erfuhr ich, daß zwei kleine Figuren sie selbst und einen kleinen Schulkameraden, von dem ich schon früher gehört hatte, darstellten. Es war etwas Geheimnisvolles im Verhalten dieser beiden Figuren vorhanden, die anderen Figuren wurden mit Argwohn behandelt, weil sie störten oder zuschauten, und wurden schließlich zur Seite gelegt. Das Spiel der beiden Figuren führte zu Katastrophen; sie fielen z. B. hin oder wurden von Wagen überfahren. Dieses Spiel wurde mit steigender Angst wiederholt. An diesem Punkte begann ich, die Einzelheiten des Spieles zu deuten, nämlich daß irgendein Sexualspiel zwischen ihr und ihrem kleinen Freunde stattgefunden habe, und daß sie große Angst habe, es könne entdeckt werden, weshalb sie so argwöhnisch auf andere Leute sei. Ich wies sie darauf hin, daß sie während des Spieles Angst bekommen und an dieser Stelle zu spielen aufgehört habe. Ich erinnerte sie daran, daß sie die Schule nicht mochte, und deutete, daß sie fürchte, die Lehrerin könnte ihre Beziehung zu ihrem Schulkameraden entdekken und sie bestrafen. Vor allem habe sie vor ihrer Mutter Angst und könnte ihr deswegen nicht trauen, und nun würde sie vielleicht dasselbe mir gegenüber empfinden. Die Wirkung dieser Deutung auf das Kind war auffallend: Angst und Argwohn steigerten sich erst, aber bald setzte eine deutliche Erleichterung ein. Ihr Gesichtsausdruck veränderte sich, und obgleich sie weder zugab noch verneinte, was ich ihr gedeutet hatte, zeigte sie in der Folge ihre Zustimmung durch neues Material und durch erhöhte Freiheit in Spiel und Sprache. Ihre Haltung zu mir wurde freundlicher und weniger argwöhnisch. Natürlich trat die negative Übertragung, die mit der positiven abwechselte, immer wieder in den Vordergrund, aber von dieser Behandlungsstunde an machte die Analyse gute Fortschritte. Wie ich hörte, veränderte sich das Verhältnis zu ihrer Familie günstig, besonders zur Mutter. Ihre Abneigung gegen die Schule verminderte sich, sie interessierte sich mehr für den Unterricht, aber ihre Lernhemmung, die tief in ihren Ängsten verankert war, löste sich erst sehr allmählich im Laufe der Behandlung.

II

Die Verwendung der Spielsachen, die ich speziell für das Kind in der Schachtel aufbewahrte, in der ich sie gebracht hatte, erwies sich als wesentlich für die Behandlung. Diese und andere Erfahrungen zeigten mir, welche Spielsachen für die psychoanalytische Spieltechnik am geeignetsten sind.[5] Ich bevorzugte kleine Spielsachen, weil ihre Zahl und Mannigfaltigkeit es dem Kinde ermöglichen, zahlreiche Phantasien und Erfahrungen auszudrücken. Es ist wichtig, daß es keine mechanischen Spielsachen sind und daß die menschlichen Figuren, die nur in Farbe und Größe variieren, keine speziellen Beschäftigungen ausdrücken. Ihre Einfachheit ermöglicht es dem Kinde, sie in verschiedenen Situationen, dem Inhalte des Spieles entsprechend, zu benutzen. Die Möglichkeit, durch das Spiel gleichzeitig eine Reihe von Erfahrungen und phantasierten oder wirklichen Situationen darzustellen, gewährt uns ein zusammenhängendes Bild von der Arbeit der kindlichen Seele.

Entsprechend der Einfachheit der Spielsachen ist auch das Spielzimmer einfach gehalten. Es enthält nichts, was nicht zur Analyse benötigt wird.[6] Die Spielsachen jedes Kindes werden getrennt in einer Schublade verschlossen gehalten, und es weiß daher, daß seine Spielsachen und sein Spiel, das den Assoziationen eines Erwachsenen entspricht, nur ihm selber und dem Analytiker bekannt sind. Die Schachtel, in der ich dem soeben erwähnten kleinen Mädchen zuerst Spielsachen brachte, wurde zum Vorbild der ihm allein gehörigen Schublade, die ein Teil der persönlichen und intimen Beziehung ist, welche die psychoanalytische Übergangssituation kennzeichnet.

Ich meine nicht, daß die psychoanalytische Spieltechnik allein von einer speziellen Auswahl des Spielmaterials abhängt. Manchmal bringen Kinder ihre eigenen Spielsachen, und das Spiel damit kommt genauso der analytischen Arbeit zugute. Aber ich glaube, daß die Spielsachen, die der Analytiker anbietet, im allgemeinen einfach, klein und nicht mechanisch sein sollten.

Spielsachen sind aber nicht die einzigen Gegenstände für eine Spielanalyse.

---

5 Unter ihnen sind die wichtigsten kleine hölzerne Frauen und Männer, gewöhnlich in zwei verschiedenen Größen; Autos, Schubkarren, Schaukeln, Eisenbahnzüge, Tiere, Bäume, Bausteine, Papier und Schere, ein kleines Messer, Bleistifte, Buntstifte oder Farben, Leim, Kugeln oder Bälle, Plastilin und Bindfaden.

6 Es hat einen wischfesten Boden, fließendes Wasser, einen Tisch, ein paar Stühle, ein kleines Sofa, ein paar Kissen und eine Kommode mit Schubladen.

Viele der kindlichen Beschäftigungen spielen sich am Waschbecken ab, das mit ein oder zwei Bechern, Schüsseln und Löffeln ausgestattet ist. Oft zeichnet das Kind, oder es malt, schneidet aus, repariert Spielsachen. Manchmal spielt es Spiele, in denen es dem Analytiker und sich selber gewisse Rollen zuteilt, z. B. ‹Laden spielen›, ‹Doktor und Patient›, ‹Schule›, ‹Mutter und Kind›. In solchen Spielen übernimmt das Kind oft die Rolle des Erwachsenen, nicht nur, um damit seinen Wunsch auszudrücken, die Rollen zu vertauschen, sondern auch, um darzustellen, wie seiner Meinung nach Eltern und andere Autoritätsfiguren sich ihm gegenüber benehmen sollten. Manchmal macht es seiner Aggressivität und seinem Groll Luft, indem es sich in der elterlichen Rolle sadistisch gegen das Kind benimmt, das der Analytiker darstellt. Das Prinzip der Deutung bleibt dasselbe, ob es sich um Phantasien, die mittels der Spielsachen dargestellt werden, oder um Dramatisierungen handelt. Welches Material auch benützt wird, es ist wesentlich, daß die analytischen Prinzipien, die der Technik zugrunde liegen, angewandt werden.[7]

Aggressivität wird auf verschiedenen Wegen, direkt oder indirekt, im kindlichen Spiel ausgedrückt. Oft wird ein Spielzeug zerbrochen, oder, wenn das Kind noch aggressiver ist, werden der Tisch oder Holzstücke mit einem Messer oder einer Schere angegriffen; Wasser oder Farbe werden im Zimmer verschüttet, und der Raum wird zu einem Schlachtfeld. Es ist notwendig, dem Kinde zu erlauben, seine Aggressivität zu äußern, aber am wichtigsten ist dabei zu verstehen, warum an diesem speziellen Punkte die aggressiven Triebe in der Übertragung herauskommen, und ihre Folge auf das kindliche Gemüt zu beobachten. Schuldgefühle folgen oft, wenn das Kind z. B. eine kleine Figur zerbrochen hat. Solche Schuldgefühle beziehen sich nicht auf den aktuellen Schaden, sondern vielmehr auf das, was das Spielzeug für das Unbewußte repräsentiert, z. B. den kleinen Bruder, die Schwester oder einen Elternteil. Die Deutung hat deshalb auch diese tieferen Schichten zu berücksichtigen. Manchmal können wir aus dem Benehmen des Kindes dem Analytiker gegenüber schließen, daß nicht nur Schuld, sondern auch Verfolgungsangst als Folge der Destruktionstriebe aufgetreten sind, und daß es die Vergeltung fürchtet.

Ich konnte gewöhnlich dem Kinde klarmachen, daß ich gewalttätige Angriffe auf mich nicht dulden würde. Diese Haltung schützt nicht nur den Analytiker, sondern ist auch für die Analyse wichtig; denn solche Angriffe, wenn sie nicht in Grenzen gehalten werden, können schwere Schuldgefühle und Verfolgungsängste im Kinde auslösen und dadurch die Schwierigkeiten der Behandlung vergrößern. Ich bin manchmal gefragt worden, wie es mir gelinge, gewalttätige Angriffe auf mich zu verhindern; ich glaube dadurch, daß ich mich bemüht habe, die aggressiven *Phantasien* des Kindes nicht zu

---

7 Beispiele von Spielen mit Spielsachen und von dramatischen Spielen, wie ich sie oben erwähnte, sind in Kapitel II–IV meiner ‹Psychoanalyse des Kindes› angeführt. Vgl. ‹Die Rollenbildung im Kinderspiel›. Int. Zschr. f. Psa. XV, 1929.

hemmen; in der Tat war ihm die Gelegenheit gegeben, sie in anderer Weise auszuleben, einschließlich verbaler Angriffe auf mich. Je mehr ich in der Lage war, die Motive der kindlichen Aggression frühzeitig zu deuten, desto mehr konnte die Beziehung unter Kontrolle gehalten werden. Nur bei psychotischen Kindern hatte ich gelegentlich Schwierigkeiten, mich vor ihrer Aggression zu schützen.

III

Ich fand die Haltung des Kindes gegenüber einem von ihm beschädigten Spielzeug außerordentlich aufschlußreich. Es legt ein solches Spielzeug, mag es einen Geschwister- oder einen Elternteil darstellen, oft zur Seite und verleugnet es für einige Zeit. Damit zeigt es eine Abneigung gegen das beschädigte Objekt, welches Verfolgungsangst auslöst; das Kind fürchtet nämlich, daß die angegriffene Person (dargestellt durch das Spielzeug) rachsüchtig und gefährlich geworden sei. Das Gefühl der Verfolgung kann so stark werden, daß die durch die Beschädigung ausgelösten Schuldgefühle und Depressionen davon verdeckt werden. Auf der anderen Seite können Schuldgefühl und Depression so stark empfunden werden, daß sie zu einer Verstärkung der Verfolgungsangst führen. Aber eines Tages wird das Kind nach dem beschädigten Spielzeug in der Schublade suchen. Das weist dann darauf hin, daß es dem Analytiker gelungen ist, einige wichtige Abwehrmaßnahmen zu analysieren, auf diese Weise die Verfolgungsgefühle zu vermindern und somit dem Kinde das Erlebnis von Schuldgefühl und den Wunsch nach Wiedergutmachung zu gewähren. Wenn das geschehen ist, kann man eine Veränderung in der Beziehung des Kindes zu dem durch das Spielzeug dargestellten Geschwisterteil oder in seinen allgemeinen Beziehungen beobachten. Eine solche Veränderung bestätigt die Verminderung der Verfolgungsangst und zeigt, daß Liebesgefühle gemeinsam mit Schuld und Wiedergutmachungswünschen, die durch übergroße Angst zurückgedrängt waren, in den Vordergrund getreten sind. Bei anderen Kindern oder bei demselben Kinde in einem späteren Stadium der Analyse folgen Schuldgefühle und Wiedergutmachungswünsche der Aggressionshandlung unmittelbar, zugleich mit Zärtlichkeit dem beschädigten Geschwisterteil gegenüber. Die Wichtigkeit solcher Veränderungen kann gar nicht überschätzt werden.

Ein wesentlicher Teil der Deutungsarbeit besteht darin, mit dem Wechsel von Liebe und Haß, wie dem von Glücksgefühlen und Befriedigung einerseits und von Verfolgungsangst und Depression andererseits, Schritt zu halten. Das bedeutet, daß der Analytiker keine Mißbilligung zeigen sollte, wenn das Kind ein Spielzeug zerbrochen hat, noch sollte er das Kind dazu anspornen, seine Aggression auszudrücken oder das Spielzeug zu reparieren. Mit anderen Worten, er sollte es dem Kind ermöglichen, seine Gefühle und Phantasien so zu erleben, wie sie auftreten. Es ist immer ein Teil meiner Technik gewesen, keinen erzieherischen oder moralischen Einfluß auszuüben, sondern mich vollkommen auf die analytische Arbeit zu beschränken, was, kurz gesagt, bedeutet, das Gemüt des Patienten zu verstehen und ihm zu vermitteln, was in ihm vorgeht.

Die Mannigfaltigkeit der emotionalen Situationen, die im Spiel ausgedrückt werden können, ist unbegrenzt, z. B. Gefühle der Versagung oder Zurücksetzung, Eifersucht auf Vater oder Mutter oder auf Brüder und Schwestern, Streitlust in Verbindung mit Eifersucht oder Freude an einem Spielkameraden oder Verbündeten gegen die Eltern, Gefühle von Liebe und Haß auf ein neugeborenes oder zu erwartendes Baby sowie die daraus sich ergebende Angst und Schuld und der Drang nach Wiedergutmachung. Wir sehen auch oft im Spiel des Kindes eine Wiederholung wirklicher Erlebnisse, häufig vermischt mit Phantasien. Manchmal ist auch das Gegenteil aufschlußreich, nämlich wenn wichtige wirkliche Erlebnisse weder im Spiele noch in Assoziationen auftauchen und die Betonung auf anscheinend unwichtigen Geschehnissen liegt. Aber diese unwichtigen Geschehnisse sind von großer Bedeutung für das Kind, weil sie seine Gefühle und Phantasien erregen.

IV

Es gibt viele Kinder mit Spielhemmungen. Eine solche Hemmung unterbindet nicht notwendigerweise das Spiel vollkommen, doch geben diese Kinder ihre Beschäftigung schnell auf. Hier folgt das Beispiel eines Knaben, der mir zur Untersuchung geschickt wurde – es bestand die Hoffnung auf eine spätere Analyse, aber im Augenblick waren die Eltern im Begriffe, mit ihm ins Ausland zu reisen. Einige Spielsachen lagen auf dem Tisch, der Knabe setzte sich und begann zu spielen, was bald zu Unfällen und Zusammenstößen führte, zwei Spielfiguren, die er aufstellen wollte, fielen um. Bei allem zeigte er ziemlich starke Angst; da keine Behandlung geplant war, gab ich keine Deutungen. Nach ein paar Minuten schlüpfte er aus seinem Stühlchen und verließ das Zimmer mit den Worten: «Genug gespielt.» Aus Erfahrung glaube ich, daß es mir bei einer Therapie durch Interpretation der Angst, die er im Spiele mit den Figuren zeigte, und der entsprechenden negativen Übertragung auf mich, gelungen wäre, seine Angst so weit zu mildern, daß er hätte weiterspielen können.

Das nächste Beispiel zeigt einige Ursachen einer Spielhemmung. Peter, drei Jahre und neun Monate alt, den ich in meinem Buch ‹Psychoanalyse des Kindes› beschrieben habe, war sehr neurotisch.[8] Um einige seiner Schwierigkeiten zu erwähnen: er konnte nicht spielen, konnte keine Versagung ertragen, war ängstlich, wehleidig und nicht knabenhaft, manchmal aggressiv und

---

8 Dieses Kind, dessen Analyse im Jahre 1924 begann, gehörte zu den Fällen, die mir halfen, meine Technik zu entwickeln.

höhnisch, sehr ambivalent seiner Familie gegenüber und stark an seine Mutter fixiert. Sie erzählte mir, daß Peter sich nach den Sommerferien sehr zu seinen Ungunsten verändert habe; während der Ferien hatte er im Alter von 18 Monaten das elterliche Schlafzimmer geteilt und Gelegenheit gehabt, den elterlichen Sexualverkehr zu beobachten. Nach diesen Ferien wurde er schwierig, schlief schlecht und begann wieder, nachts das Bett zu beschmutzen, was er einige Monate schon nicht mehr getan hatte. Bis dahin hatte er frei gespielt, aber von diesem Sommer an hörte er auf zu spielen und zerbrach seine Spielsachen. Kurz nachher wurde sein Bruder geboren, was alle diese Schwierigkeiten erhöhte.

In der ersten Behandlungsstunde begann Peter zu spielen; bald ließ er zwei Pferde ineinanderrennen und wiederholte dasselbe mit anderen Spielsachen. Er erwähnte auch, daß er einen kleinen Bruder habe. Ich deutete ihm, daß die Pferde wie die anderen Dinge, die miteinander kollidierten, Menschen darstellten. Anfangs lehnte er diese Deutung ab, aber später nahm er sie an. Er stieß die Pferde wiederum ineinander mit den Worten, daß sie nunmehr schlafen würden, bedeckte sie mit Bausteinen und fügte dann hinzu: «Jetzt sind sie ganz tot; ich habe sie begraben.» Er stellte die Autos in eine Reihe, so daß das Vorderteil des einen das Hinterteil des anderen berührte, was, wie später klar wurde, den väterlichen Penis symbolisierte, und ließ sie herumlaufen, aber plötzlich verlor er die Geduld und warf sie im Zimmer herum mit den Worten: «Wir zerbrechen unsere Weihnachtsgeschenke immer sofort; wir wollen keine.» Das Zerbrechen der Spielsachen bedeutete somit das Zerstören des väterlichen Genitals. Während der ersten Stunde zerbrach er mehrere Spielsachen.

In der zweiten Stunde wiederholte er einige der Spiele, besonders das Aufeinanderstoßen der Wagen, Pferde usw.; er sprach wiederum von seinem kleinen Bruder, worauf ich ihm deutete, daß er mir zeige, wie seine Mama und sein Papa ihre Genitalien aufeinanderstießen (natürlich benützte ich für Genitalien seine eigenen Worte), und daß er glaube, auf diese Weise hätten sie seinen Bruder zur Welt gebracht. Diese Deutung löste neues Material aus, das zeigte, wie ambivalent seine Beziehung zu seinem kleinen Bruder und zu seinem Vater war. Er legte eine männliche Spielfigur auf einen Baustein, den er ‹Bett› nannte, und warf sie herunter, wobei er sagte: «Tot und weg.» Nunmehr stellte er dasselbe mit zwei männlichen Figuren dar, dafür wählte er bereits beschädigte Figuren. Ich deutete, daß der erste Mann seinen Vater darstelle, den er aus dem Bett seiner Mutter werfen und töten wolle, von beiden Männern war einer wiederum der Vater und der andere war er selber, da der Vater ihm dasselbe antun würde. Der Grund, warum er zwei beschädigte Figuren gewählt hatte, war sein Glaube, daß sowohl der Vater wie er selber beschädigt werden würden, wenn er den Vater angriffe.

Dieses Material illustriert verschiedene Dinge, von denen ich nur ein oder zwei erwähnen will. Da Peters Beobachtungen des elterlichen Verkehrs einen großen Eindruck auf ihn gemacht und starke Gefühle, wie Eifersucht,

Angriffslust und Angst, in ihm erweckt hatten, brachte er dies als erstes in seinem Spiel zum Ausdruck. Es besteht kein Zweifel darüber, daß er keine bewußte Erinnerung an diese Erfahrung hatte, mit anderen Worten, daß sie verdrängt war und nur symbolisch ausgedrückt werden konnte. Ich habe guten Grund zu glauben, daß er das Material, das er in der zweiten Stunde produzierte, nicht gebracht haben würde, hätte ich nicht gedeutet, daß die zusammenprallenden Spielsachen Menschen darstellten. Darüber hinaus hätte er wahrscheinlich wie gewöhnlich zu spielen aufgehört, nachdem er die Spielsachen zerbrochen hatte, wenn ich nicht in der zweiten Stunde die Gründe seiner Spielhemmung aufgedeckt hätte.

Es gibt Kinder, die zu Beginn der Behandlung nicht einmal so spielen können wie Peter oder der kleine Junge, der nur zur Untersuchung kam. Aber es ist doch außerordentlich selten, daß ein Kind die Spielsachen, die auf dem Tisch liegen, vollkommen ignoriert. Selbst wenn es sich von ihnen abwendet, gibt das dem Analytiker irgendeinen Hinweis auf die Motive, warum es nicht spielen will. Jede Tätigkeit, wie Bekritzeln von Papier oder Ausschneiden, und jede Einzelheit des Verhaltens, wie Änderungen der Körperhaltung oder des Gesichtsausdruckes, können Anhaltspunkte dafür geben, was in der Seele des Kindes vorgeht, möglicherweise in Verbindung mit dem, was der Analytiker von den Eltern über seine Schwierigkeiten gehört hat.

Ich habe bereits viel über die Wichtigkeit der Deutung für die Spieltechnik gesagt und habe Beispiele ihrer Inhalte gegeben. Das bringt mich zu einer weiteren Frage, die oft an mich gerichtet wurde: «Sind kleine Kinder überhaupt intellektuell fähig, solche Deutungen zu verstehen?» Meine eigene Erfahrung und die meiner Kollegen hat mir gezeigt, daß Deutungen vollkommen verstanden werden, wenn sie sich auf den wesentlichen Teil des Materials stützen. Selbstverständlich muß der Kinderanalytiker seine Deutungen ganz kurz und klar geben und sollte dabei soweit als möglich die Worte des Kindes benützen. Wenn er die wesentlichen Teile des Materials, das ihm vom Kinde gegeben wurde, in einfache Worte übersetzt, wird er mit den Gefühlen und Ängsten, die im Augenblick hauptsächlich wirksam sind, in Kontakt kommen. Das bewußte und intellektuelle Verständnis des Kindes folgt nach. Eine der vielen interessanten und überraschenden Erfahrungen des Anfängers in der Kinderanalyse ist, selbst bei ganz kleinen Kindern eine Einsichtsfähigkeit zu finden, die oft viel größer ist als bei Erwachsenen. Daraus dürfen wir schließen, daß die Verbindungen zwischen Bewußtem und Unbewußtem bei kleinen Kindern enger sind als bei Erwachsenen und daß kindliche Verdrängungen weniger intensiv sind. Ich glaube auch, daß die intellektuellen Fähigkeiten des Kleinkindes oft unterschätzt werden und daß es in Wirklichkeit intellektuell mehr verstehen kann, als man ihm gewöhnlich zutraut.

Die folgende Reaktion eines kleinen Kindes auf Deutungen soll das illustrieren. Peter, aus dessen Analyse ich ein paar Einzelheiten angeführt habe, lehnte meine Deutung ab, daß die Spielfigur, die er vom Bett› geworfen hatte und die ‹tot und weg› sein sollte, den Vater darstelle. (Die Deutung von Todeswünschen gegen eine geliebte Person löst gewöhnlich große Widerstände in Kindern wie in Erwachsenen aus.) In der dritten Stunde brachte Peter wieder ähnliches Material, aber diesmal nahm er meine Deutung an und sagte nachdenklich: «Und wenn ich ein Papa wäre, und jemand wollte mich hinter das Bett werfen und mich tot und weg machen, was würde ich davon denken?» Dies zeigte, daß er nicht nur meine Deutung durchgearbeitet, verstanden und angenommen hatte, sondern daß er auch noch eine ganze Menge mehr verstanden hatte. Er hatte erkannt, daß seine aggressiven Gefühle gegen den Vater zu seiner Furcht vor ihm beigetragen hatten und er seine eigenen Impulse auf seinen Vater projiziert hatte.

Eines der wichtigsten Elemente der Kinderanalyse ist immer die Analyse der Übertragung gewesen. Wie wir wissen, wiederholt der Patient in der Übertragung auf den Analytiker frühere Emotionen und Konflikte. Meine Erfahrung hat mir gezeigt, daß wir den Patienten fundamental helfen können, wenn wir ihre Phantasien und Ängste in unseren Übertragungsdeutungen auf die Ursprungssituationen zurückführen, nämlich die frühe Kindheit und die Beziehungen zu den ersten Objekten. Durch das Wiedererleben früherer Gefühlsbewegungen und Phantasien und durch ihre Inbeziehungsetzung zu seinen primären Objekten kann der Patient diese Beziehungen von Grund auf revidieren und auf diese Weise seine Angst wirksam vermindern.

V

Auf die ersten Jahre meiner Arbeit zurückblickend, möchte ich einige Tatsachen betonen. Ich erwähnte bereits, wie sich mein Interesse auf die Ängste und die dagegen aufgebauten Abwehrmaßnahmen richtete, als ich meinen ersten Kinderpatienten analysierte. Die Bedeutung, die ich den Ängsten zuschrieb, führte mich tiefer in das Unbewußte und in das Phantasieleben des Kindes. Diese Betonung widersprach dem psychoanalytischen Grundsatz, daß Deutungen bei Kindern weder oft noch tiefgehend gegeben werden sollten. Ich beharrte auf diesem Wege, obgleich er eine radikale Änderung der Technik bedeutete. Dieser Weg führte mich in ein neues Gebiet; denn er eröffnete mir das Verständnis für frühe infantile Phantasien, Ängste und Abwehrmechanismen, die damals noch weitgehend unerforscht waren. Das wurde mir klar, als ich begann, meine klinischen Funde theoretisch zu formulieren.

Eines der Phänomene, die in der Analyse von Rita einen tiefen Eindruck auf mich gemacht hatten, war die Strenge ihres Über-Ichs. Ich habe in meiner ‹Psychoanalyse des Kindes› beschrieben, wie Rita die Rolle einer strengen und strafenden Mutter zu spielen pflegte, in der sie das Kind (durch eine Puppe oder durch mich dargestellt) sehr grausam behandelte. Weiterhin führten mich die Beobachtungen ihrer Ambivalenz der Mutter gegenüber und ihres starken Bedürfnisses nach Bestrafung, ihrer Schuldgefühle und ihrer nächtlichen Ängste zu der Erkenntnis, daß in diesem Kinde von zwei Jahren und neun

Monaten — was auf ein noch früheres Entstehungsalter hinwies — ein strenges und unnachgiebiges Über-Ich waltete. Ich fand diese Entdeckung in den Analysen anderer kleiner Kinder bestätigt und schloß daraus, daß das Über-Ich in einem viel früheren Stadium entsteht, als FREUD annahm. Mit anderen Worten, es wurde mir klar, daß das Über-Ich, wie es von ihm verstanden wurde, das Endresultat einer Entwicklung ist, die sich über mehrere Jahre erstreckt. Durch weitere Beobachtungen erkannte ich, daß das Über-Ich vom Kinde als etwas Konkretes empfunden wird, das in seiner Innenwelt wirkt; es besteht aus mannigfaltigen Gestalten, deren Ursprung in den aus verschiedenen Phasen stammenden Erfahrungen und Phantasien liegt, in denen das Kind seine Eltern introjiziert hat.

Diese Beobachtungen wiederum brachten bei den Analysen von kleinen Mädchen die Entdeckung der führenden weiblichen Angstsituation: die Mutter wird als die Ur-Verfolgerin empfunden, die als inneres und äußeres Objekt den kindlichen Körper angreift und das Mädchen seiner Phantasie-Kinder beraubt. Diese Ängste entstehen aus Phantasien, in denen das Mädchen den mütterlichen Körper angreift, um ihn seiner Inhalte, wie z. B. des Stuhls, des väterlichen Penis und der Kinder zu berauben, und führen zur Furcht vor Vergeltung durch ähnliche Angriffe. Solche Verfolgungsängste fand ich kombiniert oder alternierend mit schwerer Depression und Schuldgefühlen. Das führte mich zur Entdeckung der lebenswichtigen Rolle des Dranges nach Wiedergutmachung im seelischen Leben. ‹Wiedergutmachung› oder ‹Reparation› ist ein umfassenderer Begriff als FREUDS ‹Ungeschehenmachen in der Zwangsneurose› und ‹Reaktionsbildung›; denn er schließt verschiedene Prozesse ein, in denen das Ich fühlt, daß es einen in der Phantasie begangenen Schaden wiedergutmacht, Objekte wiederherstellt, sie schützt oder belebt. Die Bedeutung dieser mit Schuldgefühlen verknüpften Tendenz liegt in ihrem überragenden Beitrag zu allen Sublimierungen und damit zur seelischen Gesundheit.

Als ich die phantasierten Angriffe auf den mütterlichen Körper näher studierte, wurde ich bald der anal- und urethral-sadistischen Triebe gewahr. Ich erwähnte schon, wie ich die Strenge des Über-Ichs bei Rita erkannte (1923) und wie ihre Analyse mir zu verstehen half, auf welchem Wege die Zerstörungsimpulse gegen die Mutter zur Ursache von Schuld- und Verfolgungsgefühlen werden. Einer der Fälle, in welchem mir die anal- und urethral-sadistische Natur dieser Zerstörungstriebe klar wurde, war ‹Trude›, drei Jahre und drei Monate alt, die ich 1924 analysierte.[9] Als sie zu mir zur Behandlung kam, litt sie an verschiedenen Symptomen, wie Nachtängsten und Inkontinenz von Stuhl und Urin. Sehr früh in ihrer Analyse bat sie mich, so zu tun, als ob ich im Bett läge und schliefe. Sie sagte dann, daß sie mich angreifen und in meinem After nach Stuhlgang schauen würde, welcher, wie ich von ihr erfuhr, Kinder repräsentierte, und daß sie ihn herausnehmen würde. Solche Angriffe endeten damit, daß sie sich in eine Ecke verkroch und spielte, sie läge im Bett, mit

9 Vgl. ‹Psychoanalyse des Kindes›.

Kissen bedeckt, die ihren Körper schützen sollten und gleichzeitig Kinder repräsentierten. Gleichzeitig machte sie sich naß und zeigte deutlich, daß sie fürchtete, von mir angegriffen zu werden. Ihre Ängste vor der gefährlichen introjizierten Mutter bestätigten die Schlüsse, die ich zuerst in Ritas Analyse formulierte. Beide Analysen waren sehr kurz, teilweise, weil die Eltern mit der erzielten Besserung zufrieden waren.[10]

Kurz darauf überzeugte ich mich, daß solche Zerstörungstriebe und Phantasien letzten Endes auf oral-sadistische Triebe zurückgeführt werden können. Tatsächlich hatte schon Rita das ziemlich klar gezeigt. Bei einer Gelegenheit schwärzte sie ein Stück Papier, riß es in kleine Stücke, warf sie in ein Glas Wasser, welches sie an den Mund nahm, als ob sie daraus trinken wollte, und sagte leise «tote Frau».[11] Dieses Zerreißen und Beschmutzen des Papiers deutete ich damals als den Ausdruck von Angriffs- und Tötungsphantasien der Mutter gegenüber, die Vergeltungsängste verursachten. Ich erwähnte schon, daß ich erst in der Analyse von ‹Trude› den spezifisch anal- und urethral-sadistischen Charakter solcher Angriffe erkannte. Aber in anderen Analysen, die ich 1924/25 durchführte (Ruth und Peter, beide in der ‹Psychoanalyse des Kindes› beschrieben), fand ich auch, welche fundamentale Rolle oral-sadistische Triebe in den Zerstörungsphantasien und entsprechenden Ängsten spielen; damit bestätigten meine Analysen von kleinen Kindern vollkommen die Entdeckungen ABRAHAMS[12]. Da diese Analysen länger als die Ritas und Trudes dauerten, konnte ich weitere Beobachtungen machen, die mir zu einer volleren Einsicht in die fundamentale Rolle von oralen Wünschen und Ängsten in der normalen und abnormalen seelischen Entwicklung verhalfen.

Wie bereits erwähnt, hatte ich in Rita und Trude die Verinnerlichung einer angegriffenen und deshalb furchterregenden Mutter – das strenge Über-Ich – erkannt. Von 1924 bis 1926 analysierte ich ein sehr krankes Kind.[13] In dieser Analyse lernte ich viel über die spezifischen Einzelheiten einer solchen Verinnerlichung und über die Phantasien und Triebe, die paranoiden und manisch-depressiven Ängsten zugrunde liegen. Ich lernte den oralen und analen Charakter introjektiver Prozesse und der Verfolgungssituationen, die sie erzeugten, verstehen. Ich erkannte auch die Wege, auf denen innere Verfolgung mittels Projektion die Beziehung zu äußeren Objekten beeinflußt. Die Intensität des bei dem Kinde vorhandenen Neides und Hasses deutete zweifellos auf deren Abkunft von der oral-sadistischen Beziehung zur Mutterbrust hin;

---

10 Rita hatte 83, Trude 82 Behandlungsstunden.

11 Siehe ‹The Oedipus Complex in the Light of Early Anxieties›. Int. J. Psycho-Anal. XXVI (1945), abgedruckt in ‹Contributions to Psycho-Analysis›, pp. 374/5.

12 K. ABRAHAM, Versuch einer Entwicklungsgeschichte der Libido auf Grund der Psychoanalyse seelischer Störungen. Neue Arbeiten zur ärztlichen Psychoanalyse Heft 11. Seither in englischer Übersetzung abgedruckt: Selected Papers, London 1927.

13 In ‹Psychoanalyse des Kindes› unter dem Namen Erna beschrieben (Kap. III).

hinzu kam der Beginn des Ödipuskomplexes. Ernas Analyse half mir, die Basis für eine Reihe von Schlußfolgerungen zu schaffen, die ich dem Zehnten Internationalen Psychoanalytischen Kongreß 1927 vorgelegt habe,[14] darunter besonders die Auffassung, daß das frühe Über-Ich, das sich entwickelt, wenn oral-sadistische Triebe ihre Blütezeit haben, der Psychose zugrunde liegt — eine Ansicht, die ich zwei Jahre später entwickelte, als ich die Bedeutung des oralen Sadismus für die Schizophrenie beschrieb.

Gleichzeitig mit den Analysen, die ich bisher erwähnte, konnte ich einige interessante Beobachtungen bezüglich der Angstsituationen bei Knaben machen. Die Analysen von Knaben und Männern bestätigten völlig FREUDS Anschauung, daß die Kastrationsangst die führende Angst des Mannes ist, aber ich erkannte, daß infolge der frühen Identifizierung mit der Mutter (die weibliche Position, die charakteristisch für die Frühstadien des Ödipuskomplexes ist) die Angst vor Angriffen auf das Innere des Körpers von großer Bedeutung bei Männern und bei Frauen ist und die Kastrationsangst auf verschiedene Weise beeinflußt und formt.

Die Ängste, die auf die phantasierten Angriffe gegen den Körper der Mutter und gegen den Vater, den er enthalten soll, zurückgehen, erwiesen sich als die Basis der Klaustrophobie, die die Angst, in dem mütterlichen Körper gefangen und begraben zu sein, darstellt. Die Verbindung dieser Ängste mit Kastrationsangst kann zum Beispiel in der Phantasie gesehen werden, den Penis in der Mutter zu verlieren oder zerstört zu bekommen, was zu Impotenz führen kann.

Ich erkannte, daß die im Kinde als Folge der phantasierten Angriffe auf den mütterlichen Körper bestehenden Ängste vor Angriffen seitens äußerer und verinnerlichter Objekte eine besondere Qualität und Intensität besitzen, die deren psychotischen Charakter nahelegen. Bei der Erforschung der kindlichen Beziehung zu inneren Objekten stellten sich mannigfaltige Situationen von innerer Verfolgung mit psychotischen Inhalten heraus. Weiterhin kam ich zu der Ansicht, daß die anfängliche Abwehr des Ichs gegen die von aggressiven Trieben und Phantasien bestimmte Angst gerichtet ist, da ich mehr und mehr erkannte, daß die Angst vor Vergeltung von der eigenen Aggressivität des Individuums abstammt. Immer wieder konnte der Ursprung dieser psychotischen Ängste auf den oralen Sadismus zurückgeführt werden. Ich erkannte auch, daß die oral-sadistische Beziehung zur Mutter und die Verinnerlichung einer gefressenen und deshalb als fressend empfundenen Brust das Vorbild für alle inneren Verfolger schafft. Weiterhin bildet die Verinnerlichung einer beschädigten und deshalb gefürchteten Brust einerseits und einer befriedigenden und hilfreichen Brust andererseits den Kern des Über-Ichs. Eine weitere Schlußfolgerung war, daß sadistische Phantasien und Wünsche aus allen Triebquellen bereits in einem sehr frühen Entwicklungsstadium wirksam sind und sich mit den oralen Ängsten überschneiden, obwohl die oralen Ängste die

---

14 Frühstadien des Ödipuskonfliktes. Int. Zschr. f. Psa. XIV, 1928.

frühesten sind.[15]

Die Bedeutung der infantilen Ängste, die ich soeben beschrieben habe, zeigte sich auch in der Analyse von schwerkranken Erwachsenen; einige von ihnen waren psychotische Grenzfälle.[16]

Der Vergleich zwischen der unzweifelhaft paranoiden Erna[17] und den Phantasien und Ängsten, die ich bei weniger kranken Kindern gefunden hatte, die höchstens als neurotisch bezeichnet werden konnten, gab mir die Überzeugung, daß psychotische (d. h. paranoide und depressive) Ängste der infantilen Neurose zugrunde liegen. Ich hatte ähnliche Beobachtungen auch in den Analysen neurotischer Erwachsener gemacht. Diese verschiedenen Wege der Erforschung führten zu der Hypothese, daß Ängste von psychotischem Cha-

---

15 Diese und andere Schlußfolgerungen sind auch enthalten in: ‹Frühstadien des Ödipuskonflikts›. Int. Zschr. f. Psa. XIV, 1928; siehe ferner ‹Die Bedeutung der Symbolbildung für die Ich-Entwicklung›, unten S. 29 ff. Vgl. auch ‹Die Rollenbildung im Kinderspiel›. Int. Zschr. f. Psa. XV, 1929.

16 Möglicherweise wurde mir das Verständnis der Inhalte psychotischer Ängste und der Dringlichkeit, sie zu deuten, durch die Analyse eines paranoid Schizophrenen nähergebracht, der nur für einen Monat zu mir in Behandlung kam. Im Jahre 1922 bat mich ein Kollege, der in Ferien ging, für einen Monat einen schizophrenen Patienten zu übernehmen. Ich fand von der ersten Behandlungsstunde an, daß ich dem Patienten nicht erlauben durfte, längere Zeit zu schweigen. Ich fühlte, daß seine Schweigsamkeit gefährlich war, und bei jeder solchen Gelegenheit deutete ich seinen Argwohn vor mir, zum Beispiel, daß ich mit seinem Onkel unter einer Decke steckte, um ihn wieder in eine Heilanstalt zu bringen — er war erst kürzlich entlassen worden —, Ideen, die er bei anderen Gelegenheiten selber äußerte. Einmal, als ich seine Stille in dieser Weise deutete, indem ich sie mit früherem Material verband, saß der Patient auf und fragte mich mit bedrohlicher Stimme: «Werden Sie mich in die Heilanstalt zurückschicken?» Aber bald nachher wurde er ruhiger und begann freier zu sprechen. Das bewies mir, daß ich auf der rechten Fährte war und die Deutung seines Argwohns und seiner Verfolgungsgefühle fortsetzen sollte. Bis zu einem Grade entwickelte er positive und negative Übertragungen auf mich; einmal, als seine Furcht vor Frauen in den Vordergrund trat, forderte er von mir den Namen eines männlichen Analytikers, an den er sich wenden könnte. Ich gab ihm den Namen, aber er wandte sich niemals an ihn. Während dieses Monats sah ich den Patienten jeden Tag. Der Analytiker, der mich gebeten hatte, die Behandlung zu übernehmen, fand bei seiner Rückkehr, daß der Patient Fortschritte gemacht hatte, und bat mich, die Analyse fortzusetzen. Ich lehnte das aber ab, da ich mir der Gefahr einer Behandlung eines paranoischen Patienten ohne Schutzmaßnahmen oder andere geeignete Vorbereitungen völlig bewußt geworden war. Während der Dauer seiner Behandlung bei mir stand er oft auf der Straße meinem Hause gegenüber, nach meinem Fenster schauend, obwohl er nur selten klingelte und mich zu sehen verlangte. Ich möchte nur erwähnen, daß er bald danach wieder in eine Nervenheilanstalt geschickt werden mußte. Obgleich ich damals keine theoretischen Schlußfolgerungen aus dieser Erfahrung zog, glaube ich, daß dieses Fragment einer Analyse mir geholfen hat, Einsicht in die psychotische Natur der infantilen Ängste zu gewinnen und meine Technik zu entwickeln.

17 Siehe ‹Psychoanalyse des Kindes›, Kapitel III.

rakter in gewissem Maße Teil der normalen infantilen Entwicklung sind und in der infantilen Neurose ihren Ausdruck finden und durchgearbeitet werden.[18] Um diese infantilen Ängste freizulegen, muß die Analyse in tiefe Schichten des Unbewußten eindringen; das trifft sowohl für Erwachsene wie für Kinder zu.[19]

Bereits in der Einleitung betonte ich, daß sich meine Aufmerksamkeit von Anfang an auf die Ängste des Kindes richtete und daß ich durch Deutung ihrer Inhalte in der Lage war, Angst zu vermindern. Hierbei benützte ich vor allem die symbolische Sprache des kindlichen Spieles, das ich für die wesentliche kindliche Ausdrucksform halte. Wie wir sahen, waren Bausteine, kleine Figuren, Wagen nicht nur Gegenstände des kindlichen Interesses an sich, sondern gewannen im Spiel immer wieder andere symbolische Bedeutungen, die mit den Phantasien, Wünschen und Erfahrungen des Kindes verbunden waren. Diese archaische Ausdrucksweise ist auch die Sprache, die uns aus Träumen vertraut ist, und indem ich das Spiel des Kindes in einer der FREUDschen Traumdeutung ähnlichen Weise behandelte, fand ich Zugang zum Unbewußten des Kindes. Wir haben zu beachten, wie jedes Kind im Zusammenhang mit seinen individuellen Gefühlsbewegungen und Ängsten und in Verbindung mit der Gesamtsituation, wie sie sich in der Analyse offenbart, mit Symbolen umgeht; eine bloß allgemeine Übersetzung von Symbolen ist bedeutungslos.

Die Bedeutung, die ich der Symbolik zuschrieb, führte mich im Laufe der Zeit zu theoretischen Schlußfolgerungen über den Prozeß der Symbolbildung. Die Spielanalyse hatte gezeigt, daß die Symbolik es dem Kinde ermöglicht, nicht nur Interessen, sondern auch Phantasien, Ängste und Schuldgefühle auf Objekte und nicht nur auf andere Personen zu übertragen.[20] Auf diese Weise hat das Kind beim Spiel das Gefühl einer Erleichterung; das ist einer der Faktoren, die das Spiel für das Kind so wesentlich machen. Als ich Peter, den ich schon früher erwähnte, deutete, daß er seinen Bruder meinte, als er eine Spielfigur zerbrach, erklärte er mir, daß er das nicht mit seinem wirklichen Bruder machen würde, sondern daß es sich nur um den Spielzeug-Bruder handelte. Meine Deutung klärte ihn natürlich darüber auf, daß es im Grunde sein Bruder war, den er töten wollte; das Beispiel illustriert, daß er nur auf symbolische Art seine destruktiven Tendenzen in der Analyse ausdrücken konnte.

Ich bin auch zu der Anschauung gelangt, daß die Hemmung, Symbole zu bilden oder zu benützen und so das Phantasieleben zu entwickeln, bei Kindern

18 Wie wir wissen, fand FREUD keinen strukturellen Unterschied zwischen Normalem und Neurotischem; diese Entdeckung war von größter Bedeutung für das Verständnis seelischer Prozesse im allgemeinen. Meine Hypothese von der allgemeinen Natur psychotischer Ängste in der Kindheit und ihrer Bedeutung für die infantile Neurose ist nur eine Erweiterung der FREUDschen Entdeckung.

19 Die Schlußfolgerungen des letzten Abschnittes sind ausführlich in der ‹Psychoanalyse des Kindes› behandelt.

20 Vgl. die wichtige Arbeit von ERNEST JONES, Die Theorie der Symbolik. Int. Zschr. f. Psa. V, 1919, und VIII, 1922.

Zeichen einer ernsten Störung ist.[21] Ich wies in derselben Arbeit darauf hin, daß solche Hemmungen und die sich daraus ergebende Störung in der Beziehung zur äußeren Welt und zur Realität charakteristisch für Schizophrenie sind.[22]

Ich fand es vom klinischen und theoretischen Gesichtspunkt her sehr wertvoll, sowohl Kinder als auch Erwachsene zu analysieren. Auf diese Weise konnte ich im Erwachsenen kindliche Phantasien und Ängste beobachten und im Kleinkind seine wahrscheinliche zukünftige Entwicklung beurteilen. Durch den Vergleich des schwerkranken Kindes mit dem neurotischen und normalen und durch die Erkenntnis, daß die kindlichen Ängste psychotischer Natur die Ursache der Krankheit erwachsener Neurotiker sind, kam ich zu den Schlüssen, die ich hier beschrieben habe.

VI

Indem ich in den Analysen von Erwachsenen und Kindern die Entwicklung von Triebregungen, Phantasien und Ängsten bis zu ihrem Ursprung zurückverfolgte, d. h. zu den Gefühlen der mütterlichen Brust gegenüber — selbst wenn sie nicht brustgestillt waren —, fand ich, daß Objektbeziehungen fast bei der Geburt beginnen und mit den ersten Erfahrungen beim Genährtwerden entstehen; weiterhin kam ich zu der Ansicht, daß alle Erscheinungen des Seelenlebens mit Objektbeziehungen verbunden sind. Es ergab sich ferner, daß die Erfahrung der äußeren Welt des Kindes dauernd von der Welt, die es in sich entwickelt, beeinflußt wird, und umgekehrt, daß äußere Erfahrungen die innere Welt beeinflussen. Dabei ist zu bedenken, daß die Erfahrung seiner äußeren Welt sehr bald die ambivalente Beziehung zum Vater und zu anderen Familienmitgliedern einschließt und daß äußere und innere Situationen miteinander eng zusammenhängen, da Projektion und Introjektion von Anfang an miteinander verknüpft sind.

Die Beobachtung, daß im kindlichen Erleben die Mutter primär als gute und als böse Brust, die beide voneinander abgespalten sind, erscheint und daß bei wachsender Ichintegration innerhalb der ersten Monate die beiden entgegengesetzten Aspekte sich allmählich verbinden, macht die Bedeutung der Prozesse, die gute und böse Objekte spalten und voneinander getrennt halten, verständlicher. Damit kam ich auch zu einer Würdigung dieser Prozesse für die Ich-Entwicklung.[23] Aus der Erfahrung, daß depressive Angst entsteht, wenn das Ich die guten und bösen (geliebten und gehaßten) Aspekte des

---

21 Die Bedeutung der Symbolbildung für die Ich-Entwicklung, unten S. 29 ff.

22 Ich kann hier nicht auf die fundamentalen Unterschiede eingehen, die, neben gemeinsamen Zügen, zwischen dem Normalen, dem Neurotiker und dem Psychotiker bestehen.

23 Die Rollenbildung im Kinderspiel, a. a. O.

Objekts verbindet, kam ich zu dem Begriff der ‹depressiven Position›, welche ihren Höhepunkt um die Mitte des ersten Jahres herum erreicht. Der depressiven Position geht die ‹paranoide Position› voraus, die sich über die ersten drei oder vier Monate des Lebens ausdehnt und die durch paranoide Angst und Spaltungsprozesse charakterisiert ist.[24] Später, im Jahre 1946[25], als ich meine Auffassung über die ersten drei oder vier Lebensmonate neu formulierte, nannte ich dieses Stadium, einer Anregung von FAIRBAIRN folgend,[26] die paranoid-schizoide Position und versuchte, meine Erfahrungen über Spaltung, Projektion, Verfolgung und Idealisierung zu koordinieren.

Meine Arbeit mit Kindern und die theoretischen Schlußfolgerungen, die ich aus ihr zog, beeinflußten meine Technik mit Erwachsenen in steigendem Maße. Es war immer einer der Grundpfeiler der Psychoanalyse, daß das Unbewußte, das in der kindlichen Seele entsteht, im Erwachsenen erforscht werden muß. Meine Erfahrung mit Kindern führte mich in dieser Richtung tiefer, als es früher der Fall war, und führte zu einer Technik, die den Zugang zu diesen Schichten ermöglichte. Insbesondere half mir meine Spieltechnik zu erkennen, welches Material für die Deutung in einem bestimmten Augenblick am dringendsten war und auf welchem Wege es am deutlichsten dem Patienten vermittelt werden könnte. Manche dieser Erkenntnisse konnten auf die Analysen von Erwachsenen angewandt werden.[27] Wie ich bereits auseinandergesetzt habe, bedeutet das nicht, daß die Technik der Kinderanalyse identisch mit derjenigen Erwachsener ist. Obwohl wir auf die frühesten Stadien zurückgehen, ist es von großer Bedeutung in der Analyse von Erwachsenen, dem erwachsenen Ich Rechnung zu tragen, genauso wie wir bei Kindern das kindliche Ich je nach dem Stadium seiner Entwicklung beachten müssen.

Das tiefere Verständnis der frühesten Entwicklungsstadien, der Rolle der Phantasien, Ängste und Abwehrmechanismen im Gemütsleben des Kleinkindes, hat auch neues Licht auf die Fixationspunkte der Psychosen Erwachsener geworfen. Als Resultat hat sich ein neuer Weg zur Behandlung von Psychosen eröffnet. Dieses Feld, besonders die Psychoanalyse der Schizophrenie, bedarf weiterer Forschung, aber die von einigen Psychoanalytikern in dieser Richtung bereits geleistete Arbeit scheint Hoffnungen für die Zukunft zu rechtfertigen.

---

24 Zur Psychogenese der manisch-depressiven Zustände, unten S. 43 ff.

25 Bemerkungen über einige schizoide Mechanismen, unten S. 99 ff.

26 Vgl. unten S. 101.

27 Die Spieltechnik hat auch die Arbeit mit Kindern auf anderen Gebieten beeinflußt, z. B. ‹Child guidance› und Erziehung. Die Entwicklung erzieherischer Maßnahmen in England gewann eine neue Richtung durch die Untersuchungen von SUSAN ISAACS in der Malting House-Schule. Ihre Bücher sind in England weit verbreitet und haben eine anhaltende Wirkung auf die englischen Lehrmethoden, besonders für kleine Kinder, ausgeübt. Ihre Arbeit war wesentlich durch ihr Verständnis der Kinderanalyse und der Spieltechnik bestimmt, und es ist weitgehend ihr zu verdanken, daß das psychoanalytische Verständnis von Kindern zu der Entwicklung der Erziehung in England beigetragen hat.

DIE BEDEUTUNG DER SYMBOLBILDUNG FÜR DIE ICH- ENT-WICKLUNG*

Die folgenden Ausführungen beruhen auf der Annahme eines frühen Entwicklungsstadiums, in dem es zur Aktivierung des Sadismus auf allen Quellgebieten kommt.[1] Diese Phase wird durch die *oral-sadistische* Begierde, die Brust resp. die Mutter zu fressen, eingeleitet, klingt in der *früheren analen* Stufe ab und umfaßt nach meinen Erfahrungen die höchste Blüte des Sadismus. Ihr Hauptstreben ist darauf gerichtet, sich den Inhalt des Mutterleibes anzueignen und die Mutter mit allen Mitteln des Sadismus zu zerstören. Diese Phase leitet zugleich auch den Ödipuskonflikt ein. Die bereits beginnende Wirksamkeit des Genitales bleibt zunächst unerkennbar, da die prä-genitalen Triebregungen das Feld beherrschen. *Die Annahme, daß der Beginn des Ödipuskonfliktes unter der Vorherrschaft des Sadismus erfolgt, ist die Grundlage für alle meine weiteren Aufstellungen.*

Das Kind erwartet, im Innern der Mutter den Penis des Vaters, Exkremente und Kinder, die es eßbaren Stoffen gleichsetzt, zu finden. Seine frühesten Phantasien vom Koitus der Eltern (‹Sexualtheorien›) gehen dahin, daß der väterliche Penis resp. der ganze Vater der Mutter einverleibt wird. Die auf diese Weise gegen beide Elternteile gerichteten sadistischen Angriffe, in denen diese in der Phantasie zerbissen, zerrissen, zerschnitten, zerstampft werden, lösen die Angst vor der Strafe beider, miteinander vereinigten Eltern aus — eine Angst, die sich zufolge der oral-sadistischen Introjektion der Objekte auch verinnerlicht und so den *äußeren* Objekten und den *introjizierten*, also auch schon dem *frühen Über-Ich* gilt. Diese Angstsituationen der frühen Stufen haben sich mir als die tiefsten und überwältigendsten erwiesen. Bei dem in der Phantasie verübten Angriff auf den Mutterleib kommt dem nach meinen Erfahrungen im engsten Anschluß an den oralen Sadismus und Muskelsadismus einsetzenden *urethralen* und *analen* Sadismus eine bedeutungsvolle Rolle zu. Die Exkremente werden in der Phantasie in gefährliche Waffen verwandelt — das Nässen einem Schneiden, Stechen, Brennen, Überschwemmen, die Stuhlstange Angriffswaffen und Geschossen gleichgesetzt. In einem späteren Abschnitt der von mir beschriebenen Phase werden die gewaltsamen Angriffsmethoden durch versteckte, mit den raffinierten Mitteln des Sadismus unternommene, abgelöst und die Exkremente vergiftenden Stoffen gleichgesetzt.

Das Übermaß des Sadismus löst Angst aus und setzt die frühesten Methoden der Abwehr seitens des Ichs in Gang. FREUD schreibt[2]: «Es kann leicht

---

* Anmerkung des Herausgebers: Vgl. Bemerkungen zu dieser Arbeit im Vorwort.

1 Siehe meine Arbeit ‹Frühstadien des Ödipuskonfliktes›. Int. Zschr. f. Psa. XIV, 1928.

2 S. FREUD, Hemmung, Symptom und Angst. Ges. Schr. Bd. XI, S. 107.

sein, daß der seelische Apparat vor der scharfen Sonderung von Ich und Es, vor der Ausbildung eines Über-Ichs, andere Methoden der Abwehr übt als nach der Erreichung dieser Organisationsstufen.» Nach meinen Erfahrungen richtet sich die früheste Abwehr des Ichs gegen zwei Gefahrenquellen: gegen den *eigenen Sadismus und das angegriffene Objekt*. Diese Abwehr trägt einen gewaltsamen, dem Ausmaße des Sadismus entsprechenden Charakter und unterscheidet sich wesentlich von dem späteren Mechanismus der Verdrängung. In der Relation zum eigenen Sadismus bedeutet diese Abwehr ein *Hinausdrängen*, in der Relation zum Objekt dessen *Vernichtung*. Der *Sadismus* wird zur *Gefahrenquelle*, weil von ihm der Anlaß zur Angstentbindung ausgeht und weil die gegen das Objekt gewendeten *zerstörenden* Mittel des Sadismus als Gefahr auch für den *eigenen Körper* empfunden werden. – Das angegriffene Objekt wird zur Gefahrenquelle, weil die analogen Angriffe von seiner Seite befürchtet werden. Dem ganz unentwickelten Ich fällt also die auf dieser Stufe noch unlösbare Aufgabe der Bewältigung schwerster Ängste zu.

Nach Ferenczi kommt die Identifizierung – die Vorstufe der Symbolik – so zustande, daß das ganz kleine Kind in jedem Ding seine Organe und deren Tätigkeiten wiederzufinden sucht. Nach Jones ermöglicht das «Lustprinzip den Vergleich zweier sonst ganz verschiedener Dinge auf Grund einer lust- oder interessebetonten Ähnlichkeit». – Ich bin in einer vor Jahren erschienenen Arbeit, auf diese Aufstellungen gestützt, zu dem Ergebnis gelangt, daß die Symbolik die Grundlage aller Sublimierungen und Begabungen sei, indem Dinge, Tätigkeiten, Interessen auf dem Wege der symbolischen Gleichsetzung Gegenstand libidinöser Phantasien werden.

Ich kann nun meine damaligen Aufstellungen [3] dahin ergänzen, daß neben dem libidinösen Interesse es die in der von mir beschriebenen Phase einsetzende *Angst* ist, die den Mechanismus der Identifizierung in Gang setzt. Die Zerstörungswünsche gegen die die Objekte vertretenden Organe – Penis, Vagina, Brust – lösen Angst vor den Objekten aus. Diese Angst trägt zur Gleichsetzung dieser Organe mit anderen Dingen bei und treibt dann von den durch diese *Gleichsetzung* zu *Angstobjekten* verwandelten Dingen weg zu immer neuen und anderen Gleichsetzungen, die die Basis für ein mit diesen Gegenständen verknüpftes Interesse und für die Symbolik bilden.

Die Symbolik wird so nicht nur die Grundlage für alle Phantasietätigkeit und alle Sublimierungen, sondern – mehr als das – auch die für die Herstellung der Beziehung zur Umwelt und Realität im allgemeinen. Ich habe hervorgehoben, daß das Objekt des höchstgesteigerten Sadismus und des mit diesem einsetzenden und einhergehenden Wißtriebes der Mutterleib mit seinem phantasierten Inhalt ist. Diese auf den Mutterleib gerichteten sadistischen Phantasien stellen die erste und grundlegende Beziehung zur Außenwelt und Realität her, der mehr oder weniger gelungene Durchgang durch diese Phase wird grundlegend für die weitere Erwerbung einer Umwelt im realitätsgerechten

---

3 Zur Frühanalyse, a. a. O.

Sinne. Die früheste Realität des Kindes ist demnach eine ganz phantastische; es ist von Angstobjekten umgeben, wobei Exkremente, Organe, Objekte, leblose und belebte Dinge zunächst einander äquivalent sind. Von dieser irrealen Realität geht schrittweise im Einklange mit der Ich-Entwicklung die Herstellung einer wirklichen Realitätsbeziehung aus. Ich-Entwicklung und Realitätsbeziehung sind somit abhängig von der stärkeren oder geringeren Fähigkeit des ganz frühen Ichs, den Druck der frühesten Angstsituationen zu ertragen, wobei es sich wieder um ein gewisses Optimum der zusammenwirkenden Faktoren handelt. Ein genügendes Ausmaß an Angst ist die Grundlage für eine reiche Symbolbildung und Phantasietätigkeit – eine genügende Fähigkeit des Ichs, Angst zu ertragen, ist die Vorbedingung für eine gelungene Verarbeitung dieser Angst, den günstigen Verlauf dieser grundlegenden Phase und das Gelingen der Ich-Entwicklung.

Diese Aufstellungen, die das Resultat meiner allgemeinen analytischen Erfahrungen sind, erhalten eine besonders beweiskräftige Bestätigung durch einen Fall, bei dem eine ungewöhnliche Hemmung der Ich-Entwicklung vorlag.

Dieser Fall, auf den ich nun näher eingehen werde, ist der eines *vierjährigen* Knaben, der intellektuell und seinem geringen Wortschatze nach sich auf der Stufe eines etwa fünfzehn bis achtzehn Monate alten Kindes befand. Realitätsanpassung und Gefühlsbeziehung zur Umwelt fehlten fast vollständig. Weitgehend affektlos, war Dick auch gleichgültig gegen die Anwesenheit oder Abwesenheit von Mutter und Nurse. Angst war seit jeher nur selten und in abnorm geringem Ausmaße aufgetreten. Mit einer Ausnahme, auf die ich später zurückkomme, hatte er kaum irgendwelche Interessen, Spieltätigkeit und auch keine Verständigung mit der Umwelt entwickelt. Dick reihte meist nur in sinnloser Weise Laute aneinander, wobei er einzelne Klänge fortgesetzt wiederholte, und wendete auch seinen geringen Wortschatz meist nicht richtig an.

Es lag aber nicht nur eine Unfähigkeit zur Verständigung vor, sondern es mangelte auch der Wunsch danach. Mehr als das, es war für die Mutter deutlich ein Gegenwille fühlbar, der sich darin ausdrückte, daß Dick oft das *Gegenteil* dessen, was von ihm erwartet wurde, tat. Gelang es z. B., ihn zum Nachsprechen einzelner Worte zu bringen, so veränderte er oft diese Worte völlig, bei anderen Gelegenheiten aber konnte er die gleichen Worte gut aussprechen. Zeitweise wieder sprach er die Worte richtig nach, wiederholte sie dann aber immer wieder und auf mechanische Art bis zum Überdruß der Umgebung. Beiderlei Verhalten sind von dem des neurotischen Kindes abweichend. Während sich beim neurotischen Kinde die Ablehnung in Form von Trotz, die Folgsamkeit – auch wo sie überängstlich auftritt – doch mit einem gewissen Verständnis und mit einer Beziehung zur Sache oder Person zu äußern pflegt, war die Ablehnung und Folgsamkeit Dicks affekt- und verständnislos. Dick bewies ferner, wenn er sich weh tat, eine weitgehende Unempfindlichkeit gegen Schmerz und empfand auch gar nicht das sonst bei kleinen Kindern so allgemeine Bedürfnis, nach einem solchen Sichwehtun getröstet und geliebkost zu werden. Ganz ungewöhnlich war auch seine körperliche Ungeschicklichkeit. Er vermochte Messer oder Schere nicht festzuhalten; es ist aber hervorzuheben, daß er den Löffel, mit dem er aß, normal handhaben konnte.

Der Eindruck, den ich bei seinem ersten Besuch gewann, war der, daß sein Verhalten von dem bei neurotischen Kindern beobachteten ganz abweichend war. Er hatte die Nurse ohne jede Affektäußerung verlassen und war mir ganz gleichgültig in das Zimmer gefolgt. Dort lief er ziel- und planlos auf und ab — wiederholt auch rund um mich herum, wobei er keinen Unterschied zwischen mir und den Möbelstücken machte, für die Gegenstände im Zimmer aber auch keinerlei Interesse zeigte. Bei diesem Hin- und Herlaufen machten seine Bewegungen keinen koordinierten Eindruck. Der Augen- und Gesichtsausdruck war starr, abwesend und interesselos. Ich ziehe wieder das Verhalten schwer neurotischer Kinder zum Vergleich heran. Ich denke dabei an jene Kinder, die, ohne daß es zu einem eigentlichen Angstausbruch kommt, sich beim ersten Besuch bei mir scheu und steif in eine Ecke drücken oder bewegungslos vor dem Tischchen mit dem Spielzeug sitzen oder auch — ohne zu spielen — nur den einen oder anderen Gegenstand aufnehmen und wieder hinlegen. Bei all diesen Verhaltensarten ist die große latente Angst deutlich kennbar; die Ecke, das Tischchen bilden eine Zuflucht vor mir. — Dicks Verhalten aber diente keinem Sinn und Zweck und war auch nicht mit Affekt und Angst verbunden.

Ich gehe nun auf die Vorgeschichte näher ein. Dick hatte eine ungewöhnlich unbefriedigende und gestörte Säugeperiode gehabt, da die Mutter die ergebnislosen Versuche, ihn zu stillen, einige Wochen fortsetzte, wobei er fast verhungerte. Es wurden dann Versuche mit künstlicher Ernährung unternommen. Als Dick endlich im Alter von sieben Wochen eine Amme bekam, gedieh er an der Brust auch nicht mehr. Er litt an Magen-Darm-Störungen und war mit einem prolapsus ani behaftet, zu dem später auch Hämorrhoiden hinzukamen. Von Bedeutung für den Entwicklungsverlauf war zweifellos auch die Tatsache, daß das Kind zwar alle nötige Fürsorge, aber keine wirkliche Liebe genoß, da die Mutter ihm von Anfang an mit Kälte begegnete.[4]

Da auch der Vater und die Kinderfrau dem Kinde keine Zärtlichkeit zuteil werden ließen, ist Dick in einer ungewöhnlich liebesarmen Umgebung aufgewachsen. Als er im dritten Lebensjahre eine andere, tüchtige und liebevolle Nurse bekam, bald nachher auch längere Zeit mit der sehr zärtlichen Großmutter beisammen war, zeigte sich der Einfluß dieser Änderungen auf folgende Art in seiner Entwicklung. Dick, der in etwa normalem Alter gehen gelernt hatte, war nur schwer an die Beherrschung der exkretalen Funktionen zu gewöhnen. Unter dem Einfluß der neuen Nurse ging die Reinlichkeitsgewöhnung viel schneller vonstatten. Er wurde mit etwa drei Jahren sauber und zeigte dann sogar in diesem Punkte einen gewissen Ehrgeiz und Ängstlichkeit. Auch in einem anderen Punkte zeigte sich im vierten Lebensjahre eine Empfindlichkeit gegen Tadel. Die Nurse hatte festgestellt, daß er onanierte, und ihm dies als

---

4 Der Umstand, daß die Mutter, und zwar schon gegen Ende des ersten Lebensjahres, den Eindruck gewann, daß das Kind abnorm sei, verschlechterte noch ihre Einstellung ihm gegenüber.

naughty verwiesen. Diese Verweise lösten deutlich Ängstlichkeit und Schuldgefühl bei ihm aus. Auch zeigte Dick im vierten Lebensjahre im allgemeinen ein größeres Bestreben zur Anpassung, das sich aber vorwiegend auf äußere Dinge, insbesondere die mechanische Erlernung einer Anzahl neuer Worte, erstreckte. – Es hatten von Anfang an ganz abnorme Eßschwierigkeiten vorgelegen. Als Dick die Amme bekam, erwies er sich als ganz saugunlustig, was sich dann auch später nicht mehr änderte. Er wollte dann auch nicht aus der Flasche trinken. Als er zu festerer Nahrung übergehen sollte, weigerte er sich, sie zu zerbeißen, und lehnte alle nicht breiige Nahrung völlig ab; aber auch die breiige Nahrung mußte ihm fast gewaltsam beigebracht werden. Der günstige Einfluß der neuen Nurse machte sich nun auch in der Richtung geltend, daß die Nahrungsaufnahme sich etwas besserte, wobei aber die Eßschwierigkeiten im wesentlichen weiter bestehenblieben.[5] Der Einfluß der liebevollen Nurse hatte sich also zwar in einigen Punkten in Dicks Entwicklung geltend gemacht, hatte aber nicht die fundamentalen Entwicklungsdefekte berührt. Dick hatte zur Nurse ebensowenig wie zu anderen einen Gemütsrapport hergestellt, es war also auch der Zärtlichkeit von Nurse und Großmutter nicht gelungen, die unterbliebene Objektbeziehung Dicks in die Wege zu leiten.

Die ungewöhnliche Entwicklungshemmung Dicks hat sich mir in der Analyse als die Folge des Mißlingens der frühesten, eingangs meiner Ausführungen besprochenen Entwicklungsschritte erwiesen. Bei Dick lag eine völlige, allem Anschein nach konstitutionelle Unfähigkeit des Ichs, Angst zu ertragen, vor. Es erwies sich, daß das Genitale bei ihm sehr früh in Wirksamkeit getreten war; dies wurde bestimmend für eine verfrühte und überstarke Identifizierung mit dem angegriffenen Objekt und hatte die verfrühte Abwehr des Sadismus verstärkt. Das Ich hatte den Ausbau der Phantasietätigkeit und die Herstellung der Realitätsbeziehung abgelehnt. Die Symbolbildung war bei ihm nach geringen Ansätzen zum Stocken gelangt. Die vorhandenen Ansätze hatten sich in einem Interesse dokumentiert, das aber – vereinzelt und ohne Beziehung zur Realität – nicht die Grundlage für weitere Sublimierungen abgeben konnte. Das Kind war gleichgültig gegen die meisten es umgebenden Dinge und Spielsachen, erfaßte auch deren Zweck und Sinn nicht, hatte aber Interesse für Züge, Bahnhöfe, ferner für Türknöpfe, Türen und das Öffnen und Schließen von Türen.

Das Interesse für die eben aufgezählten Dinge und Handlungen hatte einen gemeinsamen Ursprung: Es galt dem Eindringen des Penis in den Mutterleib; Türen und Verschlüsse stellten Aus- und Eingänge des Mutterleibes, die Türknöpfe den Penis des Vaters dar. Die weitere Symbolbildung war also zum Stocken gelangt an der Angst vor dem, was ihm *nach* dem Eindringen in den Mutterleib dort – insbesondere seitens des väterlichen Penis – geschehen würde. Ferner erwies sich die Abwehr gegen die destruktiven Regungen als grundlegendes Entwicklungshindernis. Bei Dick lag eine absolute Unfähigkeit zu jeder Aggression vor, deren Grundlage sich schon so früh in seiner Abneigung

---

5 Dieses Symptom Dicks hatte sich auch in der Analyse als das resistenteste erwiesen.

gegen das Zerbeißen von Nahrung dokumentiert hatte. Im Alter von vier Jahren vermochte Dick Schere, Messer, Werkzeuge nicht festzuhalten und zeigte auch eine ungewöhnliche Ungeschicklichkeit in allen Bewegungen. Die Abwehr gegen die sadistischen, mit den Koitusphantasien verbundenen Regungen gegen den Mutterleib und dessen Inhalt hatten zur Einstellung der Phantasien, zum Stocken der Symbolbildung geführt. Dicks weitere Entwicklung war daran gescheitert, daß er die sadistische Beziehung zum Mutterleib in der Phantasie nicht herzustellen vermochte.

Die ungewöhnliche Schwierigkeit, vor die mich Dicks Analyse stellte, war nicht die mangelnde Sprachfähigkeit. Die Spieltechnik, die, den symbolischen Darstellungen des Kindes folgend, den Zugang zu Angst und Schuldgefühl eröffnet, vermag der Assoziationen durch das Wort weitgehend zu entraten. Diese Technik beruht aber auch nicht etwa nur auf der Analyse des *Spieles*, sondern kann — wie das bei spielgehemmten Kindern geschieht — das Material auch aus der Symbolik, die sich in den Einzelheiten des allgemeinen Verhaltens des Kindes offenbart, erschließen.[6] Bei Dick mangelte es aber an der Entwicklung der Symbolik. Dies ging zunächst aus dem Mangel einer Affektbeziehung zu den Dingen hervor, die ihm nahezu alle gleichgültig waren. Er besaß fast kein spezielles Verhältnis zu bestimmten Gegenständen, wie das sonst auch bei schwer gehemmten Kindern der Fall ist. Zufolge der mangelnden affektiven und symbolischen Beziehung zu den Dingen hatten etwaige Handlungen, die Dick mit ihnen vornahm, deshalb auch nicht den Phantasiegehalt, der ihnen den Charakter symbolischer Darstellungen gibt. Sein Mangel an Interesse für die Umwelt, die Schwierigkeiten der Verständigung mit ihm waren — wie ich an bestimmten Unterschieden in seinem Verhalten zu dem anderer Kinder erkennen konnte — nur die Auswirkung der fehlenden symbolischen Beziehung zu den Dingen. Bei diesem, dem grundlegenden Hindernis für die Herstellung einer Verständigung hatte also die Analyse einzusetzen.

Dick hatte, als ich ihn zur ersten Stunde von der Nurse übernahm, diese — wie schon erwähnt — ohne jede Affektäußerung verlassen. Als ich ihm die vorbereiteten Spielsachen zeigte, betrachtete er sie völlig interesselos. Ich stellte dann einen größeren neben einen kleineren Zug und benannte sie ‹Papa-Zug› und ‹Dick-Zug›. Er nimmt hierauf den kleineren, von mir Dick benannten Zug, läßt ihn zum Fenster fahren und sagt ‹Station›. Ich erkläre: «Station ist Mutti — Dick fährt in die Mutti.» — Er läßt hierauf den Zug sein, läuft zu dem durch die Doppeltüren des Zimmers gebildeten Zwischenraum, schließt sich dort

---

6 Dies bezieht sich nur auf die Ingangsetzung und auf Teilstrecken der Analyse. Ist aber erstmals der Zugang zum *Ubw* eröffnet und eine Verringerung von Angstquantitäten eingetreten, so setzen nach und nach in der Analyse (und zwar Hand in Hand mit der durch die analytische Arbeit bewirkten Ich-Entwicklung) die Spieltätigkeit, die sprachlichen Assoziationen und alle anderen Mittel der Darstellung in steigendem Ausmaße ein.

ein, sagt dabei «dunkel», läuft gleich wieder von dort heraus und wiederholt dieses Vorgehen einige Male. Ich erkläre: «Dunkel in Mutti, Dick ist in dunkler Mutti.» – Dazwischen nimmt er wieder den Zug auf, flüchtet aber bald wieder in den Türzwischenraum. – Während meiner Erklärung, daß er in die dunkle Mutter gehe – sagt er zweimal fragend: «Nurse?» Ich erwidere: *Nurse is soon coming* (Nurse wird bald kommen), was er wiederholt, auch später richtig anwendet und beibehält. – In der nächsten Stunde wiederholt er das Gehaben der ersten Stunde. – Er läuft nun aber ganz aus dem Zimmer hinaus in den dunklen Flur. Auch legt er den mit Dick benannten Zug in diesen Vorraum und will, daß er dort bleibe. – Wiederholt fragt er dabei: *Nurse coming?* (Kommt Nurse?) – In der dritten Stunde zeigt er das gleiche Verhalten, nun aber flüchtet er außer in den Flur und den Türzwischenraum auch in die Ecke hinter der Kommode, wobei er ängstlich ist und mich zum erstenmal zu sich ruft. Er fragt wiederholt mit nun deutlich erkennbarer Ängstlichkeit nach der Nurse, die er, als die Stunde vorüber ist, in ganz ungewohnter Weise freudig begrüßt. Mit dem Hervortreten von Angst hatte also auch das Anlehnungsbedürfnis zuerst an mich, dann an die Nurse eingesetzt, zugleich aber auch das Interesse für meine zur Beruhigung verwendeten Worte, denn – abweichend von seinem sonstigen Verhalten – hatte er ja meine Worte *Nurse is soon coming* nachgesprochen und auch behalten. Während dieser dritten Stunde aber hatte er auch die Spielsachen zum erstenmal mit Interesse betrachtet, wobei zugleich auch eine aggressive Regung hervortrat. Er sagte, auf einen kleinen Kohlenwagen deutend: «Schneiden». Ich gab ihm eine Schere, und er versuchte an den schwarzen, Kohle darstellenden Holzstückchen zu kratzen, konnte aber die Schere nicht halten. Auf einen Blick von ihm schnitt ich diese Holzstückchen aus dem Wagen heraus, wonach Dick den beschädigten Wagen und dessen Inhalt in die Schublade warf und sagte *gone*, d. i. «weggegangen». Ich deute ihm den Vorgang dahin, daß Dick aus der Mutter Stuhl herausschneide. Hierauf läuft er in den Türzwischenraum, kratzt ein wenig mit den Nägeln an der Türe, zeigt also die Identifizierung von Türzwischenraum mit dem Wagen und beider mit dem Mutterleib, den er angreift. Er läuft gleich wieder aus dem Türzwischenraum heraus, entdeckt den Schrank und kriecht hinein. – Zu Beginn der nächsten Stunde weint Dick, als die Nurse ihn verläßt – ein bei ihm ungewöhnliches Verhalten; er beruhigt sich aber bald. Er vermeidet diesmal Türzwischenraum, Schrank und Ecke, beschäftigt sich aber eingehender und mit deutlich einsetzender Wißbegierde mit dem Spielzeug. Er stößt hierbei auf den in der letzten Stunde beschädigten Wagen und dessen Inhalt, schiebt beides schnell beiseite und verdeckt es mit Spielzeug. Nach meiner Deutung, daß der beschädigte Wagen die Mutter vorstelle, sucht er den Wagen und die Kohlenstückchen wieder hervor und trägt sie in den Türzwischenraum. Der Fortgang der Analyse erwies, daß dieses Hinauswerfen die Ausstoßung darstellte und sowohl dem beschädigten Objekt wie dem eigenen Sadismus resp. dessen Mitteln galt. Der Sadismus wurde auf diese Weise in die Außenwelt projiziert. Dick hatte auch das Waschbecken als Symbol des Mutterleibes entdeckt, und eine große Angst vor dem Benäßtwerden durch Wasser trat hervor. Er wischte das Wasser von seiner und meiner Hand, die er auch ins Wasser getaucht hatte, ängstlich weg und zeigte gleich hernach dieselbe Angst beim Urinieren. Urin und Stuhl bedeuteten beschädigende, gefährliche Stoffe für ihn.[7]

Es erwies sich, daß ihm Stuhl, Urin, Penis in der Phantasie als Angriffsobjekte gegen den Mutterleib dienten und deshalb auch als ihn selbst beschädigend empfunden wurden. Diese Phantasien hatten Anteil an der Angst vor dem Leibesinhalt der Mutter, insbesondere vor dem im Mutterleib phantasierten Penis des Vaters, den wir – zugleich mit sich verstärkender Aggression gegen denselben – in zahlreichen Darstellungen kennenlernten, wobei die Begierde, den Penis zu fressen und zu zerstören, hervortrat. Dick führte z. B. ein Spielmännchen zum Munde, knirschte mit den Zähnen und sagte: *Tea daddy*, damit meinte er: «Essen Papa», worauf er Wasser zu trinken verlangte. Die Introjektion des väterlichen Penis erwies sich mit der Angst vor diesem – als einem primitiven beschädigenden Über-Ich und mit der Angst vor der Strafe seitens der beraubten Mutter –, also mit der Angst vor den äußeren und den introjizierten Objekten verbunden. Hierbei trat die früher von mir erwähnte, für diese Entwicklung bestimmende, zu frühe Wirksamkeit der genitalen Stufe darin hervor, daß solche Darstellungen nicht nur von Angst, sondern auch von Reue, Mitleid und dem Bedürfnis, gutzumachen, gefolgt waren. Dick legte dann diese Männchen auf meinen Schoß oder in meine Hand, tat alle Dinge in die Schublade zurück usw. Die frühe Wirksamkeit der von der genitalen Stufe ausgehenden Reaktionen, die eine Folge zu früher Ich-Entwicklung war, hatte diese selbst aber nur gehemmt. Diese frühe Identifizierung mit dem Objekt konnte noch nicht mit der Realität in Beziehung gebracht werden. So sagte z. B. Dick, als er einige Holzstückchen vom Bleistiftspitzen auf meinem Schoß sah: «Arme Frau Klein.» Er sagte aber ebenso bei einer ähnlichen Gelegenheit «armer Vorhang». Nebst der Unfähigkeit, Angst zu ertragen, wurde diese zu frühe Einfühlung ein bestimmender Faktor zur Abwehr aller destruktiven Regungen. Dick hatte die Absperrung von der Realität und der Phantasietätigkeit durchgeführt, indem er Zuflucht in den Phantasien eines dunklen, leeren, unbestimmten Mutterleibes fand. Damit war es ihm geglückt, seine Aufmerksamkeit auch von den einzelnen Dingen in der

---

7 Auf diese Art klärte sich auch eine Ängstlichkeit besonderer Art auf, die der Mutter an Dick zuerst im Alter von etwa fünf Monaten und später auch wieder von Zeit zu Zeit aufgefallen war. Das Kind hatte einen sehr ängstlichen Gesichtsausdruck beim Defäzieren und Urinieren. Da der Stuhl nicht hart war, scheint auch der Umstand, daß Prolapsus und Hämorrhoiden vorlagen, keine genügende Erklärung für diese Ängstlichkeit, zumal sie auch beim Urinieren in gleicher Weise hervortrat. In der Analysestunde steigerte sich die Angst dermaßen, daß, wenn Dick das Bedürfnis äußerte, zu urinieren oder zu defäzieren, er dies (und zwar gleicherweise beim Urinieren wie beim Defäzieren) erst nach langem Zögern mit Anzeichen schwerer Angst und mit Tränen in den Augen tat. Nach der Analyse dieser Angst veränderte sich sein Verhalten beim Urinieren und Defäzieren weitgehend und ist nun nahezu ein ganz normales.

Außenwelt, die den Inhalt des Mutterleibes, nämlich Penis, Exkremente, Kinder, repräsentierten, abzuziehen. Der eigene Penis als Organ des Sadismus und die eigenen Exkremente sollten als gefährlich und aggressiv entfernt resp. negiert werden.

Es war in der Analyse von Dick gelungen, den Zugang zum Unbewußten herzustellen, indem ich mich mit den vorhandenen Ansätzen der Phantasietätigkeit und Symbolbildung in Verbindung setzte. Daraus folgte eine Verminderung der latenten Angst, die das Manifestwerden von Angstquantitäten ermöglichte. Damit aber wurde die Verarbeitung dieser Angst mittels der symbolischen Beziehung zu Dingen und Objekten eingeleitet, und zugleich wurden Wißtrieb und Aggression aktiviert. Jeder Schritt vorwärts war von der Auslösung neuer Angstquantitäten gefolgt und führte zur teilweisen Abwendung von Dingen, mit denen die affektive Beziehung schon hergestellt war und die so zu Angstobjekten geworden waren. Diese Abwendung war von der Zuwendung zu neuen Objekten begleitet, wobei die Aggression und der Wißtrieb sich wieder zu diesen neuen affektiven Beziehungen gesellten. So z. B. mied Dick eine Zeitlang vollständig den Schrank, beschäftigte sich aber eingehend mit dem Waschbecken und dem elektrischen Ofen, die er in allen Teilen untersuchte, wobei sich wieder Zerstörungsabsichten gegen diese Gegenstände zeigten. Als er dann sein Interesse von Ofen und Waschbecken ab zu neuen Dingen, aber auch wieder zu schon bekannten und wieder aufgegebenen Dingen wendete und sich neuerlich mit dem Schrank beschäftigte, war dieses neue Interesse von einer viel stärkeren Aktivität, Wißbegierde und Aggression in allen Formen begleitet als vorher. Er schlug mit einem Löffel auf den Schrank ein, kratzte und schnitt mit dem Messer daran, bespritzte ihn mit Wasser. Er untersuchte nun lebhaft die Türangeln, das Funktionieren der Türe, des Schlosses usw., kletterte von innen hinauf und forschte auch den Bezeichnungen der einzelnen Teile nach. So vergrößerte er gleichzeitig mit diesen sich entwickelnden Interessen seinen Wortschatz, denn nun nahm er, und zwar im Zusammenhang mit dem fortschreitenden Interesse für die Dinge, die zugehörigen Worte auf, die er früher gehört und nicht beachtet hatte, und jetzt behielt er sie auch und wendete sie richtig an.

Zusammen mit diesen sich entwickelnden Interessen und einer sich verstärkenden Übertragung auf mich setzte auch die vorher unterbliebene Objektbeziehung ein. Es hat sich in diesen Monaten ein zärtliches, normales Verhältnis zu Mutter und Nurse entwickelt; er verlangt nun nach ihrer Anwesenheit, wünscht, daß sie sich mit ihm beschäftigen, und ist betrübt, wenn sie ihn verlassen. Auch zum Vater besteht nun eine Beziehung, die wachsende Anzeichen der normalen Ödipuseinstellung zeigt, und auch eine sich verstärkende Objektbeziehung im allgemeinen. Der früher fehlende Wunsch nach Verständigung hat voll eingesetzt. Dick trachtet, sich mit Hilfe seines noch immer geringen, aber wachsenden Wortschatzes zu verständigen, und ist eifrig bestrebt, ihn zu vergrößern. Auch die Herstellung der Realitätsbeziehung ist, wie an zahlreichen Anzeichen erkennbar ist, angebahnt worden.

Die Behandlung umfaßte bisher sechs Arbeitsmonate, und die in dieser Zeit in allen fundamentalen Punkten eingeleitete Entwicklung ließ eine günstige Prognose berechtigt erscheinen. Einige in diesem Fall sich ergebende Probleme besonderer Art haben sich als lösbar erwiesen. Es war möglich, mit Hilfe weniger Worte eine Verständigung zu erzielen, es war möglich, bei dem ganz affekt- und interesselosen Kinde Angst zu aktivieren, und es war ferner auch möglich, die Angst schrittweise wieder aufzulösen und so zu dosieren. Hier möchte ich betonen, daß ich in diesem Falle eine Modifizierung meiner sonstigen Technik vorgenommen habe. Im allgemeinen deute ich das Material erst dann, wenn es in mehrfacher Darstellung zum Ausdruck gekommen ist. In diesem Falle hingegen, wo die Darstellungsfähigkeit fast vollständig fehlte, sah ich mich genötigt, auf Grund meiner allgemeinen Kenntnisse auf relativ vage Darstellungen hin zu deuten. Indem ich so den Zugang zum Unbewußten fand, gelang es mir, Angst und Affekte zu aktivieren. Durch die zugleich damit einsetzenden reicheren Darstellungen gewann ich bald eine festere Basis für die Analyse und konnte so allmählich zur üblichen Technik der Frühanalyse übergehen.

Ich habe früher beschrieben, auf welche Weise es gelang, durch Verminderung der latenten Angst ihr Manifestwerden zu ermöglichen. Die auftretende Angst wird zum Teil durch die Deutung aufgelöst, zugleich aber eine bessere Art der Angstverarbeitung ermöglicht, indem sie auf immer neue Dinge und Interessen verteilt wird; hierdurch tritt eine Abschwächung der Angst ein, die sie für das Ich erträglich macht. Ob mit Hilfe dieser Dosierung das Ich fähig werden kann, normale Quantitäten von Angst zu ertragen und zu verarbeiten, kann nur durch den weiteren Verlauf der Behandlung erwiesen werden. Es handelt sich also in diesem Fall darum, durch die Analyse einen grundlegenden Entwicklungsfaktor zu verändern.

Bei diesem Kinde, das sich nicht verständigen konnte und bei dem eine Beeinflussung des Ichs nicht möglich war, war der Versuch, sich den Zugang zum Unbewußten zu verschaffen und durch Verminderung der unbewußten Schwierigkeiten die Entwicklung des Ichs anzubahnen, die einzige Möglichkeit einer Analyse. Der Zugang zum Unbewußten ging selbstverständlich auch in diesem Falle wie in jedem über das Ich. Es erwies sich hierbei, daß selbst dieses so mangelhaft entwickelte Ich ausreichend war, um die Verbindung mit dem Unbewußten herzustellen. Theoretisch bedeutsam scheint mir daran auch, daß es in einem so extremen Falle, bei dem das Ich so mangelhaft entwickelt war, gelang, sowohl die Ich-Entwicklung wie die libidinöse Entwicklung nur durch die Analyse der unbewußten Konflikte ohne jedwede erzieherische Beeinflussung des Ichs herbeizuführen. Es scheint einleuchtend, daß, wenn selbst dieses mangelhaft entwickelte Ich eines Kindes, das überhaupt keine Realitätsbeziehung besaß, die mit Hilfe der Analyse bewirkte Aufhebung von Verdrängungen ertragen kann, ohne vom Es überwältigt zu werden, es nicht zu befürchten ist, daß bei neurotischen Kindern, also in sehr viel weniger extremen Fällen, das Es das Ich überwältigen könnte. Es ist auch bemerkenswert, daß der erzieherische Einfluß der Umgebung, der früher wirkungslos abprallte, nun, da zufolge der Analyse die Ich-Entwicklung fortschreitet, in steigendem Maße an Wirkung gewinnt, mit den durch die Analyse mobilisierten Triebregungen Schritt halten kann und vollauf genügt.

Ich muß nun auch noch auf die Frage der Diagnose eingehen. Kollege DR. FORSYTH hat in diesem Falle die Diagnose Dementia praecox gestellt und den Versuch einer Analyse für angebracht gehalten. Für diese Diagnose spricht der Umstand, daß das Bild, das der Fall bot, mit dem Bilde einer fortgeschrittenen Dementia praecox Erwachsener in vielen wesentlichen Punkten übereinstimmte. Es bestand – um es hier nochmals zusammenzufassen – eine fast vollständige Affekt- und Angstlosigkeit, eine sehr weitgehende Abziehung von der Realität und Unzugänglichkeit, das Fehlen eines affektiven Rapportes, negativistisches Verhalten abwechselnd mit Anzeichen von Befehlsautomatie, Gleichgültigkeit gegen Schmerz, Perseveration, alles Symptome, die für die Dementia praecox charakteristisch sind. Für die Diagnose Dementia praecox spricht ferner der Umstand, daß eine organische Erkrankung sich mit Sicherheit ausschließen läßt, erstens durch den Befund von DR. FORSYTH, zweitens durch die Beeinflußbarkeit des Falles durch eine psychische Behandlung. Eine Psychoneurose ist in diesem Falle, wie mir die Analyse erwiesen hat, mit Sicherheit auszuschließen.

Gegen die Diagnose Dementia praecox spricht der Umstand, daß im wesentlichen eine Entwicklungshemmung und keine Regression vorliegt, ferner die überaus große Seltenheit der Dementia praecox im frühen Kindesalter, die viele Psychiater zu der Auffassung veranlaßt, eine Dementia praecox im frühen Kindesalter nicht anzuerkennen.*

Ich enthalte mich der Stellungnahme zur Frage der Diagnose vom Standpunkt der klinischen Psychiatrie. Hingegen kann ich, auf meine allgemeinen analytischen Erfahrungen an Kindern gestützt, einige Bemerkungen genereller Art über die Psychose im Kindesalter machen. Ich kam zur Überzeugung, daß die Schizophrenie im Kindesalter sehr viel häufiger ist, als gewöhnlich angenommen wird. Von den Gründen, warum dies im allgemeinen nicht erkannt wird, führe ich einige an: 1. Die Eltern, insbesondere die der ärmeren Schichten, wenden sich meistens nur in verzweifelten Fällen – wenn sie sich mit dem Kinde gar nicht mehr helfen können – an den Psychiater. Auf diese Weise entzieht sich eine beträchtliche Anzahl von Fällen der ärztlichen Beobachtung. 2. Bei den Fällen, die der Arzt zu sehen bekommt, ist er auf Grund einer flüchtigen Beobachtung häufig nicht imstande, die Schizophrenie festzustellen. So werden viele Fälle dieser Art unter unbestimmteren Bezeichnungen, wie ‹Entwicklungshemmung, Psychopathie, Verwahrlosung, (asoziale) Debilität› usw., zusammengefaßt. 3. Vor allem aber ist die Schizophrenie im Kindesalter undurchsichtiger und unauffälliger als beim Erwachsenen. Züge,

---

* Anm. des Herausgebers: Vgl. hierzu ‹Bemerkungen über einige schizoide Mechanismen›, unten S. 99 ff.

die für die Schizophrenie charakteristisch sind, fallen beim Kinde weniger auf, weil sie in geringerem Ausmaße zur Entwicklung des normalen Kindes gehören. So fallen auch eine starke Realitätsabsperrung, mangelnder affektiver Rapport, Unfähigkeit zu ausdauernder Beschäftigung, läppisches Verhalten und Unsinnreden beim Kinde weniger auf und werden auch anders gewertet als beim Erwachsenen. Die Überbeweglichkeit und die Bewegungsstereotypien sind beim Kinde eine überaus häufige Erscheinung und unterscheiden sich nur durch ihr Ausmaß von der Hyperkinese und den Stereotypien des Schizophrenen. Befehlsautomatie muß schon in sehr starkem Ausmaße vorliegen, um von den Eltern als etwas anderes als ‹Folgsamkeit› angesehen zu werden. Negativistisches Verhalten wird meistens als ‹Ungezogenheit› betrachtet, und die Dissoziiertheit ist ein Phänomen, das beim Kinde meist überhaupt nicht bemerkt wird. – Daß die phobische Angst des Kindes oft schwere Verfolgungsideen paranoischen Charakters [8] und hypochondrische Befürchtungen enthält, ist nur bei geschärfter Beobachtung, oft auch nur durch die Analyse festzustellen. 4. Noch häufiger als Psychosen liegen psychotische Züge bei Kindern vor, die – unter ungünstigen Umständen – später zur Erkrankung führen.

Ich meine also, die vollentwickelte Schizophrenie im Kindesalter ist häufiger, und insbesondere ist das Vorkommen schizophrener Züge eine viel allgemeinere Erscheinung, als gewöhnlich angenommen wird. Ich bin auch zur Überzeugung gekommen, die ich an anderer Stelle ausführlich begründen werde, daß der Begriff der Schizophrenie (im besonderen, und der Psychose im allgemeinen) im Kindesalter einer Erweiterung bedarf, und sehe eine der vornehmsten Aufgaben der Kinderanalyse in der Aufdeckung und Heilung der Psychosen im Kindesalter. Die dabei sich ergebenden theoretischen Erkenntnisse dürften einen Beitrag zur Kenntnis der Struktur der Psychosen liefern und auch dazu verhelfen, die diagnostische Abgrenzung der einzelnen Erkrankungen gegeneinander zuverlässiger zu gestalten.

Im Sinne der von mir vorgeschlagenen Erweiterung halte ich es für begründet, den Fall von Dick als zur Schizophrenie zugehörig zu betrachten. Sein Fall unterscheidet sich allerdings von der typischen Schizophrenie im Kindesalter dadurch, daß bei ihm eine Entwicklungshemmung vorlag, während es in den meisten Fällen zu einer Regression nach einem Stück schon vollzogener Entwicklung kommt [9]; ferner trägt auch die Schwere des Falles zur Ungewöhn-

---

8 Siehe auch meine Arbeit ‹Die Rollenbildung im Kinderspiel›, a. a. O.

9 Die Tatsache, daß es der Analyse in verhältnismäßig kurzer Zeit gelang, eine Verständigung herzustellen und ein Stück Entwicklung zu erzielen, läßt es allerdings als möglich erscheinen, daß schon vorher nebst der erkennbaren geringfügigen Entwicklung auch noch ein Stück latenter Entwicklung bestanden hatte. Aber selbst unter dieser Voraussetzung war die bei Dick vorliegende Entwicklung eine so abnorm geringe, daß es kaum angängig ist, hier eine Regression nach schon vollzogener Entwicklung anzunehmen.

lichkeit des Bildes bei. Trotzdem aber habe ich Grund anzunehmen, daß auch dieser Fall nicht vereinzelt dasteht, da ich in letzter Zeit zwei analoge Fälle (ungefähr im gleichen Alter wie Dick) kennenlernte. Die Annahme liegt also nahe, daß bei geschärfterem Blick die Kenntnis auch solcher Fälle sich vergrößern dürfte.

Ich fasse nun meine theoretischen Ergebnisse zusammen, denen außer dem hier vorgetragenen Fall auch noch einige andere, weniger extreme Fälle von Schizophrenie von Kindern im Alter zwischen fünf und dreizehn Jahren und meine allgemeinen analytischen Erfahrungen zugrunde liegen.

Die Frühstadien des Ödipuskonfliktes stehen unter der Vorherrschaft des Sadismus. Sie fallen in eine Entwicklungsphase, die durch den oralen Sadismus eingeleitet wird, zu dem der urethrale Sadismus, der Muskelsadismus und der anale Sadismus sich gesellen, und finden mit der Vorherrschaft des analen Sadismus ihren Abschluß.

Die Abwehr gegen die libidinösen Triebregungen tritt erst in den späteren Stadien des Ödipuskonfliktes hervor, in den Frühstadien des Ödipuskonfliktes wendet sie sich gegen die mit den libidinösen Triebregungen verschmolzenen *destruktiven* Triebe. Die früheste Abwehr des Ichs richtet sich gegen den *eigenen Sadismus* und das *angegriffene Objekt* als Gefahrenquellen und trägt noch einen gewaltsamen, von dem Mechanismus der Verdrängung abweichenden Charakter. Diese gewaltsame Abwehr gegen den Sadismus richtet sich beim Knaben auch gegen den eigenen Penis als Exekutivorgan des Sadismus und ist eine der tiefsten Quellen aller Potenzstörungen.

Ich lasse nun diesen auf die Entwicklung des Normalen und des Neurotikers bezüglichen Aufstellungen die folgen, die sich auf die Genese der Psychosen beziehen.

Den ersten, die *gewaltsamen* Angriffe beinhaltenden Abschnitt der Phase der Höchstblüte des Sadismus habe ich als die Fixierungsstelle für die Dementia praecox, den zweiten, die *vergiftenden* Angriffe beinhaltenden und unter der Vorherrschaft der urethral- und anál-sadistischen Triebregungen stehenden Abschnitt dieser Phase habe ich als die Fixierungsstelle der Paranoia kennengelernt. Ich verweise auf die Feststellung ABRAHAMS, daß bei der Paranoia die Libido auf die frühere anale Stufe regrediert. Meine Ergebnisse stehen auch in Einklang mit den Aufstellungen FREUDS, nach denen die Fixierungsstellen für die Dementia und Paranoia im narzißtischen Stadium liegen und die Fixierungsstelle für die Dementia der der Paranoia vorausgeht.

Die *übermäßige* und zu *frühe Abwehr* des Ichs gegen den Sadismus unterbindet die Herstellung der Realitätsbeziehung und den Ausbau der Phantasietätigkeit. Indem die weitere sadistische Aneignung und Erforschung des Mutterleibes wie auch die der Außenwelt — als eines Mutterleibes im weiteren Sinne — zum Stocken gelangt, wird die symbolische Beziehung zu den den Inhalt des Mutterleibes repräsentierenden Dingen und Objekten und damit zur Umwelt und zur Realität mehr oder weniger weitgehend eingestellt. Diese Zurückziehung wird zur Grundlage für die bei der Dementia praecox vorliegende Affekt- und Angstlosigkeit. Bei der Dementia praecox würde also die Regression bis zurück zu der frühen Entwicklungsphase erfolgen, in der die in der Phantasie unternommene sadistische Aneignung und Zerstörung des Mutterleibes und die Herstellung der Realitätsbeziehung aus Angst unterbunden respektive beeinträchtigt wurde.

ZUR PSYCHOGENESE DER MANISCH-DEPRESSIVEN ZUSTÄNDE

Ich habe in früheren Arbeiten [1] eine Phase der Höchstblüte des Sadismus beschrieben, durch die das Kind im ersten Lebensjahr geht. Schon in den ersten Lebensmonaten hat der Säugling sadistische Impulse, die sich nicht nur gegen die Brust der Mutter, sondern auch bald gegen ihr Körperinneres richten, Impulse, dieses Innere auszuschöpfen, zu verschlingen, mit allen Mitteln des Sadismus zu zerstören. Die frühkindliche Entwicklung wird von den Mechanismen der Introjektion und Projektion beherrscht. Von Anfang an introjiziert das Ich ‹gute› und ‹böse› Objekte, für die die Mutterbrust den Prototyp darstellt, von guten Objekten, wenn die Brust es befriedigt, von bösen, wenn sie ihm versagt wird. Aber das Kind empfindet sie als ‹böse› nicht nur, weil sie seine Wünsche versagen, sondern auch, weil es seine eigene Aggression auf diese Objekte projiziert; für sein Gefühl sind sie wirklich gefährliche Verfolger, von denen es verschlungen, gewaltsam des Körperinneren beraubt, in Stücke geschnitten, vergiftet – kurz mit allen Mitteln sadistischer Phantasien zerstört zu werden fürchtet. Diese Imagines, die ein phantastisch verzerrtes Bild der realen Objekte sind, die ihnen zugrunde liegen, werden vom Kinde nicht nur in die Außenwelt, sondern durch den Prozeß der Einverleibung auch in das eigene Ich verlegt. So kommt es, daß ganz kleine Kinder durch Angstsituationen gehen (und auf diese mit Abwehrmechanismen reagieren), deren Inhalt dem der Psychosen Erwachsener vergleichbar ist.

Eine der frühesten Abwehrmethoden gegen die Angst vor diesen Verfolgern, sei es, daß sie (eventuell nach der Projektion auf das reale Objekt) als in der Außenwelt existierend empfunden werden, oder aber, daß sie bereits ins eigene Innere aufgenommen wurden (abgekürzt: ‹äußere› oder ‹verinnerlichte› Verfolger), ist die Skotomisierung, die Verleugnung der psychischen Realität; dies kann zu einer beträchtlichen Einschränkung der Introjektions- und Projektionsmechanismen und so zur Verleugnung der äußeren Realität führen und bildet die Basis der schwersten Psychosen. Sehr bald versucht auch das Ich, sich der inneren Verfolger durch die Prozesse der Ausstoßung und Projektion zu erwehren. Da die Angst vor den verinnerlichten Objekten mit deren Projektion keineswegs erlischt, führt das Ich gleichzeitig dieselben Kräfte und Mittel wie gegen die äußeren so auch gegen die inneren Verfolger ins Feld. Diese Angstinhalte und Abwehrmechanismen bilden die Grundlage der Paranoia. In der kindlichen Angst vor Zauberern, Hexen, wilden Tieren usw. entdecken wir etwas von der gleichen Angst, doch ist sie hier bereits projiziert und

---

1 Frühstadien des Ödipuskonfliktes, a. a. O. – Die Bedeutung der Symbolbildung für die Ich-Entwicklung. Siehe oben S. 29 ff. – Frühe Angstsituationen im Spiegel künstlerischer Darstellungen. Int. Zschr. f. Psa. XVII, 1931. – Die Psychoanalyse des Kindes, a. a. O.

modifiziert worden. Eine meiner weiteren Schlußfolgerungen war, daß infantile psychotische Angst [2] gebunden und modifiziert wird durch zwangsneurotische Mechanismen, die schon sehr früh auftreten.

In der vorliegenden Arbeit befasse ich mich mit den depressiven Zuständen in ihrer Beziehung zur Paranoia einerseits, zur Manie andererseits. Das Material, das meinen Schlußfolgerungen zugrunde liegt, stammt aus der Analyse depressiver Zustände in Fällen schwerer Neurosen und solchen Grenzfällen, bei Erwachsenen wie Kindern, die gemischte paranoide und depressive Züge aufweisen.

Ich lernte manische Zustände verschiedener Grade und Formen kennen, einschließlich der leicht hypomanischen Zustände, die bei normalen Personen vorkommen. Ebenso erwies sich die Analyse depressiver und manischer Züge bei normalen Kindern und Erwachsenen als sehr aufschlußreich.[3]

---

2 Darunter verstand ich die aus den verschiedenen psychotischen Positionen (die allen Psychosen des Erwachsenen zugrunde liegen) stammenden Ängste und Gefühle.

«Die Kinderneurose stellt ein Gemisch der verschiedenen psychotischen und neurotischen Züge und Mechanismen dar, die wir beim Erwachsenen einzeln in mehr oder weniger reiner Ausbildung kennenlernen.» (Die Psychoanalyse des Kindes, a. a. O., S. 166) «Ich kam zum Ergebnis, daß die Zwangsneurose den Versuch darstellt, die psychotische Angst der frühesten Schichten zu überwinden ...» (Ebenda, S. 172) Hinsichtlich der manisch-depressiven Zustände wies ich darauf hin, daß «der Wechsel von übermäßiger Lustigkeit und übermäßiger Traurigkeit, der für die melancholische Störung charakteristisch ist, eine beim kleinen Kinde regelmäßige Erscheinung ist». Ferner: «Ich kann auf Grund meiner Erfahrungen aussagen, daß der Traurigkeit des Kindes – wenn auch in gemilderter Form – die gleichen Ursachen zugrunde liegen wie der melancholischen Störung des Erwachsenen und daß die kindliche Depression auch von Selbstmordgedanken begleitet ist. Kleinere und größere Selbstbeschädigungen von Kindern habe ich vielfach als mit noch untauglichen Mitteln unternommene Selbstmordversuche kennengelernt.» (Ebenda, S. 165) Über allgemeine Feststellungen, daß depressive Mechanismen in der Entwicklung auch des normalen Kindes wirksam sind und diese frühe Phase der Melancholie des Erwachsenen zugrunde liegt, bin ich aber in meinem Buche nicht hinausgegangen. Ich habe mich dort vorwiegend mit der frühen paranoiden Angst des Kindes und ihrer Verarbeitung durch zwangsneurotische Mechanismen und Wiedergutmachungstendenzen befaßt. Meine weiteren Erfahrungen haben mir einen tieferen Einblick in die Genese der manisch-depressiven Zustände und insbesondere auch in die engeren Zusammenhänge zwischen paranoischen und manisch-depressiven Zuständen und Ängsten ermöglicht.

3 Ich habe – ohne sie damals als solche zu bezeichnen – manische Mechanismen als ein Element der Charakterbildung und als Symptom in meinem zitierten Buche beschrieben. Ich führte dort aus (und belegte diese Auffassung mit einer Anzahl von Fällen mehr oder weniger asozialen Charakters), daß gewisse Formen von Überlebhaftigkeit beim Kind, gepaart mit Hohn und Trotz (und häufig Liebesunfähigkeit), Überkompensierungen von Angst bedeuten und der Abwehr von Schuldgefühlen und des Gefühls der eigenen Verantwortung dienen. Die Fälle, die ich in diesem Zusammenhange anführte, wiesen auch starke zwangsneurotische Züge auf. Es galt für sie, was ich hinsichtlich des Zwanges, den der Zwangsneurotiker häufig auf andere aus-

Nach FREUD und ABRAHAM ist der fundamentale Prozeß in der Melancholie der Verlust des Liebesobjektes. Der wirkliche Verlust eines realen Objektes oder eine ähnliche Situation, der die gleiche Bedeutung zukommt, führt zur Errichtung des Objektes im Ich. Aber bei einem Übermaß kannibalischer Impulse mißglückt die Introjektion, und dies führt zur Erkrankung.

Warum ist aber der Prozeß der Introjektion so spezifisch für die Melancholie? Ich glaube, daß der wichtigste Unterschied, der zwischen der paranoiden und der melancholischen Einverleibung besteht, in der veränderten Beziehung des Subjekts zum Objekt zu suchen ist, die wiederum zum Teil mit Veränderungen in der Konstitution des introjizierenden Ichs zusammenhängt.[4] In dieser ganz frühen Phase, in der der orale Sadismus eine hervorragende Rolle spielt und die meiner Ansicht nach die Grundlage für die Schizophrenie bildet,[5] ist die Fähigkeit des Ichs, sich mit seinen Objekten zu identi-

---

übt, schrieb: «Der Zwangsneurotiker sucht sich der Unerträglichkeit des Zwanges, unter dem er steht» (ich bezog mich hierbei auf die Angst vor verinnerlichten Objekten und inneren Gefahrensituationen), «zu erwehren, indem er sich gegen das Objekt benimmt, als ob es das Es oder das Über-Ich wäre, und indem er den Zwang nach außen abdrängt. Hierbei wird auch der primäre Sadismus durch Quälen und Bemeisterung des Objekts befriedigt. Die Angst vor den seitens der verinnerlichten Objekte erwarteten Zerstörungen und Angriffen, die den Zwang, die Imagines zu bemeistern und zu beherrschen, auslöst (ein Zwang, der im eigentlichen Sinne nie befriedigt werden kann), wendet sich gegen äußere Objekte» (a.a.O., S. 176).

In ihrer Arbeit ‹Zur Psychoanalyse asozialer Kinder und Jugendlicher› (Int. Zschr. f. Psa. XVIII, 1932, S. 478) führte MELITTA SCHMIDEBERG aus, daß in gewissen Fällen das asoziale Verhalten einem Gemisch von manischen und paranoiden Mechanismen entspricht, mittels derer der Asoziale der Depression zu entgehen sucht. Unter Bezugnahme auf E. WEISS, der ausgeführt hat (Der Vergiftungswahn etc. Int. Zschr. f. Psa. XII, 1926), daß in der Paranoia das verfolgende, bei der Manie das verfolgte introjizierte Objekt in die Außenwelt verlegt wird, während bei der Melancholie sowohl das verfolgende als auch das verfolgte Objekt verinnerlicht bleiben, kam MELITTA SCHMIDEBERG zum Ergebnis, daß der Asoziale «dem manischen Mechanismus entsprechend das verfolgte introjizierte Objekt sowie seine eigenen verpönten Regungen auf äußere Objekte verlegt und sich mit dem verfolgenden Über-Ich identifiziert. Seine paranoide Einstellung, die dadurch zustande kam, daß er den introjizierten Verfolger nach außen verlegte, überwand er durch Aggression. Auf diese Art entging er dem Schuldgefühl, teils dadurch, daß er das Über-Ich in die Außenwelt verlegte, teils dadurch, daß er das Über-Ich durch die Verfolgung der Objekte, auf die er seine eigenen verurteilten Regungen projizierte, zufriedenstellte.»

4 Nach EDWARD GLOVER besteht das zuerst nur locker organisierte Ich aus einer beträchtlichen Zahl von Ich-Kernen. Nach seiner Ansicht ist zuerst ein oraler und bald ein analer Ich-Kern vorherrschend. (*Psycho-Analytic Approach to the Classification of Mental Disorders*. Journal of Mental Science, October 1932.)

5 Ich verweise auf meine Beschreibung der Phase, in der das Kind in der Phantasie Angriffe auf den Mutterleib macht. Diese Phase beginnt mit dem Einsetzen des oralen Sadismus und ist meiner Ansicht nach die Basis der Paranoia. (Vgl. ‹Die Psychoanalyse des Kindes›, insbesondere Kap. VIII.)

fizieren, noch gering, teilweise, weil es selbst noch zu unkoordiniert ist, teilweise, weil die introjizierten Objekte noch hauptsächlich Teilobjekte sind, die mit Fäces gleichgesetzt werden (ABRAHAM).

Die paranoiden Abwehrmethoden zielen auf die Vernichtung der ‹Verfolger› hin. Wenn bei fortschreitender Organisation des Ichs die Imagines der Realität näherkommen, kann das Ich sich stärker mit den ‹guten› Objekten identifizieren. Die Angst vor der Verfolgung, die zuerst nur dem Ich galt, bezieht nun das gute Objekt ebenfalls ein, und von jetzt an wird die Erhaltung des guten Objekts als gleichbedeutend mit der des Ichs empfunden. Hand in Hand mit dieser Entwicklung geht eine Veränderung von höchster Bedeutung vor sich, nämlich die von einer Teilobjekt-Beziehung zu einer Beziehung zum ganzen Objekt. Durch diesen Schritt gelangt das Ich zu einer neuen Position, die die Grundlage für jene Situation abgibt, die ‹Verlust des Liebesobjekts› genannt wird. Erst nachdem das Objekt als ein ganzes geliebt wurde, kann sein Verlust als ein ganzer gefühlt werden.

Mit diesem Wechsel in der Objektbeziehung treten neue Angstinhalte auf, und die Abwehrmechanismen verändern sich. Die Veränderungen in der Beziehung des Subjekts zu seinen Objekten beeinflussen auch entscheidend die Entwicklung der Libido. Paranoide Angst, daß die sadistisch zerstörten Objekte im eigenen Körperinnern eine Quelle von Gift und Gefahren sein könnten, macht das Ich im tiefsten mißtrauisch gegenüber den Objekten. Dieses Mißtrauen führt zu einer Schwächung der oralen Fixierung, wie sie sich u. a. in den Eßschwierigkeiten kleiner Kinder zeigt, Schwierigkeiten, die meiner Auffassung nach immer eine paranoide Wurzel haben. Wenn ein Kind (oder ein Erwachsener) sich stärker mit einem guten Objekt identifiziert, werden die libidinösen Strebungen intensiver; es entwickelt sich eine gierige Liebe, und das Begehren, dieses Objekt zu verschlingen, sowie der Introjektionsmechanismus verstärken sich. Das Subjekt steht unter dem beständigen Zwang, die Einverleibung eines guten Objekts zu wiederholen, teilweise weil es fürchtet, es durch seinen Kannibalismus eingebüßt zu haben (d. h., die Wiederholung des Aktes ist dazu bestimmt, die Realität seiner Ängste zu prüfen und zu widerlegen), und teilweise, weil es Angst vor inneren Verfolgern hat, gegen die es ein gutes Objekt zur Hilfe braucht. Auf dieser Stufe wird das Ich mehr denn je sowohl durch Liebe wie durch Bedürftigkeit zur Introjektion des Objekts getrieben.

Ein weiterer Antrieb zu erhöhter Introjektion liegt in der Phantasie, daß das geliebte Objekt im eigenen Innern in Sicherheit bewahrt werden kann. In diesem Falle werden die inneren Gefahren auf die Außenwelt projiziert.

Wenn aber die Sorge um das Objekt zunimmt und eine bessere Erkenntnis der psychischen Realität einsetzt, führt die Angst, daß das Objekt bei der Introjektion zerstört werden könnte – wie ABRAHAM beschrieben hat –, zu einer Störung der Introjektionsfunktion.

Hierzu kommt meiner Erfahrung nach die tiefe Angst vor den Gefahren, die das Objekt im Leibesinnern erwarten. Es könnte dort nicht sicher erhalten werden, weil das Innere als ein gefährlicher und giftiger Ort empfunden wird, in dem das geliebte Objekt umkommen würde. Hier sehen wir eine der Angstsituationen, die ich als grundlegend für die Angst vor dem ‹Verlust des Liebesobjekts› beschrieben habe, die Situation nämlich, daß das Ich sich stärker mit seinen guten inneren Objekten identifiziert und gleichzeitig – infolge der zunehmenden Einsicht in die psychische Realität – seine eigene Unfähigkeit erkennt, diese seine guten Objekte gegen die verinnerlichten bösen Objekte und das Es zu beschützen und zu bewahren.

Diese Angst ist psychologisch gerechtfertigt; denn das Ich gibt, auch wenn es sich mit Objekten voller identifiziert, seine früheren Abwehrmechanismen nicht auf. Nach ABRAHAMS Ergebnissen leiten die Vernichtung und Ausstoßung des Objektes – Prozesse, die für die frühere anale Phase charakteristisch sind – den depressiven Mechanismus ein. Diese Auffassung ist eine Stütze für meine Aufstellung der genetischen Beziehung zwischen Paranoia und Melancholie. Meiner Erfahrung nach besteht der paranoide Mechanismus der Zerstörung der Objekte (im Körperinnern und in der Außenwelt) mit allen Mitteln des oralen, urethralen und analen Sadismus weiter fort, aber in geringerem Grade und mit einer gewissen Modifizierung, die dem Wechsel in der Beziehung des Subjektes zu seinen Objekten entspricht.

Denn die Angst, daß das *gute* Objekt zusammen mit dem bösen ausgestoßen werden könnte, führt zu einer teilweisen Entwertung der Ausstoßungs- und Projektionsmechanismen. Auch macht das Ich auf dieser Stufe von der Introjektion des guten Objektes als einem Abwehrmechanismus mehr Gebrauch. Diese Änderungen sind mit dem Einsetzen überaus wichtiger Tendenzen und Phantasien verknüpft – denen der Wiedergutmachung am Objekt. In früheren Arbeiten befaßte ich mich ausführlich mit dem Begriff der Wiedergutmachung [6] und zeigte, daß diese sich nicht mit der Reaktionsbildung deckt. Ich hatte – zuerst in den Analysen kleiner Kinder und bald auch in den Analysen Erwachsener – gefunden, daß das Ich sich dazu getrieben fühlt (und ich kann nun hinzufügen: getrieben durch seine Identifizierung mit dem verinnerlichten guten Objekt), für alle sadistischen Angriffe, die es gegen dieses in frühen aggressiven Phantasien gerichtet hatte, Wiedergutmachung zu leisten. Wenn eine deutlichere Spaltung zwischen guten und bösen Objekten erreicht wurde, versucht das Subjekt, die ersteren wiederherzustellen, wobei jede Einzelheit seiner sadistischen Angriffe wiedergutgemacht wird.

Es erwies sich mir, daß die Wiedergutmachungstendenzen und Phantasien aktiviert werden durch die Angst- und Schuldgefühle, die schon im ganz kleinen Kinde [7] infolge seiner sadistischen Phantasien einsetzen – so daß also die

---

6 Frühe Angstsituationen im Spiegel künstlerischer Darstellungen. Int. Zschr. f. Psa. XVIII, 1931; ferner: Die Psychoanalyse des Kindes, insbesondere Kap. VIII. – Siehe auch ELLA SHARPE, Über Sublimierung und Wahnbildung. Int. Zschr. f. Psa. XVII, 1931.

7 Die Analysen kleiner Kinder, die wohlfundierte Rückschlüsse auf diese frühen Entwicklungsstadien ermöglichen, legen die Annahme nahe, daß Wiedergutma-

drei Tendenzen: Aggression, Schuldgefühle und Wiedergutmachung im Zusammenhang mit frühen Introjektionsprozessen schon ganz zeitig aufs innigste miteinander verknüpft sind.[8]

Das Ich des ganz kleinen Kindes kann der Güte des Objekts und seiner eigenen Fähigkeit zur Wiedergutmachung noch wenig trauen. Andererseits wird das Ich durch seine Identifizierung mit einem guten Objekt und durch die anderen Entwicklungsschritte, die damit einhergehen, zu einer volleren Erkenntnis der psychischen Realität gezwungen und dadurch schweren Konflikten ausgesetzt. Eine Anzahl seiner Objekte – eine unbegrenzte Zahl – sind Verfolger, bereit, es zu verschlingen und zu hindern. Auf alle Arten gefährden sie sowohl das Ich wie seine guten Objekte. Jeder Angriff, den das Kind in seiner Phantasie seinen Eltern zufügt (primär aus Haß und sekundär in Selbstverteidigung), jeder Gewaltakt, den eines seiner Objekte einem andern zufügt (im besonderen der zerstörerische, sadistische Koitus der Eltern, den es als eine weitere Folge seiner sadistischen Wünsche ansieht) – all das spielt sich für das Gefühl des kleinen Kindes sowohl in der Außenwelt als auch, da das Ich ständig die ganze äußere Welt in sich aufnimmt, im eigenen Ich ab. Alle diese Prozesse werden aber als eine stete Quelle von Gefahren für beide, das gute Objekt und das Ich, angesehen.

Zwar kann nun, wo gute und böse Objekte etwas klarer voneinander geschieden sind, der Haß des Kindes sich mehr gegen die letzteren richten, während seine Liebe und seine Wiedergutmachungsversuche mehr den ersteren gelten; aber das Übermaß des frühkindlichen Sadismus und seiner Angst hemmen diesen Fortschritt in der Entwicklung. Jeder äußere oder innere Reiz (z. B. jede reale Versagung) ist mit äußerster Gefahr beladen: nicht nur die bösen, auch die guten Objekte sind vom Es bedroht, denn jeder Zuwachs von Haß und Angst kann vorübergehend die Spaltung aufheben und so zum ‹Verlust› des guten – des geliebten – Objekts führen. Und es ist nicht nur die Heftigkeit seines unbeherrschbaren Hasses, sondern auch die seiner Liebe, die das Objekt gefährdet. Denn ein Objekt lieben und es verschlingen sind ja auf dieser Entwicklungsstufe noch sehr nahe verwandt. Ein kleines Kind, das beim Weggang der Mutter glaubt, es habe sie aufgefressen und vernichtet (sei es aus Liebe oder aus Haß), wird von der Angst um sich und um die gute Mutter, die reale und die, die es in sich aufgenommen hat, gepeinigt.

Es wird nun klar, warum das Ich auf dieser Entwicklungsstufe ständig in sei-

---

chungstendenzen und Phantasien dieser Art ansatzweise schon beim etwa halbjährigen Kinde entstehen und mit der Introjektion des ganzen guten Objektes und den erwachenden Liebesgefühlen für dieses einhergehen.

8 Diese frühe Verknüpfung in den Zusammenhängen und Situationen – inneren sowohl als äußeren –, in denen sie sich entwickelt haben, zu erfassen und zu analysieren, hat sich mir therapeutisch als von größter Bedeutung erwiesen. Wenn dieses Prinzip konsequent durchgeführt wird, beeinflußt es nach meinen Erfahrungen auch die Technik in entscheidender Weise.

nem Besitz der guten verinnerlichten Objekte bedroht ist. Es ist voller Angst, daß diese Objekte sterben könnten. Ich habe sowohl bei Kindern wie bei Erwachsenen, die an Depressionen litten, die Angst aufdecken können, in ihrem Innern sterbende oder tote Objekte zu beherbergen und mit Objekten in diesem Zustand identifiziert zu sein.

Vom Beginn der psychischen Entwicklung an besteht eine ständige Wechselbeziehung zwischen den realen und den ins Ich aufgenommenen Objekten. Das ist der Grund, warum die Angst, die ich eben beschrieben habe, sich in der übermäßigen Fixierung des Kindes an seine Mutter oder den Mutterersatz äußert.

Die Abwesenheit der Mutter erweckt in dem Kinde die Angst, es könnte bösen Objekten überliefert werden, äußeren oder inneren, sei es, weil sie tot ist, sei es, weil sie sich in eine ‹böse› Mutter verwandelt hat.

In beiden Fällen fühlt es den Verlust des Liebesobjekts, und ich möchte besonders hervorheben, daß die Angst vor dem Verlust des guten inneren Objekts zu einer ständigen Quelle der Angst vor dem Tod der wirklichen Mutter wird. Andererseits verstärkt jedes Erlebnis, das den Verlust des realen geliebten Objekts nahelegt, die Angst um den Verlust des verinnerlichten.

Ich sagte schon, daß meine Erfahrung mich zu der Schlußfolgerung geführt hat, daß der Verlust des Liebesobjekts zuerst in jener Phase empfunden wird, in der das Ich von der Einverleibung von Teilobjekten zu der von ganzen Objekten übergeht. Nachdem ich nun die Situation des Ichs auf dieser Stufe beschrieben habe, kann ich mich über diesen Punkt präziser aussprechen. Die inneren Vorgänge, die später als Liebesverlust bezeichnet werden und zur Depression führen, sind bestimmt durch das Gefühl des Individuums, beim In-sich-Aufnehmen und Bewahren seiner guten inneren Objekte versagt zu haben, sie niemals sicher genug besessen zu haben – ein Gefühl, das auf die Entwöhnungsperiode und die Zeit unmittelbar vorher und nachher zurückgeht. Ein Grund für dieses Versagen ist, daß das Ich nicht imstande war, seine paranoide Angst vor den inneren Verfolgern zu überwinden.

An dieser Stelle stoßen wir auf eine Frage, die für unsere ganze Theorie von großer Wichtigkeit ist. Meine eigenen Beobachtungen und die einer Anzahl meiner englischen Kollegen haben uns zu dem Schluß geführt, daß der direkte Einfluß der frühen Introjektionsvorgänge auf die normale und pathologische Entwicklung um vieles bedeutender und in mancher Hinsicht anders ist, als bisher in analytischen Kreisen angenommen wurde.

Nach unserer Auffassung bilden die frühesten einverleibten Objekte die Grundlage des Über-Ichs und beeinflussen seine Struktur. Diese Frage ist keineswegs nur eine theoretische. Wenn wir die Beziehungen des frühinfantilen Ichs zu seinen inneren Objekten und zum Es studieren und zu einem Verständnis der gradweisen Veränderungen gelangen, denen diese Beziehungen unterliegen, erhalten wir eine tiefere Einsicht in die spezifischen Angstsituationen, durch die das Ich geht, und die spezifischen Abwehrmechanismen, die es nach und nach entwickelt. Wir fanden erfahrungsgemäß, daß wir bei dieser

Betrachtungsweise zu einem vollständigeren Verständnis der frühesten Phasen der psychischen Entwicklung, der Struktur des Über-Ichs und der Genese der psychotischen Erkrankungen gelangen.

Wenn wir diese Ansicht über die Bildung des Über-Ichs annehmen, wird seine rücksichtslose Strenge im Falle der Melancholie verständlicher. Die Verfolgungen und Forderungen der bösen inneren Objekte, die gegenseitigen Angriffe solcher Objekte (besonders jene, die durch den sadistischen Koitus der Eltern repräsentiert werden), die dringende Notwendigkeit, die strengsten Forderungen der guten Objekte zu erfüllen und sie im Inneren zu beschützen und zu besänftigen, zusammen mit dem daraus resultierenden Haß gegen das Es, die ständige Unsicherheit hinsichtlich der Güte eines guten Objekts, da es sich so leicht in ein böses verwandeln kann – alle diese Faktoren verbinden sich, um im Ich das Gefühl zu erwecken, daß es eine Beute widerspruchsvoller und unmöglicher innerer Forderungen ist, ein Zustand, der als schlechtes Gewissen gefühlt wird; d. h., die frühesten Äußerungen des Gewissens sind mit dem Gefühl der Verfolgung durch böse Objekte verbunden. Schon das Wort ‹Gewissensbisse› weist auf die rücksichtslose ‹Verfolgung› durch das Gewissen hin und auf die Tatsache, daß dieses ursprünglich so empfunden wird, als ob es sein Opfer verschlänge.

Unter den verschiedenen inneren Forderungen, die die Strenge des Über-Ichs in der Melancholie ausmachen, habe ich die dringende Notwendigkeit für das Ich, den strengsten Forderungen der guten Objekte zu willfahren, erwähnt. Nach der allgemeinen analytischen Auffassung ist nur dieser Teil des Bildes, nämlich die Grausamkeit des ‹guten›, d. h. im Ich errichteten Liebesobjekts, als Ursache der rücksichtslosen Strenge des Über-Ichs in der Melancholie erkannt worden. Aber meiner Auffassung nach können wir die Sklaverei, der sich das Ich unterwirft, wenn es den grausamen Forderungen und Vorwürfen eines in ihm aufgerichteten Liebesobjekts folgt, nur dann verstehen, wenn wir die Gesamtbeziehung des Ichs zu seinen *phantastischen bösen* wie zu seinen *guten Objekten* betrachten und das *ganze* Bild seiner inneren Situation, die ich in dieser Arbeit zu beschreiben versuchte, im Auge behalten. Wie ich oben erwähnte, bemüht sich das Ich, die guten von den bösen und die realen von den phantastischen Objekten getrennt zu halten. Das Resultat ist eine Auffassung von extrem bösen und extrem vollkommenen Objekten, d. h., die Liebesobjekte werden in vieler Hinsicht übermäßig moralisch und streng. Gleichzeitig wird, da das Ich seine guten und bösen Objekte in sich nicht wirklich getrennt halten kann,[9] ein Teil der Grausamkeit der bösen Objekte und des Es den guten Objekten zugeschoben und so die Strenge

---

9 Ich habe (vgl. ‹Die Psychoanalyse des Kindes›, Kap. VIII) ausgeführt, daß das Ich durch die immer wieder erfolgende Vereinigung und Differenzierung der guten und bösen, phantastischen und realen, äußeren und inneren Objekte allmählich zu einer realitätsgerechteren Erfassung der äußeren und inneren Objekte und dadurch zu einer besseren Beziehung zu beiden fortschreitet.

ihrer Forderungen verstärkt.[10] Diese strengen Forderungen dienen dem Zwekke, das Ich in seinem Kampfe gegen seinen unbeherrschbaren Haß und seine bösen verfolgenden Objekte, mit denen es teilweise identifiziert ist, zu unterstützen.[11] Je stärker die Angst vor dem Verlust der Liebesobjekte wird, um so mehr kämpft das Ich, sie zu retten, und je schwerer die Aufgabe der Wiederherstellung wird, um so strenger empfindet es die Forderungen, die vom Über-Ich ausgehen.

Ich versuchte zu zeigen, daß die Schwierigkeiten, die das Ich erlebt, wenn es zur Einverleibung ganzer Objekte fortschreitet, aus seiner noch ungenügenden Fähigkeit erwachsen, mit Hilfe seiner neuen Abwehrmechanismen die neuen Angstinhalte zu bewältigen, die dieser Entwicklungsschritt mit sich bringt.

Ich bin mir wohl bewußt, wie schwer es ist, eine scharfe Trennungslinie zwischen den Angstinhalten und Gefühlen des Paranoikers und denen des Depressiven zu ziehen, da sie so eng miteinander verbunden sind. Aber sie können – so will es mir scheinen – voneinander unterschieden werden, wenn man als Kriterium der Differenzierung ansieht, ob die Verfolgungsangst hauptsächlich der Erhaltung des Ichs gilt (Paranoia) oder der Erhaltung der ‹guten› verinnerlichten (ganzen) Objekte, mit denen das Ich identifiziert ist (Depression)*. Die Angst, daß die guten Objekte (und mit ihnen das Ich) zerstört werden könnten oder daß sie in einem Zustand der Auflösung sich befinden, drängt das Ich zu andauernden und verzweifelten Bemühungen, die guten inneren und äußeren Objekte zu retten.

Es scheint mir, daß das Ich erst, wenn es das Objekt als ganzes introjiziert und eine stärkere Beziehung zur Umwelt erreicht hat, fähig ist, das durch seinen Sadismus und insbesondere durch seinen Kannibalismus angerichtete Unheil zu ermessen und darunter zu leiden. Dieses Leiden bezieht sich nicht nur auf die Vergangenheit, sondern auch auf die Gegenwart, denn auf dieser frühen Entwicklungsstufe steht der Sadismus in voller Blüte. Es bedarf einer volleren Identifizierung mit dem geliebten Objekt und einer volleren Würdigung seines Wertes, ehe das Ich erkennen kann, wie sehr es sein geliebtes Objekt zerstört hat und weiterhin zu zerstören im Begriff ist. Dann steht das Ich der psychischen Tatsache gegenüber, daß seine geliebten Objekte zerstükkelt und zerstört sind; die aus dieser Erkenntnis stammende Verzweiflung und Angst sowie die Gewissensbisse liegen zahlreichen Angstsituationen zu-

---

10 In ‹Das Ich und das Es› (Ges. Schr., Bd. VI, S. 353/405) hat FREUD ausgeführt, daß die destruktive Komponente in der Melancholie auf das Über-Ich konzentriert und gegen das Ich gerichtet wurde.

11 Es ist wohlbekannt, daß manche Kinder den dringenden Wunsch nach strenger Disziplin zeigen, um durch eine äußere Macht vom Bösesein abgehalten zu werden.

* Anmerkung des Herausgebers: Vgl. hierzu unten S. 133. Die Autorin hat ihre Anschauung insofern geändert, als sie glaubte, daß depressive Angst (wie sie sie später nannte) sich auch auf Teilobjekte beziehen kann.

grunde. Um nur einige von ihnen zu nennen: die Angst, wie die einzelnen Teile in der richtigen Art und zur rechten Zeit wieder zusammengesetzt werden können, wie die guten Stücke ausgelesen und die schlechten beseitigt werden können; wie das Objekt, wenn es neu zusammengesetzt wurde, wieder zum Leben gebracht werden kann; bei alldem die Angst, daß die bösen Objekte und der eigene Haß die Bewältigung dieser Aufgabe stören könnten usw. Angstsituationen dieser Art liegen, meinen Erfahrungen nach, nicht nur der Depression, sondern jeder Arbeitshemmung zugrunde. Die Versuche, das geliebte Objekt zu retten und wiederherzustellen – Versuche, die bei der Depression mit Verzweiflung verbunden sind, da das Ich an seiner Fähigkeit zur Wiederherstellung zweifelt –, sind entscheidende Grundlagen für alle Sublimierungen und die gesamte Ich-Entwicklung. In diesem Zusammenhang erwähne ich nur die spezifische Bedeutung, die die Zerstückelung des geliebten Objekts und das Bemühen, es wieder zusammenzufügen, für Sublimierungen haben. Es war ein ‹vollkommenes› Objekt, das zerstückelt wurde. So muß die Wiedergutmachung auch wieder zu einem schönen und ‹vollkommenen› Objekt führen. Die Vorstellung von der Vollkommenheit ist außerdem deshalb so zwingend, weil sie die von der Zerstörung so gut widerlegt. Bei einigen Patienten, die sich in Haß oder Abneigung von ihrer Mutter abgewendet hatten, fand ich, daß trotzdem in ihren Gedanken ein schönes Bild der Mutter existierte, das aber nur als ein Bild von ihr und nicht als sie selbst empfunden wurde. Das reale Objekt wurde als nicht anziehend betrachtet – in einer tieferen Schicht als eine beschädigte, unheilbare und darum gefürchtete Person. Das ‹schöne Bild› war von dem realen Objekt abgelöst, aber niemals aufgegeben worden und spielte bei den spezifischen Sublimierungen dieser Patienten eine große Rolle. Es scheint demnach, daß der Wunsch nach Vollkommenheit verwurzelt ist in der depressiven Angst vor Auflösung, die dadurch für alle Sublimierungen von großer Bedeutung ist.

Wie ich oben ausgeführt habe, erlangt das Kind die Einsicht von seiner Liebe zu einem guten, ganzen und außerdem realen Objekt zusammen mit einem überwältigenden Schuldgefühl diesem gegenüber.

Die volle Identifizierung mit dem Objekt basiert auf der libidinösen Bindung zunächst an die Brust, dann an die ganze Person und geht zusammen mit Angst und Sorge um das Objekt (vor seiner Zerstückelung), mit Schuldgefühlen und Gewissensbissen, mit dem Gefühl der Verantwortung, es gegen Verfolger und das Es zu schützen, und mit Trauer über den drohenden Verlust. Diese Empfindungen (die zu einem Teil bewußt sein können) gehören meiner Meinung nach zu den wesentlichen und grundlegenden Elementen jenes Gefühls, das wir Liebe nennen.

Ich möchte in diesem Zusammenhang erwähnen, daß wir mit den Selbstvorwürfen des Depressiven vertraut sind, die Vorwürfe gegen das Objekt bedeuten. Weit mehr aber als die Vorwürfe gegenüber dem Objekt ist es meiner Ansicht nach der auf dieser Stufe so überwältigend große Haß des Ichs gegenüber dem Es, der die Ursache für das Gefühl des eigenen Unwerts und für die Verzweiflung ist. Ich fand oft, daß die Vorwürfe und der Haß gegen böse Objekte sekundär zur Verdeckung des Hasses gegen das Es verstärkt werden, weil dieser noch unerträglicher ist. Letzten Endes ist es die unbewußte Kenntnis des Ichs, daß neben der Liebe der Haß in voller Kraft besteht und daß er irgendwann die Oberhand gewinnen könnte (die Angst des Ichs, daß es vom Es überwältigt werden und so das Liebesobjekt zerstören könnte), welche Schmerz, Schuldgefühl und Verzweiflung hervorruft, Gefühle, die dem Gram zugrunde liegen. Wie FREUD gezeigt hat, ist der Zweifel in Wirklichkeit ein Zweifel an der eigenen Liebe, und «Wer an seiner Liebe zweifelt, darf, muß doch auch an allem andern, Geringeren, zweifeln?»[12].

Der Paranoiker hat, meine ich, auch ein ganzes und reales Objekt introjiziert, aber er hat die volle Identifizierung mit ihm nicht zustande gebracht oder konnte sie, wenn er soweit gekommen war, nicht aufrechterhalten. Um einige der für diesen Fehlschlag verantwortlichen Gründe anzuführen: Die Verfolgungsangst ist zu groß; Argwohn und Angst von phantastischer Art erschweren die volle und stabile Introjektion eines guten realen Objektes; und auch wenn es als solches introjiziert wurde, so besteht nur eine geringe Möglichkeit, es dauernd als ein gutes Objekt zu erhalten, da Zweifel und Verdacht aller Art das geliebte Objekt bald in einen Verfolger verwandeln. So wird die Beziehung zu den (ganzen) Objekten und zur Realität überstark beeinflußt oder ganz überschattet von der Beziehung zu verinnerlichten Teilobjekten bzw. Fäces, die Verfolger bedeuten. Ein weiterer wichtiger Grund, warum der Paranoiker seine Beziehung zum ganzen Objekt nicht aufrechterhalten kann, ist, daß er die Ängste um ein geliebtes Objekt und die Schuldgefühle und Gewissensbisse aus dieser depressiven Position nicht ertragen kann, solange die Verfolgungsängste und die Angst um sich selbst so stark sind. Außerdem kann er in der depressiven Position die Projektion weit weniger anwenden, weil er Angst hat, seine guten Objekte auszustoßen und so zu verlieren, und weiter weil er Angst hat, gute *äußere* Objekte zu verletzen, wenn er das Böse, das in ihm ist, ausstößt.

Es scheint mir für den Paranoiker charakteristisch zu sein, daß, obwohl er aus seiner Verfolgungsangst heraus die Umwelt und die realen Objekte scharf zu beobachten vermag, seine Beobachtungen und sein Wirklichkeitssinn doch nur ein verzerrtes Bild ergeben, da er – wiederum infolge seiner Verfolgungsangst – alles nur von dem Gesichtspunkt aus sieht, ob es Verfolger sind oder nicht. Er kann zu einer vollen und stabilen Identifizierung mit einem anderen Objekt, d. h. zu dem Verständnis dafür, «wie dieses wirklich beschaffen ist», und zu einer echten Liebesfähigkeit nicht gelangen.

So sehen wir, daß die mit der depressiven Position verbundenen Leiden ihn in die paranoide Position zurückwerfen. Aber, wenn er sich auch von ihr zurückgezogen hat, die depressive Position war erreicht worden und kann sich

---

12 S. FREUD, Bemerkungen über einen Fall von Zwangsneurose. Ges. Schr., Bd. VIII, 269.

immer wieder geltend machen. Das ist meiner Meinung nach die Erklärung, warum wir häufig in schweren und leichteren Fällen Depression zusammen mit paranoischen Zustandsbildern oder paranoiden Zügen vorfinden.

Vergleichen wir, was der Paranoiker und was der Depressive in bezug auf die Zerstückelung fühlen, so sehen wir, daß charakteristischerweise der Depressive voller Angst und Sorge um das Objekt ist, während für den Paranoiker das zerstückelte Objekt im wesentlichen nur eine Vielheit von Verfolgern darstellt, da jedes Stück sich wieder zu einem Verfolger auswächst.[13] Diese Reduzierung des Objekts auf gefährliche Stücke scheint mir auf einer Linie zu liegen mit der Introjektion der den Fäces gleichgesetzten Teilobjekte (ABRAHAM) und mit der Angst vor einer Vielheit von inneren Verfolgern, die meiner Ansicht nach [14] durch die Introjektion vieler Teilobjekte und die Vielheit der gefährlichen Stuhlstücke gebildet wird.

Ich habe einige Unterschiede zwischen dem Paranoiker und dem Depressiven vom Gesichtspunkt ihrer verschiedenen Beziehungen zu Liebesobjekten bereits gewürdigt. Betrachten wir in diesem Zusammenhang die Hemmungen und Ängste in bezug auf die Nahrung. Die Angst vor der Aufnahme gefährlicher Stoffe, die das Innere zerstören könnten, ist demnach paranoid, während die Angst vor der Zerstörung guter Objekte in der Außenwelt durch Beißen und Kauen oder vor Gefährdung des inneren guten Objekts durch die Einführung schlechter Stoffe von außen für die Depression charakteristisch ist. Auch die Angst, ein reales gutes Objekt nach der Einverleibung im Inneren zu gefährden, wäre demnach depressiv. Andererseits fand ich in Fällen von stark paranoidem Charakter Phantasien, in denen das Subjekt Objekte in sein Inneres, das als eine Höhle mit gefährlichen Ungeheuern und dergleichen angesehen wurde, lockte – sie durch List einverleibte, um sie im Inneren zu verderben.

Solche paranoiden Phantasien können auch zu einer Intensivierung der Introjektionsmechanismen führen, während der Depressive charakteristischerweise von diesem Mechanismus Gebrauch macht, um ein *gutes* Objekt in sein Ich aufzunehmen.

Betrachten wir nun hypochondrische Symptome in dieser vergleichenden Art, so sind die Schmerzen und anderen Manifestationen, die in der Phantasie den Angriffen innerer böser Objekte gegen das Ich zugeschrieben werden, typisch paranoid. Andererseits sind die Symptome, die aus den Angriffen innerer böser Objekte und des Es gegen die guten stammen, d. h. aus einem inneren Krieg, in dem das Ich sich mit den Leiden der guten Objekte identifiziert, typisch depressiv.[15]

---

13 Vgl. MELITTA SCHMIDEBERG, *The Role of Psychotic Mechanisms in Cultural Development*. Int. J. Psycho-Anal. XI, 1930.

14 Die Psychoanalyse des Kindes, S. 156.

15 DR. CLIFFORD SCOTT erwähnte in seinem Kursvortrag über Psychosen (Institute of Psycho-Analysis, Herbst 1934), daß seiner Erfahrung nach im klinischen Bild der

Ein Patient z. B., dem als Kind gesagt worden war, daß er Bandwürmer habe (die er selbst niemals sah), brachte damals bewußt die Bandwürmer in seinem Innern mit seiner Gier in Zusammenhang. In seiner Analyse hatte er Phantasien, daß sich ein Bandwurm durch seinen Körper hindurchfresse, und es trat eine starke Krebsangst ein. Der an hypochondrischen und paranoiden Ängsten leidende Patient war mir gegenüber sehr argwöhnisch; u. a. verdächtigte er mich, mit Leuten, die ihm feindlich waren, im Bunde zu sein. Zu dieser Zeit träumte er, *daß ein Detektiv eine ihn verfolgende Person verhaftete und ins Gefängnis setzte. Aber dann erwies sich der Detektiv als unzuverlässig und wurde der Komplize des Feindes.* Der Detektiv stand für mich, und die ganze Angst war verinnerlicht und war auch mit der Bandwurm-Phantasie assoziativ verknüpft. Das Gefängnis, in dem der Feind gehalten wurde, war sein eigenes Inneres — eigentlich jener besondere Teil seines Inneren, in dem der Verfolger eingeschlossen war. Es wurde klar, daß der gefährliche Bandwurm (eine seiner Assoziationen besagte, daß der Bandwurm bisexuell sei) seine beiden Eltern in einem ihm feindlichen Bündnis (eigentlich in einem Koitus) darstellte.

Zur Zeit, als die Bandwurm-Phantasien analysiert wurden, entwickelte der Patient eine Diarrhoe, die, wie er zu Unrecht meinte, blutig war. Dies erschreckte ihn sehr; er empfand es als eine Bestätigung für die gefährlichen Vorgänge in seinem Inneren. Dieses Gefühl war auf Phantasien gegründet, in denen er seine bösen vereinigten Eltern mittels vergifteter Exkremente in seinem Inneren angriff. Die Diarrhoe bedeutete für ihn die vergifteten Exkremente, ebenso wie den bösen Penis seines Vaters. Das gefährliche, böse Blut, das er in seinem Stuhl zu sehen meinte, hatte er assoziativ mit meiner Person in Zusammenhang gebracht. So meinte die Diarrhoe für ihn sowohl die gefährlichen Waffen, mit denen er seine bösen verinnerlichten Eltern bekämpfte, wie auch die vergifteten und zerstörten Eltern selbst — den Bandwurm. In seiner frühen Kindheit hatte er Angriffe auf seine Eltern mittels vergifteter Exkremente phantasiert und sie tatsächlich beim Koitus dadurch gestört, daß er sich beschmutzte. Diarrhoeischer Stuhlgang hatte ihn schon immer sehr erschreckt. Zugleich mit diesen frühen Phantasieangriffen auf die realen Eltern war dieser ganze Kampf verinnerlicht worden und drohte sein Ich zu zerstören. Ich möchte erwähnen, daß sich dieser Patient während seiner Analyse erinnerte, daß er mit ungefähr zehn Jahren deutlich zu fühlen meinte, daß er einen kleinen Mann in seinem Magen habe, der ihn beherrschte und ihm Aufträge gab, die er, der Patient, zu befolgen hatte, wiewohl sie immer widersinnig und böse waren. (Ähnliche Gefühle hatte er in bezug auf seinen wirklichen Vater gehabt.) Als die Analyse fortschritt und das Mißtrauen gegen mich sich verringerte, wurde der Patient sehr besorgt um mich. Er hatte sich immer Sorgen um die Gesundheit seiner Mutter gemacht, aber er hatte sie nicht wirklich zu lieben vermocht, obwohl er sein Bestes tat, um ihr zu gefallen. Zusammen mit der Sorge um mich traten jetzt aber starke Gefühle von Liebe und Dankbarkeit hervor, gleichzeitig Gefühle seines eigenen Unwertes, Schmerz und Depression. Der Patient hatte sich niemals wirklich glücklich gefühlt, seine Depression hatte sich sozusagen über sein ganzes Leben ausgebreitet, aber er hatte nicht unter ausgesprochenen Depressionen gelitten. In seiner

---

Schizophrenie die hypochondrischen Symptome mannigfaltiger, bizarrer und mit Verfolgungsideen und Teilobjektfunktionen verknüpft sind. Dies könne man oft schon bei einer kurzen Untersuchung bemerken. Im klinischen Bilde depressiver Reaktionen sind die hypochondrischen Symptome weniger abwechslungsreich und äußern sich mehr in Verbindung mit Ich-Funktionen.

Analyse ging er durch Phasen tiefer Depression mit allen charakteristischen Symptomen. Gleichzeitig veränderten sich die mit seinen hypochondrischen Schmerzen verbundenen Gefühle und Phantasien. Zum Beispiel fürchtete er, daß der Krebs seine Magenschleimhaut durchstoßen könnte, aber es zeigte sich jetzt, daß er, während er um seinen Magen fürchtete, mich in seinem Innern beschützen wollte — eigentlich die verinnerlichte Mutter, die er von dem Penis seines Vaters und von seiner eigenen Gier (dem Krebs) angegriffen fühlte. Ein andermal hatte der Patient die mit körperlichem Unbehagen einhergehende Phantasie, er habe eine innere Blutung, an der er sterben würde. Es ergab sich aus dem Material, daß ich mit der Blutung — dem guten Blut — identifiziert war. Ich erinnere hier daran, daß ich, als die paranoiden Ängste vorherrschten und ich hauptsächlich als Verfolgerin empfunden wurde, mit dem *schlechten* Blut identifiziert war, das mit der Diarrhoe (dem bösen Vater) vermischt war. (Zusammen: die vereinigten bösen Eltern.) Jetzt stellte das *gute* Blut mich dar, und sein Verlust bedeutete meinen Tod, der aber zugleich seinen Tod herbeiführte. Nun wurde es klar, daß der Krebs, den er für seinen eigenen Tod sowie für den seines Liebesobjektes verantwortlich machte und der den bösen Penis seines Vaters darstellte, für ihn weit mehr noch seinen eigenen Sadismus, im besonderen seine Gier bedeutete. Darum fühlte er sich so wertlos und so verzweifelt. Solange die paranoiden Ängste und die Angst vor den bösen vereinigten Objekten vorherrschten, fühlte er nur hypochondrische Angst um seinen eigenen Körper. Als die Depression und der Schmerz einsetzten, traten auch die Liebe und Sorge um das gute Objekt hervor (in der Übertragungssituation Sorge um mich und des weiteren um seine wirkliche Mutter), und die Angstinhalte und Abwehrmechanismen veränderten sich. In diesem Falle wie auch in anderen fand ich, daß *die paranoiden Ängste und Verdächtigungen zur Abwehr der depressiven Position verstärkt worden waren und diese überlagerten.*

Ich führe nun einen anderen Fall an: Es handelt sich um einen Mann von etwa 45 Jahren mit starken paranoiden und depressiven Zügen (die paranoiden waren vorherrschend) und mit Hypochondrie. Klagen über mannigfaltige körperliche Beschwerden, die einen großen Teil der Stunde einnahmen, wechselten ab mit starkem Argwohn gegen Menschen seiner Umgebung und wurden oft direkt mit ihnen verbunden, indem er sie irgendwie für seine körperlichen Beschwerden verantwortlich machte. Als sein Mißtrauen und Argwohn nach harter analytischer Arbeit geringer wurden, verbesserte sich seine Beziehung zu mir immer mehr. Es zeigte sich, daß unter den ständigen paranoiden Beschuldigungen, Klagen und scharfen Kritiken gegen andere eine übermäßig tiefe Liebe zu seiner Mutter, Interesse für seine Eltern sowie für andere Leute verborgen waren. Gleichzeitig kamen Leiden und tiefe Depressionen immer deutlicher zum Vorschein. Während dieser Phase veränderten sich die hypochondrischen Klagen sowohl in der Art, wie er sie vorbrachte, als auch in dem ihnen zugrundeliegenden Inhalt. Der Patient beklagte sich z. B. über verschiedene körperliche Beschwerden und fuhr dann fort, die Medikamente zu nennen, die er genommen hatte, wobei er einzeln aufzählte, was er für seine Brust, seine Kehle, seine Nase, seine Ohren, seinen Darm usw. getan hatte. Es hörte sich so an, als ob er diese Teile seines Körpers (und seine Organe) hegte und pflegte. Er fuhr fort, von seiner Sorge um einige junge Leute zu sprechen, die in seiner Obhut waren — er ist Lehrer —, und kam dann zu der Sorge um einige Mitglieder seiner Familie. Ich konnte ihm nun klarmachen, daß die verschiedenen Organe, die er zu heilen versuchte, mit seinen verinnerlichten Geschwistern identifiziert waren, denen gegenüber er sich schuldig fühlte und für die er beständig Sorge tragen mußte. Seine Überängstlichkeit um sie kam daher, daß er sie in seiner Phantasie zerstört hatte; die Verzweiflung darüber und sein übermäßiger Schmerz hatten zu einer solchen Steigerung seiner paranoiden Ängste und Abwehrmechanismen geführt, daß die Liebe und Sorge um andere und die Identifizierung mit ihnen schließlich unter Haß begraben wurden. Auch in diesem Falle zeigte sich erst, als die Depression in voller Stärke durchbrach, daß die hypochondrischen Ängste den verinnerlichten Liebesobjekten und — in dieser Verbindung — dem Ich galten, während sie vorher ausschließlich in bezug auf das Ich erlebt worden waren.

Nach diesem Versuch, einige Unterschiede in den Angstinhalten, Gefühlen und Abwehrmechanismen bei der Paranoia und bei den depressiven Zuständen herauszuarbeiten, möchte ich wiederum darauf hinweisen, daß nach meinen Erfahrungen der depressive Zustand auf dem paranoiden aufgebaut und genetisch von ihm abgeleitet ist. Ich betrachte den depressiven Zustand als das Resultat einer Mischung von paranoider Angst und jenen Angstinhalten, Unglücksgefühlen und Abwehrmechanismen, die mit dem drohenden Verlust des (ganzen) geliebten Objekts zusammenhängen. Mir scheint, daß die Einführung eines Terminus für diese spezifischen Ängste und Abwehrmechanismen das Verständnis für das Wesen und die Struktur der Paranoia wie auch der manisch-depressiven Zustände fördern könnte.[16]

Meiner Auffassung nach besteht in jedem Depressionszustand beim Normalen, beim Neurotiker, bei Manisch-Depressiven oder in Mischfällen — natürlich in verschiedenen Graden und Auswirkungen — diese spezifische Anordnung von Ängsten, Unglücksgefühlen und Abwehrmechanismen, die ich hier ausführlich als depressive Position beschrieben habe.

Wenn sich dieser Standpunkt als richtig erweist, so würde er ein besseres Verständnis der sehr häufigen Fälle ermöglichen, die ein Bild von gemischt paranoiden und depressiven Zügen zeigen, da wir dann die verschiedenen Elemente, aus denen dieses Bild zusammengesetzt ist, besser isolieren können.

---

16 Dies bringt mich zu einer anderen terminologischen Frage. Ich habe in meinen früheren Arbeiten die psychotischen Ängste und Abwehrmechanismen des Kindes als verschiedenen Entwicklungsphasen zugehörig beschrieben. Durch diese Beschreibung wird die genetische Beziehung zwischen diesen Zuständen wohl voll erfaßt, ebenso das Fluktuieren zwischen ihnen, das unter dem Druck der Angst vor sich geht, bis mehr Stabilität erreicht worden ist; aber der Ausdruck (psychotische Phase) ist insofern nicht befriedigend, als in der normalen Entwicklung die psychotischen Ängste und Mechanismen nie allein vorherrschend sind (eine Tatsache, die ich natürlich wiederholt hervorgehoben habe). Ich gebrauche nunmehr den Ausdruck Position, um die psychotischen Ängste und Abwehrmechanismen in der frühen Entwicklung des Kindes zu bezeichnen. Mit diesem Ausdruck verbindet sich eher — so scheint es mir — als mit den Wörtern ‹Mechanismen› oder ‹Phasen› die Tatsache, daß zwischen den entwicklungsbedingten psychotischen Ängsten des Kindes und den Psychosen des Erwachsenen wesentliche Unterschiede bestehen; z. B. der rasche Übergang von einer Verfolgungsangst oder einem depressiven Gefühl zu einer normalen Haltung, ein Übergang, der für das Kind so charakteristisch ist.

Die hier geäußerten Überlegungen über die depressiven Zustände können uns, glaube ich, auch zu einem besseren Verständnis der noch immer rätselhaften Selbstmordimpulse führen. Wie JAMES GLOVER und ABRAHAM ausgeführt haben, ist der Selbstmord gegen das introjizierte Objekt gerichtet.[17] Aber ich glaube, daß, wenn das Ich im Selbstmord seine verinnerlichten (und zwar die bösen) Objekte töten will, es dadurch gleichzeitig immer auch seine Liebesobjekte in seinem Inneren oder in der Außenwelt retten will. Kurz gesagt: Das Ziel der dem Selbstmord zugrundeliegenden Phantasien ist in manchen Fällen die Rettung der guten inneren Objekte und des mit ihnen identifizierten Teiles des Ichs durch die Zerstörung des anderen mit den bösen Objekten und mit dem Es identifizierten Teil desselben. (Hierbei wird auch der Haß gegen das Objekt durch Tötung der bösen inneren Objekte befriedigt.) Die der Selbstmordphantasie zugrundeliegende weitere Wunscherfüllung ist die friedliche Vereinigung des Ichs mit seinen Liebesobjekten. In anderen Fällen scheint der Selbstmord zwar von dem gleichen Typus von Phantasien bestimmt, aber sie erstrecken sich hier auf die äußere Welt und auf reale Objekte, die teilweise die verinnerlichten vertreten. Der Melancholiker haßt, wie gesagt, nicht nur seine bösen Objekte, sondern auch sein Es, und zwar mit großer Intensität. Der Zweck des Selbstmordes kann in Fällen, in denen die positive Beziehung zu realen Objekten und zur Außenwelt eine größere Rolle spielt, als es den Anschein hat, der sein, einen endgültigen Bruch mit der äußeren Welt herbeizuführen, weil das Subjekt wünscht, ein bestimmtes reales Objekt – oder das gute Objekt, das durch die ganze Welt repräsentiert wird und mit dem das Ich sich identifiziert hat – von sich selbst oder vielmehr von dem mit seinen bösen Objekten und seinem Es identifizierten Teil seines Ichs zu befreien.[18] Letzten Endes ist ein solcher Schritt als Reaktion auf die sadistischen Angriffe auf den Leib der Mutter zu verstehen, der für das kleine Kind zuerst die äußere Welt bedeutet hatte. Haß und Rache gegen das reale (gute) Objekt spielen beim Selbstmord immer eine bedeutende Rolle, aber es ist ja gerade der unbeherrschbare gefährliche Haß, der immer wieder durchbricht, vor dem der Melancholiker durch den Selbstmord auch seine realen Objekte zu retten trachtet.

FREUD hat ausgeführt, daß der Manie die gleichen Inhalte zugrunde liegen wie der Melancholie und daß die Manie die Flucht vor der Melancholie darstellt. Ich glaube, daß das Ich in der Manie nicht nur vor der Melancholie Zuflucht

---

17 J. GLOVER, Int. J. Psycho-Anal. III, 1922, veröffentlicht in einem Auszug aus einem Vortrag, der unter dem Titel ‹Notes on the Psychopathology of Suicide› in der British Psycho-Analytic Society gehalten wurde. ABRAHAM beschreibt den Fall eines Patienten, der einen Selbstmordversuch machte, um sich vom introjizierten Objekt zu befreien. (Versuch einer Entwicklungsgeschichte der Libido. Wien 1924.)

18 Diese Gründe sind in weitem Umfang für jenen Zustand verantwortlich, in dem der Melancholiker alle Beziehungen zur Außenwelt abbricht.

sucht, sondern auch vor einem paranoiden Zustand, den es in der Entwicklung nicht überwunden hat. Seine qualvolle und gefährliche Abhängigkeit von seinen Liebesobjekten treibt das Ich dazu, sich von ihnen zu befreien. Aber seine Identifizierung mit diesen Objekten ist zu tief, als daß es sie aufgeben könnte. Andererseits wird das Ich von der Angst vor seinen bösen Objekten und dem Es verfolgt. Um all diesem Elend zu entgehen, nimmt es zu vielfachen Abwehrmechanismen Zuflucht, von denen aber manche miteinander unvereinbar sind, da sie zu verschiedenen Entwicklungsphasen gehören.

Meiner Meinung nach wird die Manie vor allem durch das Allmachtsgefühl charakterisiert; in zweiter Linie ist sie, wie HELENE DEUTSCH gezeigt hat,[19] auf dem Mechanismus der Verleugnung aufgebaut. Ich weiche aber in einem bestimmten Punkt von HELENE DEUTSCH ab. Sie ist der Ansicht, daß diese Verleugnung mit der phallischen Phase und dem Kastrationskomplex – beim Mädchen mit der Verleugnung des Penismangels – verknüpft ist. Meine Beobachtungen aber haben mich zu der Schlußfolgerung geführt, daß dieser Verleugnungsmechanismus in jener ganz frühen Phase seinen Ursprung hat, in der das unentwickelte Ich sich der mächtigen und tiefsten aller Ängste zu erwehren sucht, nämlich der Angst vor den verinnerlichten Verfolgern und dem Es. Das heißt: Was zuerst verleugnet wird, ist die psychische Realität, und von da kann das Ich zu einer Verleugnung eines großen Teiles der äußeren Realität fortschreiten.

Wir wissen, daß die Skotomisation dazu führen kann, daß das Subjekt von der Realität völlig abgeschnitten und vollkommen inaktiv wird. Bei der Manie dagegen ist die Verleugnung mit Überaktivität verbunden, obwohl dieses Übermaß von Aktivität, wie HELENE DEUTSCH hervorhebt,[20] oft in keinem Verhältnis zu wirklichen Resultaten steht.

Ich wies früher darauf hin, daß die Konfliktquelle in diesem Zustand darin besteht, daß das Ich unwillig und unfähig ist, seine guten inneren Objekte aufzugeben, aber sich doch bemüht, den Gefahren der Abhängigkeit von ihnen wie auch von seinen bösen Objekten zu entkommen. Die Erstarkung des Ichs scheint die Vorbedingung für seine Versuche zu sein, sich vom Objekt abzuwenden, ohne es doch gleichzeitig völlig aufzugeben. Es erreicht diesen Kompromiß, indem es die Bedeutung der guten Objekte und der Gefahren, die von den bösen Objekten und von dem Es drohen, verleugnet. Gleichzeitig aber bemüht es sich unablässig, alle seine Objekte zu meistern und zu beherrschen, und alle diese intensiven Bemühungen äußern sich in der Überaktivität.

Was meiner Ansicht nach für die Manie absolut spezifisch ist, ist die Verwendung des Allmachtsgefühls für die Bemeisterung und Beherrschung der introjizierten Objekte. Das ist aus zwei Gründen notwendig: a) um die Angst, die erlebt wird, zu verleugnen, b) um den in der früheren – der depressiven –

---

19 HELENE DEUTSCH, Zur Psychologie der manisch-depressiven Zustände. Int. Zschr. f. Psa. XIX, 1933.

20 a. a. O.

Position erworbenen Mechanismus der Wiedergutmachung durchführen zu können.[21]

Der Maniker glaubt, daß er seine Objekte, wenn er sie beherrscht, daran hindert, ihn zu beschädigen, wie auch sich gegenseitig zu gefährden. Seine Macht über sie soll ihn vor allem dazu befähigen, den gefährlichen Koitus der verinnerlichten Eltern[22] und ihren Tod in seinem Innern zu verhüten. Die manische Abwehr nimmt so viele Formen an, daß es natürlich schwierig ist, einen allgemeinen Mechanismus aufzustellen. Aber ich glaube, daß wir in der Herrschaft über die verinnerlichten Eltern wirklich einen solchen Mechanismus (obwohl seine Erscheinungsformen unendlich sind) vor uns haben, während gleichzeitig die Existenz dieser inneren Welt abgeschwächt und verleugnet wird. Ich habe sowohl bei Kindern wie bei Erwachsenen gefunden, daß dort, wo die Zwangsneurose dominierte, diese Herrschaft eine zwangsmäßige Trennung zweier (oder mehrerer) Objekte bedeutete, wogegen dort, wo die manische Position überwog, der Patient in der Phantasie gewaltsamere Mittel anwendete, d. h., die Objekte wurden getötet, konnten aber infolge seiner Allmacht, sobald er es wollte, wieder ins Leben zurückgerufen werden. Einer meiner Patienten nannte diesen Prozeß «sie in suspendierter Belebung erhalten» (*to keep them in suspended animation*; Scheintod). Das Töten entspricht dem (von der frühesten Phase her beibehaltenen) Abwehrmechanismus der Zerstörung der angsterregenden Objekte, das Wiederbeleben entspricht der Wiedergutmachung am Objekt. In dieser Position bringt das Ich in seiner Beziehung zu realen Objekten einen ähnlichen Kompromiß zustande. Der für die Manie so charakteristische Objekthunger zeigt an, daß hier das Ich den Abwehrmechanismus der depressiven Position, nämlich die Introjektion guter Objekte, beibehalten hat. Der Maniker verleugnet die verschiedenen mit dieser Introjektion verbundenen depressiven Ängste (daß er böse Objekte introjizieren oder daß er durch die Introjektion seine guten Objekte vernichten könnte); seine Verleugnung erstreckt sich aber nicht nur auf die Impulse des Es, sondern auch auf seine Sorge um die Sicherheit des Objekts. Wir können uns also vorstellen, daß der Prozeß des Zusammenfallens von Ich und Ich-Ideal (den FREUD für die Manie nachgewiesen hat) folgendermaßen verläuft: Das Ich verleibt sich das Objekt auf kannibalische Weise ein (das ‹Fest›, wie FREUD in seiner Abhandlung über die Manie es nennt), leugnet aber, daß es um dieses Sorge fühlt. «Es ist doch nicht weiter wichtig», argumentiert gleichsam

---

21 Diese ‹Wiedergutmachung› ist entsprechend dem phantastischen Charakter der ganzen Position — in den Fällen, in denen diese Position in der Beziehung zur Realität stark festgehalten wurde — nahezu immer ganz unpraktisch und unverwirklichbar.

22 B. LEWIN berichtete über eine akut manische Patientin, die den triumphalen Koitus in beiden Identifizierungen erlebte. ‹The Body a Phallus›. Psa. Quarterly, Bd. II, 1933. — Nach HELENE DEUTSCH spielen Identifizierungen in der Manie eine große Rolle; in den Fällen, die sie analysierte, trugen sie meist einen bisexuellen Charakter (a. a. O., S. 371).

das Ich, «ob dieses Objekt zerstört wird. Es gibt ja noch so viele andere zum Fressen.» Ich glaube, daß diese Herabsetzung der Bedeutung des Objektes und die Verachtung für dasselbe ein spezifisches Charakteristikum der Manie sind und das Ich dazu befähigen, jene teilweise Lösung vom Objekt zu bewerkstelligen, die wir nebst dem Hunger nach Objekten in der Manie finden. Diese teilweise Loslösung, die das Ich in der depressiven Position nicht zustande bringen kann, stellt somit einen Entwicklungsschritt dar, eine Erstarkung des Ichs gegenüber seinen Objekten. Aber diesem Fortschritt wirken die oben beschriebenen regressiven Mechanismen entgegen, die das Ich gleichzeitig in der Manie anwendet.

Bevor ich im folgenden einige Bemerkungen über die Rolle der paranoiden, depressiven und manischen Position für die normale Entwicklung mache, will ich zwei Träume eines Patienten berichten, die einige der Punkte illustrieren, die ich in Hinsicht auf die psychotischen Positionen vorgebracht habe.

Verschiedene Symptome und Ängste, von denen ich nur schwere Depressionen und paranoide und hypochondrische Ängste erwähne, hatten den Patienten C. zur Analyse veranlaßt. Die Träume hatte er in einem schon vorgeschrittenen Stadium der Analyse.

Er träumte, daß er mit seinen Eltern in einem Eisenbahnwagen fuhr, der wahrscheinlich kein Dach hatte, da sie zugleich im Freien waren. Der Patient fühlte, daß er «alles machte» («managed everything») und Sorge um die Eltern trug, die im Traum viel älter und hilfsbedürftiger waren als in Wirklichkeit. Die Eltern lagen im Bett, aber nicht nebeneinander, wie gewöhnlich, sondern so, daß die Bettenden aneinanderstießen. Der Patient fand es schwierig, sie warm zu halten. Dann urinierte er, während die Eltern ihm zusahen, in eine Schale, in deren Mitte ein zylindrischer Gegenstand war. Dies war kompliziert, da er besonders darauf achten mußte, nicht in den zylindrischen Teil zu urinieren. Er fühlte, daß das nichts geschadet hätte, wäre er nur fähig gewesen, genau in den Zylinder zu zielen und nichts zu verspritzen. Als er fertig war, merkte er, daß die Schale überlief, und war unzufrieden damit. Beim Urinieren merkte er, daß sein Penis sehr groß war, und hatte dabei ein unbehagliches Gefühl – als ob sein Vater das nicht sehen sollte, weil er sich von ihm übertroffen fühlen würde und er den Vater nicht demütigen wollte. Gleichzeitig hatte er das Gefühl, daß er durch sein Urinieren dem Vater die Mühe ersparte, aufzustehen und selbst zu urinieren.

Hier hielt der Patient inne und sagte, er habe wirklich das Gefühl gehabt, daß im Traum seine Eltern ein Teil seiner selbst seien. Er meinte dann, daß im Traum die Schale mit dem Zylinder eine chinesische Vase sein sollte, aber etwas dabei nicht stimmte, weil ihr Fuß nicht unterhalb der Schale war, sondern am «falschen Platz», oberhalb der Schale – eigentlich innen drinnen. Zu der Schale assoziierte er dann eine Glasschale, wie sie für Gasbrenner im Haus seiner Großmutter gebraucht wurden, der zylindrische Teil erinnerte ihn an einen Gaszylinder. Dann dachte er an einen dunklen Korridor, an dessen Ende ein niedrig brennendes Gaslicht hing, und sagte, daß dieses Bild traurige Gefühle in ihm erwecke. Er denke dabei an arme, verfallene Häuser, in denen nichts zu leben scheine außer diesem niedrig brennenden Gaslicht. Es sei wahr, man brauche nur an der Kette zu ziehen, und dann würde das Licht voll brennen. Dies erinnere ihn daran, daß er vor Gas immer Angst gehabt habe und daß die Flammen eines

Gasbrenners in ihm den Eindruck erweckten, als würden sie auf ihn herausspringen, ihn beißen, wie ein Löwenkopf. Etwas anderes, das ihn beim Gas erschreckte, war das knallende Geräusch, das es beim Auslöschen machte. Auf meine Deutung, das zylindrische Ding in der Schale und der Gaszylinder stellten dasselbe dar und er habe Angst hineinzuurinieren, weil er aus bestimmten Gründen die Flamme nicht auslöschen wollte, erwiderte er, daß man natürlich eine Gasflamme nicht auf diese Art auslöschen könne, da das giftige Gas zurückbleibe – es sei doch nicht wie eine Kerze, die man einfach ausblase.

In der nächsten Nacht hatte der Patient folgenden Traum:

Er hörte das zischende Geräusch von etwas, das in einem Ofen röstete. Er konnte nicht sehen, was es war, aber er dachte an etwas Braunes, wahrscheinlich eine Niere, die in einer Pfanne briet. Das Geräusch, das er hörte, war wie das Quieken oder Schreien einer schwachen Stimme, und sein Gefühl war, daß ein lebendes Geschöpf gebraten würde. Seine Mutter war da, und er versuchte, ihre Aufmerksamkeit darauf zu lenken und ihr klarzumachen, daß es das Allerschlimmste sei, etwas Lebendes zu braten, viel schlimmer, als es zu sieden oder zu kochen. Denn es war noch quälender, weil das heiße Fett es am völligen Verbrennen hinderte und es lebendig erhielt, während es ihm die Haut abbrannte. Er konnte das aber seiner Mutter nicht klarmachen, und sie schien sich gar nichts daraus zu machen. Dies kränkte ihn, aber zugleich tröstete es ihn auch, da er dachte, schließlich könne es doch nicht so schlimm sein, wenn seine Mutter sich so gar nichts daraus machte.

Der Ofen, den er im Traum nicht öffnete – er sah die Niere und die Pfanne gar nicht –, erinnerte ihn an einen Eisschrank. In der Wohnung eines Freundes hatte er oft die Eisschranktüre mit der Ofentüre verwechselt. Er fragt sich, ob wohl heiß und kalt für ihn irgendwie dasselbe bedeuten? Das folternde heiße Fett in der Pfanne erinnert ihn an ein Buch über Folterungen, das er als Kind gelesen hatte; besonders erregten ihn Enthauptungen und Folterungen mit siedendem Öl. Das Köpfen erinnerte ihn an King Charles. Er war über die Geschichte von seiner Hinrichtung sehr erregt gewesen und hatte später eine Art Verehrung für ihn entwickelt. Über die Folterungen mit heißem Öl hatte er als Kind viel nachgedacht und sich selbst in einer solchen Lage phantasiert (insbesondere, daß seine Beine verbrannt wurden) und hatte versucht herauszufinden, auf welche Art, wenn es schon einmal gemacht werden müßte, der Schmerz auf das geringste Maß herabgesetzt werden könne.

An dem Tag, an dem er mir seinen zweiten Traum erzählte, machte der Patient zuerst eine Bemerkung über die Art, in der ich mir eine Zigarette anzündete. Er sagte, es sei klar, daß ich das Streichholz nicht auf die richtige Art anriebe, da ein Stück des Streichholzkopfes in seine Richtung geflogen sei. Er meinte, daß ich es nicht im rechten Winkel anriebe, und setzte hinzu, ich mache es ähnlich wie sein Vater, «der die Bälle beim Tennis falsch gab». Er sei doch neugierig, wie oft es schon vorher in seiner Analyse vorgekommen sein möge, daß der Streichholzkopf auf ihn zugeflogen sei. (Er hatte einige Male vorher eine Bemerkung darüber gemacht, daß ich schlechte Streichhölzer haben müsse, aber nun bezog sich die Kritik auf die Art, wie ich sie anzündete.) Er sagte dann, er habe keine Lust zum Reden, und beklagte sich darüber, daß er sich in den letzten zwei Tagen eine schwere Erkältung zugezogen habe; sein Kopf fühle sich so schwer an, und seine Ohren seien verstopft, der Schleim sei dicker als bei früheren Erkältungen. Dann erzählte er den oben berichteten Traum und erwähnte im Laufe seiner Assoziationen wieder seine Erkältung und daß sie ihn so unlustig zu allem mache.

Durch die Analyse dieser Träume ergaben sich neue Einsichten in einige grundlegende Sachen. Diese Erkenntnisse waren schon vorher in seiner Analyse gewonnen und durchgearbeitet worden, aber sie erschienen nun in neuen Zusammenhängen und wurden so dem Patienten ganz klar und einleuchtend. Ich werde von diesen Einsichten hier nur jene besprechen, die eine Beziehung zu den Schlußfolgerungen haben, zu denen ich in dieser Arbeit gelangt bin, und ich werde nur einen oder zwei Einfälle zu jedem Punkte mitteilen.

Das Urinieren im Traume führte zu den frühen aggressiven Phantasien des Patienten gegen seine Eltern, besonders gegen ihren Sexualverkehr. Er hatte phantasiert, daß er sie beiße und auffresse und auf mannigfaltige Art angreife. Eine dieser Phantasien war die, daß er auf und in den Penis des Vaters uriniere und diesen dadurch häute und von innen in Brand setze. (Die Folterungen mit heißem Öl.) Dann würde der Vater beim Sexualverkehr mit der Mutter deren Inneres in Brand setzen. Diese Phantasien erstreckten sich auch auf Kinder im Leibe der Mutter, die dort zerstört (verbrannt) werden sollten. Die lebendig verbrannte Niere bedeutete sowohl den Penis seines Vaters – gleichgesetzt mit Fäces – wie auch die Kinder in der Mutter. (Den Ofen, den er im Traume nicht öffnete.) Die Kastration des Vaters wurde durch die Assoziationen über das Köpfen (King Charles) ausgedrückt. Die Aneignung des väterlichen Penis wurde durch das Gefühl angezeigt, daß sein Penis so groß sei und daß er für sich und den Vater zugleich uriniere. (Er hatte im Verlaufe der Analyse zahlreiche Phantasien, daß der einverleibte Penis des Vaters innerhalb seines Penis oder an seinen Penis angeheftet sei.) Das Urinieren in die Vase bedeutete auch den Sexualverkehr mit seiner Mutter (wobei die Vase und die Mutter im Traume sie sowohl als eine reale wie auch als eine verinnerlichte Gestalt darstellten). Der impotente und kastrierte Vater mußte im Traume den Sexualverkehr des Sohnes mit der Mutter mit ansehen – die Umkehrung einer Situation, die der Patient in seiner Phantasie als Kind erlebt hatte. Der Wunsch, den Vater zu demütigen, wird u. a. durch das Gefühl, daß er das nicht tun sollte, ausgedrückt. Diese (und andere) sadistische Phantasien hatten verschiedene Ängste ausgelöst. Im Traume konnte der Mutter nicht klargemacht werden, daß sie von dem brennenden und beißenden Penis in ihrem Innern gefährdet war (der brennende und beißende Löwenkopf – der Gasbrenner, den er angezündet hatte), und daß ihre Kinder in ihrem Inneren in Gefahr waren zu verbrennen (die Niere im Ofen), was gleichzeitig Todesgefahr für sie selbst bedeutete. Das Gefühl des Patienten, daß der zylindrische Teil an «falscher Stelle» sei (innerhalb der Schale, anstatt außerhalb), zeigte nicht nur seinen frühen Haß und seine Eifersucht darüber, daß die Mutter den Penis des Vaters in sich aufnahm, sondern auch seine Angst wegen dieses gefährlichen Vorganges. Die Phantasie, daß die Nieren (der Penis und die Kinder) lebten, während sie gefoltert wurden, drückte sowohl seine destruktiven Tendenzen gegen den Vater und die Kinder aus als auch bis zu einem gewissen Grad den Wunsch, sie zu bewahren. Die besondere Stellung der Betten (verschieden von der wirklichen im elterlichen Schlafzimmer), in denen die Eltern im Traume lagen, drückte den Wunsch aus, sie voneinander getrennt zu halten, um ihren Sexualverkehr zu verhindern. Hierin kamen sowohl die primären aggressiven Eifersuchtsregungen zum Ausdruck wie auch die sekundäre Angst, daß die Eltern im Verkehr, den der Sohn in seinen Phantasien so gefährlich gestaltet hatte, verletzt oder getötet werden könnten. Die Todeswünsche gegen die Eltern hatten zu einer überwältigenden Angst vor ihrem Tode geführt. Das zeigt sich in den Assoziationen und Gefühlen über das niedrig brennende Gaslicht, das (gegenüber der Wirklichkeit vorgerückte) Alter der Eltern im Traume, ihre

Hilflosigkeit und das Gefühl des Patienten, daß er sie warm halten müsse.

Der Abwehrmechanismus der Verschiebung der Verantwortung und der Schuld auf das angegriffene Objekt findet in der Assoziation Ausdruck, daß ich die Zündhölzer falsch anzünde und sein Vater die Tennisbälle falsch gebe. So machte er die Eltern für ihren eigenen unrichtigen und gefährlichen Koitus verantwortlich; aber die auf der Projektion basierende Vergeltungsangst (daß ich ihn verbrenne) zeigt sich teils in seiner Bemerkung, daß er neugierig ist, wie oft wohl während seiner Analyse Streichholzköpfe auf ihn zugeflogen seien, teils in all den anderen Ängsten, die Angriffe gegen ihn zum Inhalt hatten (der Löwenkopf, das brennende Öl).

Die Tatsache, daß er seine Eltern verinnerlicht (introjiziert) hat, zeigt sich in folgendem: 1. Der Eisenbahnwagen, in dem er mit seinen Eltern fuhr, wobei er ständig für sie Sorge trug (*managed everything*), stellte seinen eigenen Körper dar. 2. Der Wagen war offen, im Gegensatz zu seiner Angst, die mit dem Gefühl der Verinnerlichung einherging, daß er sich von seinen introjizierten Objekten nicht frei machen könne. Der offene Wagen bedeutete eine Verleugnung dieses Gefühls. 3. Daß er alles für seine Eltern besorgen mußte, sogar für seinen Vater urinieren. 4. In dem ihm plötzlich bewußt werdenden deutlichen Gefühl, daß es im Traume war, als ob seine Eltern ein Teil seiner selbst wären.

Durch die Verinnerlichung der Eltern aber wurden auch alle die Angstsituationen, die ich vorher in bezug auf die realen Eltern geschildert habe, verinnerlicht und dadurch vervielfacht, intensiviert und zum Teil auch qualitativ verändert. Seine den brennenden Penis und die sterbenden Kinder (der Ofen mit der Bratpfanne) enthaltende Mutter ist nun in seinem Innern. Da ist weiter die Angst, daß die Eltern in seinem Innern den gefährlichen Koitus vollziehen; es wird daher um so dringender notwendig, sie voneinander getrennt zu halten. Diese zwingende Notwendigkeit wurde die Quelle vieler Angstsituationen und bildete, wie die Analyse zeigte, eine Grundlage seiner Zwangssymptome. Die Eltern können ja den gefährlichen Koitus wann immer ausüben, sich gegenseitig verbrennen und auffressen und ihn dabei mitzerstören, da nun sein Ich die Stätte all dieser gefährlichen Handlungen geworden war. So steht er gleichzeitig ihretwegen wie seiner selbst wegen große Angst aus. Er ist voller Sorge und Kummer wegen des drohenden Todes der verinnerlichten Eltern, doch wagt er es nicht, sie wieder zu vollem Leben zu erwecken (er wagt es nicht, die Kette des Gasbrenners zu ziehen), da volles Leben auch den Sexualverkehr einschließt, dieser aber wieder zu ihrem und so zu seinem Tode führen würde (der manische Mechanismus der suspendierten Belebung; Scheintod).

Hierzu kommen die vom Es drohenden Gefahren: Wenn Eifersucht und Haß zufolge einer realen Versagung sich neuerlich in ihm regen, greift er wieder in seiner Phantasie den verinnerlichten Vater mit seinen brennenden Exkrementen an und stört den Verkehr der Eltern – und das erzeugt von neuem Angst.

Äußere oder innere Reize können seine paranoide Angst vor verinnerlichten Verfolgern steigern. Wenn er dann seinen Vater in seinem Innern ganz tötet, so wird der tote Vater ein Verfolger von ganz besonderer Art. Wir ersehen das aus seiner Bemerkung (und den folgenden Assoziationen), daß Gift zurückbleibt, wenn eine Gasflamme durch eine Flüssigkeit verlöscht wird. Hier kommt die paranoide Position zum Vorschein; das tote innere Objekt wird mit giftigem Flatus gleichgesetzt.[23] Doch ist

---

23 Meiner Erfahrung nach geht die paranoische Angst vor einem verinnerlichten toten Objekt mit der Vorstellung einher, daß der Tote zu einem geheimen und unheimlichen Verfolger wird. Er wird als nicht ganz tot empfunden, kann irgendwann

die zu Beginn seiner Analyse sehr starke paranoide Position nun erheblich abge-schwächt und spielt in diesen Träumen nur eine geringe Rolle.

Was die Träume beherrscht, sind schmerzliche Gefühle, verbunden mit Angst um die geliebten Objekte – charakteristisch für die depressive Position, wie ich sie oben beschrieben habe. Der Patient erwehrt sich in seinen Träumen der depressiven Posi-tion auf verschiedene Arten. Er macht Gebrauch von der sadistischen, manischen Herrschaft über seine Eltern, indem er sie getrennt hält und am ebenso lustvollen wie gefährlichen Sexualverkehr hindert. Gleichzeitig ist die Art, wie er sich um sie küm-mert, für Zwangsmechanismen bezeichnend. Aber die wesentlichste Methode, mit-tels derer er die depressive Position überwindet, ist die Wiedergutmachung. Im Traume widmet er sich gänzlich seinen Eltern, um sie lebendig und wohl zu erhalten. Seine bewußte Sorge um die Mutter geht in die früheste Kindheit zurück. Der Wunsch, sie zufriedenzustellen, sie (wie auch den Vater) wiederherzustellen, und die Phantasie, Kinder in ihr wachsen zu lassen, sie schön, fruchtbar und lebendig zu machen, spielen in all seinen Sublimierungen eine große Rolle.

Die Beziehung zwischen den gefährlichen Vorgängen in seinem Inneren und seinen hypochondrischen Ängsten geht aus seinen Bemerkungen über die Erkältung hervor, die er zur Zeit der Träume entwickelt hatte. Es zeigte sich, daß der ungewöhnlich dicke Schleim mit dem Urin in der Vase, dem Fett in der Pfanne gleichgesetzt war und daß er in seinem Kopfe, den er so schwer fühlte, die Genitalien seiner Eltern trug (die Pfanne mit der Niere). Der Schleim sollte die Genitalien seiner Mutter vor Kontakt mit denen seines Vaters bewahren. Gleichzeitig stellte er auch seinen Samen dar und bedeutete seinen Sexualverkehr mit der Mutter in seinem Inneren. Das Gefühl in sei-nem Kopfe, daß die Wege versperrt seien, hatte Beziehung zu seinem Wunsch, die Genitalien seiner Eltern gegeneinander abzusperren und seine inneren Objekte von-einander zu trennen.

Ein Anlaß für den Traum war eine reale Enttäuschung, die der Patient kurz vorher erlebt hatte und die, obwohl sie nicht zu einer Depression führte, doch in tieferen Schichten sein emotionelles Gleichgewicht beeinflußte, wie aus den Träumen hervor-ging. In den Träumen erscheint die depressive Position stärker und die Wirksamkeit seiner Abwehrmechanismen schwächer, als es zu dieser Zeit im allgemeinen im wachen Zustande der Fall war. Es ist interessant, daß ein anderer Traumanlaß ganz anders geartet war. Kurz nach dem oben erwähnten schmerzlichen Erlebnis machte der Patient mit seinen Eltern eine kleine Reise, die er sehr genoß. Tatsächlich begann der Traum in einer Weise, die ihn an diese angenehme Reise erinnerte, aber dann überschatteten die depressiven Gefühle die freudigen. Wie ich vorher erwähnte, pflegte der Patient sich früher viele Sorgen um seine Mutter zu machen, aber diese Haltung hatte sich während der Analyse geändert, und er hatte zur Zeit dieser Träume zu seinen Eltern eine im ganzen gute und sorgenfreie Beziehung.

Die Punkte, die ich im Zusammenhang mit den Träumen hervorgehoben habe, zeigen – so scheint es mir –, daß der Prozeß der Verinnerlichung, der auf der frühesten Stufe beginnt, die Grundlage für die Entwicklung der psychotischen Positionen bildet. Wir sehen, daß die früher gegen die Eltern gerichteten

---

voller Listen und Ränke wieder erscheinen und wird als um so gefährlicher und feindli-cher erlebt, je mehr das Subjekt sich seiner durch Tötung zu entledigen versuchte. (Die Auffassung von einem gefährlichen Gespenst.)

aggressiven Phantasien, weil die Eltern verinnerlicht sind, nicht nur zu paranoiden Ängsten vor äußeren, sondern mehr noch vor inneren Verfolgungen führen; wir sehen ferner, daß sie Leiden und Schmerz über den drohenden Tod der einverleibten Objekte zusammen mit hypochondrischen Ängsten erzeugen. Daraus entstehen die Versuche des Ichs, sich mittels manischer Allmacht seiner unerträglichen Konflikte und Leiden zu erwehren. Wir sehen auch, daß die sadistische Herrschaft des Ichs über die verinnerlichten Eltern nachläßt, sowie die Wiedergutmachungstendenzen stärker hervortreten können.

Ich kann aus Raummangel hier nicht im einzelnen darauf eingehen, mittels welcher Methoden das normale Kind die depressive und manische Position verarbeitet, die meiner Ansicht nach einen Teil der normalen Entwicklung bildet. Ich werde mich deshalb auf einige allgemeine Bemerkungen beschränken.

Ich habe in früheren Arbeiten die Auffassung vertreten, auf die ich mich eingangs bezog, daß das Kind in seinen allerersten Monaten eine Phase paranoider Ängste durchläuft, die mit der ‹bösen versagenden Brust› zusammenhängen, die als äußerer und innerer Verfolger empfunden wird.[24] Aus dieser Beziehung zu Teilobjekten und ihrer Gleichsetzung mit Fäces entspringt auf dieser Stufe der phantastische und unrealistische Charakter der Beziehung des Kindes zu allen anderen Dingen: Teilen des eigenen Körpers, Menschen und Dingen in der Umgebung, die – auch infolge der noch unentwickelten intellektuellen Fähigkeiten – nur undeutlich erkannt werden. Man kann annehmen, daß die Objektwelt des Kindes in den ersten zwei oder drei Lebensmonaten nur feindliche, verfolgende oder gewährende, hilfreiche Teile der realen Welt enthält. Allmählich erkennt das Kind mehr und mehr von der ganzen Person der Mutter, und diese realistischere Erkenntnis erstreckt sich auch auf die Welt außerhalb der Mutter. Die Tatsache, daß eine gute Gefühlsbeziehung zur Mutter und zur Umwelt schon dem ganz kleinen Kinde hilft, seine paranoiden Ängste zu überwinden, wirft ein neues Licht auf die Bedeutung seiner frühesten Erlebnisse.[25] Von ihren Anfängen an hat die Psychoanalyse immer die Bedeutung der frühkindlichen Erlebnisse hervorgehoben, aber es scheint mir, daß wir erst, seitdem wir mehr über Charakter und Inhalt der frühesten Angstsituationen und das fortwährende Ineinandergreifen und Zusammenwirken von Umwelteinflüssen und frühkindlichem Phantasieleben wissen, in der

---

24 Susan Isaacs hat in ihrem in der British Psycho-Analytical Society im Januar 1934 gehaltenen Vortrag über ‹Angst im ersten Lebensjahr› ausgeführt, daß die frühesten, durch schmerzerregende äußere und innere Reize hervorgerufenen Erfahrungen des Kindes die Basis für Phantasien über feindliche äußere und innere Objekte bilden und weitgehend zur Entstehung solcher Phantasien beitragen. Es scheint, daß in der allerersten Phase jeder unangenehme Reiz der ‹bösen›, versagenden, verfolgenden Brust, jeder angenehme der ‹guten›, gewährenden Brust zugeschrieben wird.

25 Vgl. M. Klein, Über Entwöhnung. In ‹On the Bringing Up of Children›. London 1936.

Lage sind, vollauf zu verstehen, warum der äußere Faktor – und zwar auf allen Stufen der kindlichen Entwicklung – so bedeutungsvoll ist.

Wenn das Kind die Mutter als ganzen Menschen zu erkennen beginnt, sind seine sadistischen Phantasien und Gefühle, insbesondere die kannibalischen, auf ihrem Höhepunkt. Gleichzeitig erlebt es jetzt eine Veränderung in seiner Gefühlsbeziehung zur Mutter. Seine libidinöse Fixierung an die Brust erweitert sich zu Gefühlen, die der Mutter als einer ganzen Person gelten. So werden destruktive und liebevolle Gefühle gegenüber einem und demselben Objekt erlebt, und das führt zu tiefen und erschütternden Konflikten. Bei normalem Verlauf der Entwicklung ergibt sich für das Ich auf dieser frühen Stufe – ungefähr im vierten bis fünften Lebensmonat – die Notwendigkeit, die psychische Realität ebenso wie die äußere bis zu einem gewissen Grad zur Kenntnis zu nehmen. Es muß also gefühlsmäßig einsehen, daß das geliebte Objekt gleichzeitig das gehaßte ist, und darüber hinaus, daß die wirklichen und phantasierten Objekte – sowohl die inneren wie die äußeren – eng miteinander verbunden sind. Ich habe an anderer Stelle ausgeführt, daß in dem ganz kleinen Kind parallel zu den Beziehungen zu realen Objekten – aber sozusagen auf einer anderen Ebene – Beziehungen zu seinen unrealen Imagines bestehen,[26] die sowohl übermäßig gute wie übermäßig böse magische Gestalten sind, und daß diese beiden Arten von Objektbeziehungen sich in immer steigendem Maße im Laufe der Entwicklung vermischen und gegenseitig beeinflussen.[27] Die ersten wichtigen Schritte in dieser Richtung erfolgen meiner Ansicht nach, wenn das Kind die Mutter als einen ganzen Menschen erfaßt und sich mit ihr als einer ganzen, wirklichen, geliebten Person zu identifizieren beginnt. Dann tritt die depressive Position, deren Charakteristika ich in dieser Arbeit beschrieben habe, hervor. Diese Position wird ausgelöst und verstärkt durch den ‹Verlust des Liebesobjektes›, den das Kind immer wieder erfährt, wenn ihm die Mutterbrust zeitweilig entzogen wird, und erreicht seinen Höhepunkt in der Entwöhnung.[28] SANDOR RADÓ hat ausgeführt, daß «der tiefste Fixierungspunkt in der depressiven Disposition in der Situation des drohenden Liebesverlustes liegt» (FREUD), genauer in der Hungersituation des Säuglings. Unter Bezug auf FREUDS Feststellung, daß das Ich in der Manie wieder mit dem Über-Ich zur Einheit verschmilzt, kommt RADÓ zu der Schlußfolgerung, «daß dieser Prozeß die treue intrapsychische Wiederholung jenes Erlebnisses der Verschmelzung mit der Mutter ist, die beim Trinken an ihrer Brust stattfindet.» Ich stimme mit diesen Feststellungen durchaus überein, aber meine Ergebnisse unterscheiden sich in wichtigen Punkten von den Schlußfolgerungen, zu denen RADÓ kommt, insbesondere hinsichtlich der indirekten und ver-

---

26 Frühstadien des Ödipuskomplexes, a. a. O.; und: Die Rollenbildung im Kinderspiel, a. a. O.

27 Die Psychoanalyse des Kindes, a. a. O., Kap. VIII.

28 SANDOR RADÓ, Das Problem der Melancholie. Int. Zschr. f. Psa. XIII, 1927, S. 439.

schlungenen Verknüpfung, die seiner Auffassung nach zwischen den Schuldgefühlen und diesen frühen Erfahrungen besteht. Ich habe oben ausgeführt,
daß das Kind meiner Ansicht nach schon in der Saugperiode, wenn es seine
Mutter als ganzen Menschen erfaßt und von der Introjektion von Teilobjekten
zu der Introjektion eines ganzen Objektes fortschreitet, etwas von den Schuldgefühlen und Gewissensbissen sowie von dem Schmerz erlebt, die aus dem
Konflikt zwischen Liebe und unbeherrschbarem Hasse resultieren, etwas von
den Ängsten vor dem drohenden Tod der geliebten inneren und äußeren
Objekte – d. h. in geringerem und milderem Grade die Leiden und Gefühle, die
wir in der Melancholie der Erwachsenen voll ausgebildet finden. Natürlich
werden diese Gefühle in einer anderen Fassung erlebt, und natürlich unterscheiden sich diese Gesamtsituationen und die Abwehrmechanismen des
Säuglings, der immer wieder durch die Liebe der Mutter Beruhigungen
erfährt, weitgehend von denen des erwachsenen Melancholikers. Wichtig
aber, weil von größter Bedeutung für die frühkindliche Entwicklung, ist, daß
diese Leiden, Konflikte, Gewissensbisse und Schuldgefühle, die aus der Beziehung des Ichs zu seinen inneren Objekten stammen, schon beim Säugling
aktiv sind. Das gleiche gilt für die paranoide und manische Position. Wenn das
Kind in dieser Lebensperiode kein gutes Objekt in sich aufrichten kann – wenn
die Introjektion des guten Objektes mißglückt –, dann ergibt sich die Situation
vom Verlust des Liebesobjektes schon in dem gleichen Sinne wie bei dem
erwachsenen Melancholiker. Dieser erste und fundamentale Verlust eines realen und geliebten Objektes, der vor und während der Entwöhnung durch den
Verlust der Brust erlebt wird, wird später nur dann zu einem depressiven
Zustand führen, wenn es dem Kinde in dieser frühen Entwicklungsphase nicht
geglückt war, sein Liebesobjekt im Ich zu errichten und zu bewahren. Diese
Feststellungen gehen in einem grundlegenden Punkt über Radós Ergebnisse
hinaus und führen deshalb zu anderen Schlußfolgerungen. Nach Radós Auffassung befindet sich der Säugling in der Situation des drohenden Liebesverlustes, wenn ihm die milchspendende Brust (das reale Objekt) entzogen wird
(Hungersituation). Ich sehe in dem Mißglücken der Introjektionsprozesse, die
mit der überaus wichtigen Beziehung des Säuglings zur realen (äußeren) Mutter einhergehen – also in ganz frühen intrapsychischen Vorgängen –, die
Grundlagen der depressiven Disposition. Meiner Auffassung nach setzen
schon auf dieser Entwicklungsstufe die manischen Phantasien ein, die zum
Inhalt haben, zunächst die Brust und sehr bald auch die inneren und äußeren
Eltern zu beherrschen – mit all jenen Merkmalen der manischen Position, die
ich beschrieben habe und die in den Dienst der Abwehr gegen die depressive
Position gestellt werden. Jedesmal, wenn das Kind die Brust wiederfindet,
nachdem es sie verloren geglaubt hatte, wird der manische Prozeß in Gang
gesetzt, in dem Ich und Ich-Ideal zusammenfallen (Freud), denn die Befriedigung des Kindes beim Nahrungsakt wird nicht nur als eine kannibalische Einverleibung gefühlt (das ‹Fest› in der Manie, wie Freud sagt), sondern sie aktiviert auch die Phantasien über die schon verinnerlichten Objekte und wird mit

der Herrschaft über diese Objekte verbunden. Zweifellos wird das Kind um so mehr imstande sein, auf dieser Stufe die depressive Position zu überwinden, je mehr eine glückliche Beziehung zu seiner realen Mutter bereits zustande kam. Aber alles hängt davon ab, wieweit es fähig ist, aus diesem Konflikt zwischen Liebe und unbeherrschbarem Haß und Sadismus einen Ausweg zu finden.

Wie ich oben ausgeführt habe, hält das Ich in der frühesten Phase die verfolgenden und die guten Teilobjekte (Brust) weit auseinander. Durch die Introjektion des ganzen und wirklichen Objektes fließen sie mehr zusammen, ein Vorgang, der dem schwachen Ich aus Gründen, die ich früher besprach, zunächst unerträglich ist. Das Ich nimmt nun — so scheint es mir — immer wieder eine Zuflucht zu dem Mechanismus, der für die Entwicklung der Objektbeziehungen so wichtig ist, dazu nämlich, seine Imagines in geliebte und gehaßte, d. h. in ‹gute› und ‹böse›, zu spalten.

Man könnte annehmen, daß die Ambivalenz, die ja zur Objektbeziehung gehört, d. h. zur Beziehung zum ganzen und realen Objekt, an diesem Entwicklungspunkt einsetzt.* Die Ambivalenz, die sich u. a. in der Spaltung der Imagines äußert, befähigt das Kind, die guten realen Objekte mehr und mehr zu lieben, die Wiedergutmachungsphantasien an diese geliebten guten Objekte zu heften und so ein stetigeres Vertrauen in ihre Güte zu gewinnen. (Hierzu tragen natürlich Erfahrungen und Realitätsbeweise bei.) Gleichzeitig werden die paranoiden Ängste und Abwehrmechanismen gegen die gehaßten bösen Objekte gerichtet. Die innere Unterstützung, die das Ich von seinem freundlichen Verhältnis zu einem realen guten Objekt erfährt, erhöht wieder das Vertrauen zu den verinnerlichten Objekten. So nimmt das Ich — wobei es sich der Ambivalenz bedient — seine Zuflucht abwechselnd zu den äußeren und zu den inneren guten Objekten.

Auf dieser Entwicklungsstufe scheint die Vereinheitlichung der äußeren und inneren, geliebten und gehaßten, realen und phantastischen Objekte so zu erfolgen, daß jeder Schritt zur Vereinheitlichung wieder zu einer erneuten Spaltung der Imagines führt, die sich so in der normalen Entwicklung immer mehr der Realität nähern. Wenn auf diese Weise die Liebe zu den realen und den verinnerlichten Objekten und das Vertrauen zu beiden besser gesichert ist, verringert sich die Ambivalenz, und zwar auch deshalb, weil sie zu einem Teil als Sicherung gegen den eigenen Haß und gegen die gehaßten und angsterregenden Objekte diente. Zusammen mit dem Wachsen der Liebe zu seinen Objekten geht ein größeres Vertrauen des Ichs zu der eigenen Liebesfähigkeit und eine Verminderung der paranoiden Angst vor den bösen Objekten — Veränderungen, die zu einer Verminderung des Sadismus und einer besseren Beherrschung und Verwendung der Aggression führen. Die Wiedergutmachungstendenzen, die bei der normalen Überwindung der infantilen depressiven Position eine überragende Rolle spielen, werden durch verschiedene

---

* Anmerkung des Herausgebers: Vgl. Fußnote 7, unten S. 146.

Mechanismen in Gang gesetzt, von denen ich hier nur zwei fundamentale nenne: die manischen Mechanismen und die Zwangs-Mechanismen.

Es scheint, daß der Schritt von der Introjektion von Teilobjekten zu der von ganzen geliebten Objekten (mit allem, was dazu gehört) von ausschlaggebender Bedeutung für die Entwicklung ist. Dabei hängt viel davon ab, inwieweit das frühe Ich fähig ist, seinen Sadismus und seine Angst zu tolerieren und dabei eine starke libidinöse Beziehung zu Teilobjekten zu entwickeln. Hat das Ich aber diesen Schritt gemacht, so ist es sozusagen an einem Kreuzweg angelangt, an dem die seine psychische Entwicklung bestimmenden Wege abzweigen.

Ich habe früher ausführlich dargelegt, auf welche Weise die Unfähigkeit, die Identifizierung mit (ganzen) verinnerlichten und realen guten Objekten aufrechtzuerhalten, zu den psychotischen Erkrankungen der Depressionszustände, der Manie oder der Paranoia, führen kann.

Ich nenne noch zwei Methoden, mittels derer das Ich versucht, die Leiden zu beenden, die mit der depressiven Position verbunden sind, nämlich:

a) durch eine Flucht zum inneren guten Objekt, auf die MELITTA SCHMIDEBERG im Zusammenhang mit der Schizophrenie hingewiesen hat. Sie führt aus,[29] «daß in der Schizophrenie die Absperrung von der Außenwelt mittels der Flucht zum guten inneren Objekt durchgeführt wird, indem die Projektion aufgegeben und die Liebe zum inneren Objekt narzißtisch überkompensiert wird, um der Angst vor den bösen introjizierten und realen Objekten zu entgehen». Das Resultat einer solchen Flucht kann eine Verleugnung der psychischen und äußeren Realität und tiefste Psychose sein;

b) durch eine Flucht zum realen guten Objekt, um alle Ängste, innere wie äußere, zu widerlegen:[30] Dieser Mechanismus ist für die Neurose charakteristisch und kann zu weitgehender Schwächung des Ichs und sklavischer Abhängigkeit von Objekten führen.

Diese Fluchtmechanismen spielen, wie ich oben dargelegt habe, eine wichtige Rolle, auch bei der normalen Verarbeitung der infantilen depressiven Position. Gelingt dieses Verarbeiten aber nicht, so bleibt der eine oder andere der beschriebenen Mechanismen vorherrschend, und damit die Gefahr einer schweren Psychose oder Neurose bestehen.

---

29 M. SCHMIDEBERG, The Role of Psychotic Mechanisms in Cultural Development. Int. J. Psycho-Anal. XI, 1930, S. 387.

30 Ich habe seit vielen Jahren die Auffassung vertreten, daß die übermäßige Fixierung des Kindes an die Mutter Schuldgefühlen und Ängsten entspringt, die aus seiner Aggression gegen die Mutter resultieren, und daß das Kind bei der realen guten Mutter Zuflucht vor der phantasierten bösen Mutter sucht.

In ihrer Arbeit ‹Die Flucht in die Realität› (Int. Zschr. f. Psa. XV, 1929) führt NINA SEARL aus, daß die Realität für das Ich gewissermaßen die Mitte hält zwischen Wunscherfüllungsphantasien und angsterregenden Phantasien. Der Flucht des Neurotikers aus der angsterregenden Realität in die Phantasie stellt sie die Flucht aus der angsterregenden Phantasiewelt in die Realität gegenüber.

Ich habe in dieser Arbeit hervorgehoben, daß ich die infantile depressive Position für die zentrale Position in der Entwicklung halte. Die normale Entwicklung des Individuums und seine Liebesfähigkeit scheinen weitgehend darauf zu beruhen, daß das frühe Ich diese ausschlaggebende Position verarbeitet und überwindet. Dies hängt allem Anschein nach letzten Endes davon ab, ob das Ich seine frühesten Angstsituationen und Abwehrmechanismen genügend modifizieren und so neue Abwehrmechanismen entwickeln kann, die zu einem größeren und stetigeren Vertrauen in die Güte seiner (verinnerlichten und realen) Objekte und zugleich zu einer größeren Unabhängigkeit von beiden führen.

DIE TRAUER UND IHRE BEZIEHUNG ZU
MANISCH-DEPRESSIVEN ZUSTÄNDEN

Ein wesentlicher Teil der Arbeit, den die Trauer leistet, besteht, wie FREUD in
‹Trauer und Melancholie› auseinandergesetzt hat, in der Realitätsprüfung.
«Dort [bei der Trauer] fanden wir die Auskunft, die Zeit werde für die Detail-
durchführung des Gebotes der Realitätsprüfung benötigt, nach welcher
Arbeit das Ich seine Libido vom verlorenen Objekt frei bekommen habe.»
(Ges. Schr. Bd. V, S. 546.) An einer anderen Stelle: «Jede einzelne der Erinnerungen und Erwartungen, in denen die Libido an das Objekt geknüpft war,
wird eingestellt, übersetzt und an ihr die Lösung der Libido vollzogen. Warum
diese Kompromißleistung der Einzeldurchführung des Realitätsgebotes so
außerordentlich schmerzhaft ist, läßt sich in ökonomischer Begründung gar
nicht leicht angeben. Es ist merkwürdig, daß uns diese Schmerzunlust selbstverständlich erscheint.» (Ges. Schr. Bd. V, S. 537.) Und weiter unten: «Wir
können nicht einmal sagen, durch welche ökonomischen Mittel die Trauer ihre
Aufgabe löst; aber vielleicht kann hier eine Vermutung aushelfen. An jede einzelne der Erinnerungen und Erwartungssituationen, welche die Libido an das
verlorene Objekt geknüpft zeigen, bringt die Realität ihr Verdikt heran, daß
das Objekt nicht mehr existiere, und das Ich, gleichsam vor die Frage gestellt,
ob es dieses Schicksal teilen will, läßt sich durch die Summe der narzißtischen
Befriedigungen, am Leben zu sein, bestimmen, seine Bindung an das vernichtete Objekt zu lösen. Man kann sich etwa vorstellen, diese Lösung gehe so
langsam und schrittweise vor sich, daß mit der Beendigung der Arbeit auch
der für sie erforderliche Aufwand zerstreut ist.» (Ges. Schr. Bd. V, S. 549)

Ich glaube, daß eine nahe Beziehung zwischen der Realitätsprüfung in der
normalen Trauer und den frühen seelischen Prozessen besteht. Meiner
Anschauung nach macht das Kind seelische Zustände durch, die man mit der
Trauer der Erwachsenen vergleichen kann, oder vielmehr, diese frühe Trauer
wird durch traurige Erlebnisse im späteren Leben immer wieder neu belebt.
Die wichtigste Methode, durch welche das Kind seine Trauerzustände über-
windet, ist die Realitätsprüfung; dieser Prozeß ist, wie FREUD betonte, Teil der
Trauerarbeit.

In meiner Abhandlung ‹Zur Psychogenese der manisch-depressiven Zustände› führte ich den Begriff der kindlichen ‹depressiven Position› ein und
stellte eine Verbindung zwischen dieser Position und manisch-depressiven
Zuständen her. Um die Beziehung zwischen der infantilen depressiven Position und der normalen Trauer darzustellen, muß ich auf einige Feststellungen,
die ich in jener Arbeit gemacht habe, zurückgreifen und werde sie dann erwei-
tern. Im Laufe dieser Darstellung hoffe ich auch, einen Beitrag zu dem weiteren Verständnis der Beziehung zwischen der normalen Trauer auf der einen
Seite und abnormaler Trauer und manisch-depressiven Zuständen auf der
anderen zu leisten.

Ich sagte dort, daß der Säugling depressive Gefühle erlebt, die ihren Höhepunkt gerade vor, während und nach der Entwöhnung erreichen. Diese Gefühle stellen den Gemütszustand des Säuglings dar, den ich ‹depressive Position› genannt habe, der, wie ich glaube, eine Melancholie *in statu nascendi* darstellt. Das betrauerte Objekt ist die mütterliche Brust und alles das, was die Brust und die Milch in der kindlichen Seele repräsentieren, nämlich Liebe, das Gute und Sicherheit. Alles das wird vom Kind als verloren empfunden, und zwar als Folge seiner unkontrollierbaren Gier und der Zerstörungsphantasien und -triebe gegen die mütterliche Brust. Wegen des drohenden Verlustes (diesmal beider Eltern) ergibt sich neuer Schmerz, der aus der Ödipussituation kommt, welche so früh und in so enger Verbindung mit Brustversagungen einsetzt, daß sie anfänglich von oralen Trieben und Ängsten beherrscht wird. Der Kreis geliebter Objekte, die in der Phantasie angegriffen werden, und deren Verlust deswegen gefürchtet wird, vergrößert sich wegen der ambivalenten Beziehungen des Kindes zu seinen Brüdern und Schwestern; Angriffe auf Phantasie-Brüder und -Schwestern, die in der Phantasie innerhalb des mütterlichen Körpers stattfinden, bringen Schuld- und Verlustgefühle hervor. Der Gram und die Besorgnis um den gefürchteten Verlust der ‹guten› Objekte, das heißt die ‹depressive Position› ist, meiner Erfahrung nach, die tiefste Quelle schmerzhafter Konflikte sowohl in der Ödipussituation als auch in den Beziehungen des Kindes zu Menschen im allgemeinen. In der normalen Entwicklung werden diese Gefühle von Kummer und Furcht auf verschiedene Art und Weise überwunden.

Zusammen mit der Beziehung des Kindes, zuerst zu seiner Mutter und dann zu seinem Vater und anderen Menschen laufen jene Prozesse der Verinnerlichung, die ich in meiner Arbeit so stark betont habe. Nachdem der Säugling seine Eltern einverleibt hat, fühlt er sie als lebende Menschen innerhalb seines Körpers in der konkreten Weise, in der tief unbewußte Phantasien erlebt werden – sie sind, in seiner Vorstellung, ‹innere› Objekte, wie ich sie nannte. So wird eine innere Welt in der unbewußten Seele des Kindes aufgebaut, die den wirklichen Erfahrungen und Eindrücken entspricht, die das Kind von Menschen und der äußeren Welt empfängt, aber die doch durch seine eigenen Phantasien und Triebe verändert sind. Wenn es eine Welt von Menschen darstellt, die vorwiegend in Frieden miteinander und mit seinem Ich leben, dann ergibt sich innere Harmonie, Sicherheit und Integration.

Ängste, die sich auf die ‹äußere› Mutter – wie ich sie im Gegensatz zu der ‹inneren› nenne – und diejenigen, die sich auf die ‹innere› Mutter richten, wirken dauernd aufeinander, und ebenso sind die Methoden, die das Ich in seiner Abwehr gegen die beiden Arten von Angst benützt, eng aufeinander abgestimmt. In der kindlichen Seele ist die ‹innere› Mutter mit der ‹äußeren› Mutter eng verbunden, deren Doppelgänger sie ist, obwohl sie Veränderungen durch den Prozeß der Verinnerlichung unterliegt; das heißt, ihr Bild ist von der Phantasie und von inneren Reizen und Empfindungen aller Art beeinflußt. Wenn äußere Situationen, die das Kind durchlebt, verinnerlicht werden – und ich glaube, daß das von den frühesten Tagen an geschieht –, dann folgen sie demselben Plane: sie werden sozusagen die Doppelgänger der realen Situation und werden andererseits aus denselben Gründen verändert. Die Tatsache, daß durch die Verinnerlichung Menschen, Dinge, Situationen und Geschehnisse – also die gesamte, inzwischen aufgebaute innere Welt – der genauen Beobachtung des Kindes und seinem Urteil entzogen sind, im Gegensatz zu der berühr- und tastbaren Objektwelt, die der Kontrolle von Sinneswahrnehmungen unterliegt, hat schwerwiegende Folgen für den phantastischen Charakter dieser inneren Welt. Die sich daraus ergebenden Zweifel, Unsicherheiten und Ängste spornen das kleine Kind dauernd zu Beobachtungen an, um sich Sicherheit über die äußere Objektwelt, aus der diese innere Welt hervorgangen ist, zu verschaffen,[1] und auf diese Weise sie besser zu verstehen. So stellt die sichtbare Mutter einen dauernden Beweis für den Charakter der ‹inneren› Mutter dar, ob sie liebend oder ärgerlich, hilfreich oder rachsüchtig ist.

Das Ausmaß, in welchem äußere Wirklichkeit in der Lage ist, Ängste und Kummer über die innere Wirklichkeit zu lindern, ist bei jedem Individuum verschieden und könnte als eines der Kriterien für Normalität aufgefaßt werden. Bei Kindern, die so sehr von ihrer inneren Welt beherrscht sind, daß ihre Ängste selbst von den angenehmen Aspekten ihrer Beziehungen zu Menschen nicht genügend entkräftet und ausgeglichen werden können, sind schwere seelische Schwierigkeiten unvermeidlich. Andererseits ist ein gewisses Ausmaß von unangenehmen Erfahrungen für die Realitätsprüfung des Kindes von Wert, weil es lernt, daß es seine Objekte sowie ihre Liebe zu ihm und seine Liebe für sie dadurch erhalten kann, daß es die unangenehmen Erfahrungen überwindet. Auf diese Weise kann es sein inneres Leben vor Gefahren schützen und seine Harmonie wiederherstellen.

Jeder Genuß, den das Kind in der Beziehung zu seiner Mutter erlebt, ist ein Beweis dafür, daß das innere und äußere geliebte Objekt unbeschädigt ist und daß es sich nicht in eine rachsüchtige Person verwandelt hat. Die Vertiefung der Liebe und des Zutrauens und die Verminderung von Ängsten durch glückliche Erfahrungen helfen dem Säugling, Schritt für Schritt seine Depression und sein Gefühl von Verlust (Trauer) zu überwinden. Sie befähigen ihn, seine innere Realität durch die äußere zu prüfen. Dadurch, daß er geliebt wird, und durch Genuß und Wohlbehagen, die er in Beziehung zu Menschen erlebt, wird seine Zuversicht auf sein eigenes Gut-sein sowie auf das anderer Menschen gestärkt. Seine Hoffnung, daß seine ‹guten› Objekte und sein eigenes Ich gerettet und erhalten werden können, vergrößert sich, und gleichzeitig nimmt seine ambivalente und akute Furcht vor innerer Zerstörung ab.

---

1 Ich kann hier nur kurz auf den Anstoß hinweisen, den diese Ängste der Entwicklung von Interessen und Sublimierungen aller Art geben. Wenn die Ängste zu stark sind, dann können sie die intellektuelle Entwicklung hemmen. (Vgl. KLEIN, *A Contribution to the Theory of Intellectual Inhibition*. [1931] In ‹Contribution›.)

Unangenehme Erfahrungen und das Fehlen angenehmer, besonders aber das Fehlen eines glücklichen und engen Kontakts mit geliebten Menschen steigern im Kleinkind Ambivalenz und vermindern Vertrauen und Hoffnung. Sie bestätigen Ängste über innere Vernichtung und äußere Verfolgung, und darüber hinaus verlangsamen sie die günstigen Prozesse, durch die am Ende innere Sicherheit erreicht wird, und bringen sie zum Stillstand.

Wenn das Kind neues Wissen erwirbt, muß jedes Stück frischer Erfahrung in die Formen, die durch die psychische Realität des Augenblickes vorgebildet sind, eingefügt werden — während die psychische Realität des Kindes allmählich, durch jeden Schritt in seinem fortschreitenden Wissen um die äußere Realität, beeinflußt wird. Jeder solcher Schritt führt zu einem immer festeren Aufbau seiner inneren ‹guten› Objekte und wird vom Ich dazu benützt, um die depressive Position zu überwinden.

In einem anderen Zusammenhang habe ich die Ansicht geäußert, daß jedes Kleinkind Ängste erlebt, die ihrem Inhalt nach psychotischer Natur [2] sind, und daß die infantile Neurose [3] der normale Weg ist, auf dem das Kind mit diesen Ängsten fertig zu werden und sie zu modifizieren sucht.

Diese Schlußfolgerung kann ich nunmehr als das Resultat meiner Arbeit über die depressive Position, die mich zu der Anschauung geleitet hat, daß sie die zentrale Position in der Entwicklung des Kindes darstellt, genauer formulieren. Die frühe depressive Position findet in der infantilen Neurose Ausdruck und wird dort durchgearbeitet und allmählich überwunden. Das ist ein wichtiger Teil des Organisationsvorganges und der Integration, die, zusammen mit der Sexualentwicklung,[4] die ersten Lebensjahre charakterisiert. Normalerweise macht das Kind eine infantile Neurose durch, und neben anderen Errungenschaften erreicht es Schritt für Schritt eine gute Beziehung zu Menschen und zur Realität. Ich glaube, daß diese befriedigende Beziehung zu Menschen davon abhängt, daß es in seinen Kämpfen gegen das Chaos in seinem Inneren

---

2 Die Psychoanalyse des Kindes, besonders Kap. VIII.

3 Im Zusammenhang mit meiner Anschauung, daß jedes Kind eine Neurose durchmacht, die nur in ihrem Grade von Person zu Person verschieden ist, habe ich in dem obenerwähnten Buche (S. 110) folgendes hinzugefügt: «Diese von mir seit einer Reihe von Jahren vertretene Auffassung hat in der Zwischenzeit eine gewichtige Stütze gefunden. In der ‹Laienanalyse› sagt Freud: ‹Seitdem wir schärfer zu sehen verstehen, sind wir versucht zu sagen, die Kinderneurose sei nicht die Ausnahme, sondern die Regel, als ob sie sich auf dem Wege von der infantilen Anlage bis zur gesellschaftlichen Kultur kaum vermeiden ließe› (Ges. Schr. Bd. XI, S. 343).»

4 Auf jeder Entwicklungsstufe sind die Gefühle, Ängste und die Abwehr des Kindes mit seinen libidinösen Wünschen und Fixierungen verbunden, und das Endresultat seiner Sexualentwicklung in der Kindheit ist eng mit den Vorgängen, die ich in dieser Arbeit beschreibe, verknüpft. Die libidinöse Entwicklung des Kindes wird in einem neuen Licht erscheinen, wenn wir sie im Zusammenhang mit der depressiven Position und den Abwehrmechanismen gegen sie betrachten. Das ist ein Gegenstand von solcher Wichtigkeit, daß er einer eingehenderen Behandlung bedarf und deshalb außerhalb des Rahmens dieser Arbeit liegt.

(die depressive Position) erfolgreich ist und es ihm gelingt, seine guten inneren Objekte sicher aufzubauen.

Wir werden nun die Methoden und Mechanismen, durch welche diese Entwicklung zustande kommt, näher betrachten.

Da die Prozesse der Introjektion und Projektion im Kleinkind von Aggression und Ängsten, die sich gegenseitig verstärken, beherrscht werden, fühlt sich das Kind von erschreckenden Objekten verfolgt. Zu solchen Verfolgungsängsten gesellt sich die Furcht, geliebte Objekte zu verlieren; das bedeutet, daß sich die depressive Position gebildet hat. Als ich zum ersten Male den Begriff der ‹depressiven Position› einführte, machte ich den Vorschlag, daß die Introjektion des ganzen geliebten Objektes * Sorge und Gram um das Objekt erzeugt (nämlich ob es nicht von den ‹bösen› Objekten und dem Es zerstört werden wird): diese schmerzhaften Gefühle und Ängste, zusammen mit der Gruppe der paranoiden Ängste und Abwehrmaßnahmen, machen die depressive Position aus. Es gibt somit zwei Gruppen von Ängsten, Gefühlen und Abwehrmaßnahmen, die meiner Ansicht nach zum Zwecke theoretischer Klarheit voneinander unterschieden werden können, unabhängig davon, wie verschieden und wie innig miteinander verknüpft sie sein mögen. Die erste Gruppe besteht aus verfolgenden Gefühlen und Phantasien, die durch die Furcht vor der Zerstörung des Ichs durch innere Verfolger charakterisiert ist. Die Abwehr gegen diese Ängste besteht vorwiegend in der Zerstörung der Verfolger durch gewaltsame heimliche und listige Methoden. In anderem Zusammenhang habe ich mich mit diesen Ängsten und Abwehrmaßnahmen im einzelnen beschäftigt. Die zweite Gruppe von Gefühlen, die die depressive Position darstellen, habe ich früher beschrieben, ohne einen bestimmten Ausdruck für sie zu prägen. Ich schlage für diese Gefühle von Gram und Sorge um die ‹geliebten› Objekte, für die Ängste, sie zu verlieren und den Wunsch, sie wiederzugewinnen, ein einfaches Wort vor, das der täglichen Sprache entnommen ist – nämlich die ‹Sehnsucht› nach dem geliebten Objekt. Kurz gesagt – Verfolgung (durch ‹böse› Objekte) und die charakteristischen Abwehrmaßnahmen dagegen auf der einen Seite und Sehnsucht nach dem geliebten (‹guten›) Objekt auf der anderen stellen die depressive Position dar.

Wenn sich die depressive Position bildet, wird das Ich gezwungen, zusätzlich zu früheren neue Methoden der Abwehr zu entwickeln, die im wesentlichen gegen die Sehnsucht nach dem geliebten Objekt gerichtet sind. Diese sind grundlegend für die ganze Ich-Organisation. Ich nannte einige dieser Methoden früher *manische Abwehr* oder die *manische Position* wegen ihrer Beziehung zu der manisch-depressiven Krankheit.[5]

Die Schwankungen zwischen der depressiven und der manischen Position sind ein wesentlicher Teil der normalen Entwicklung. Das Ich wird durch depressive Ängste (nämlich daß die geliebten Objekte sowie das Ich selbst zer-

---

* Anmerkung des Herausgebers: Vgl. Fußnote 7, unten S. 146.
5 Zur Psychogenese der manisch-depressiven Zustände, oben S. 58 f.

stört werden könnten) dazu getrieben, omnipotente und mächtige Phantasien aufzubauen, teils um die ‹bösen›, gefährlichen Objekte zu kontrollieren und zu bemeistern, teils um die geliebten Objekte zu retten und wiederherzustellen. Von den frühesten Anfängen an regen diese omnipotenten destruktiven sowie reparativen Phantasien alle Tätigkeiten, Interessen und Sublimierungen des Kindes an. Der extreme Charakter seiner sadistischen sowie seiner konstruktiven Phantasien geht im Kleinkind parallel einerseits mit der außerordentlichen Schrecklichkeit seiner Verfolger und andererseits mit der außerordentlichen Vollkommenheit seiner ‹guten› Objekte [6]. Idealisierung ist ein wesentlicher Teil der manischen Position und ist eng mit einem anderen wichtigen Element dieser Position verbunden, nämlich Verleugnung. Ohne teilweise und zeitweilige Verleugnung der psychischen Realität kann das Ich während des Höhepunktes der depressiven Position das Unheil, durch welches es sich bedroht fühlt, nicht ertragen. Omnipotenz, Verleugnung und Idealisierung sowie die damit eng verbundene Ambivalenz befähigen das frühe Ich, sich selbst in einem gewissen Grade gegen seine inneren Verfolger und gegen eine Hörigkeit und gefährliche Abhängigkeit von seinen geliebten Objekten zu behaupten. Auf diese Weise macht es neue Fortschritte in der Entwicklung. Ich werde hier einen Absatz aus meiner früheren Arbeit zitieren:

«Das Ich hält in der frühesten Phase die verfolgenden und die guten Teilobjekte (Brust) weit auseinander. Durch die Introjektion des ganzen und wirklichen Objektes fließen sie mehr zusammen, ein Vorgang, der dem schwachen Ich aus Gründen, die ich früher besprach, zunächst unerträglich ist. Das Ich nimmt nun – so scheint es mir – immer wieder Zuflucht zu dem Mechanismus, der für die Entwicklung der Objektbeziehungen so wichtig ist, nämlich dazu,

---

6 In verschiedenen Zusammenhängen (vor allem in ‹Frühstadien des Ödipuskonfliktes› (‹Contributions› und Int. Zschr. f. Psa. XIV, 1928) habe ich den Zusammenhang der Furcht vor phantastisch-‹bösen› Verfolgern mit dem Glauben an phantastisch-‹gute› Objekte betont. Idealisierung ist ein wesentlicher Vorgang im kleinen Kinde, da es mit seinen Verfolgungsängsten, die das Produkt seines eigenen Hasses sind, noch nicht auf eine andere Weise fertig werden kann. Ehe nicht die frühen Ängste durch Erfahrungen, die Liebe und Vertrauen steigern, vermindert sind, kann sich der wichtige Vorgang, durch den die verschiedenen Aspekte der Objekte (äußere, innere, ‹gute›, ‹böse›, geliebte und gehaßte) näher zusammengebracht werden, nicht entwickeln. Auf diese Weise wird der Haß durch Liebe gelindert, was Verminderung der Ambivalenz bedeutet. Während die Trennung dieser entgegengesetzten Aspekte, die vom Unbewußten als entgegengesetzte Objekte empfunden werden, aufrechterhalten wird, werden Haß- und Liebesgefühle ebenfalls so weit voneinander entfernt gehalten, daß Liebe den Haß nicht lindern kann. – Die Flucht zu dem verinnerlichten ‹guten› Objekt, die MELITTA SCHMIDEBERG (in ‹Psychotic Mechanisms in Cultural Development›, a. a. O.) als einen fundamentalen Mechanismus bei Schizophrenien gefunden hat, tritt somit auch in den Vorgang der Idealisierung ein, zu dem das Kind normalerweise in seinen depressiven Ängsten greift. MELITTA SCHMIDEBERG hat auch wiederholt die Beziehung zwischen Idealisierung und Mißtrauen gegen das Objekt betont.

seine Imagines in geliebte und gehaßte, d. h. ‹gute› und ‹böse› zu spalten.»

«Man könnte annehmen, daß die Ambivalenz, die ja zur Objektbeziehung gehört, d. h. zur Beziehung zum ganzen und realen Objekt, an diesem Entwicklungspunkt einsetzt. Die Ambivalenz, die sich u. a. im Spalten der Imagines äußert, befähigt das Kind, die guten realen Objekte mehr und mehr zu lieben, die Wiedergutmachungsphantasien an diese geliebten guten Objekte zu heften und so ein stetigeres Vertrauen in ihre Güte zu gewinnen. (Hierzu tragen natürlich Erfahrungen und Realitätsbeweise bei.) Gleichzeitig werden die paranoiden Ängste und Abwehrmechanismen gegen die gehaßten bösen Objekte gerichtet. Die innere Unterstützung, die das Ich von seinem freundlichen Verhältnis zu einem realen guten Objekt erfährt, erhöht wieder das Vertrauen zu den verinnerlichten Objekten. So nimmt das Ich – indem es sich der Ambivalenz bedient – abwechselnd zu den äußeren und inneren guten Objekten Zuflucht (Idealisierung).»

«Auf dieser Entwicklungsstufe scheint die Vereinheitlichung der äußeren und inneren, geliebten und gehaßten, realen und phantastischen Objekte so zu erfolgen, daß jeder Schritt zur Vereinheitlichung wieder zu einer erneuten Spaltung der Imagines führt, die sich so in der normalen Entwicklung immer mehr der Realität nähern. Wenn auf diese Weise die Liebe zu den realen und den verinnerlichten Objekten und das Vertrauen zu beiden besser gesichert ist, verringert sich die Ambivalenz, und zwar auch deshalb, weil sie zu einem Teil als Sicherheit gegen den eigenen Haß und gegen die gehaßten und angsterregenden Objekte diente.»[7]

Wie ich bereits gesagt habe, beherrscht Omnipotenz die frühen destruktiven und reparativen Phantasien und beeinflußt Sublimierungen sowie Objektbeziehungen. Omnipotenz ist im Unbewußten indessen so sehr mit sadistischen Trieben verknüpft, daß das Kind immer wieder fühlt, daß seine Wiederherstellungsversuche weder erfolgreich sind noch sein werden. Seine sadistischen Triebe können in ihm leicht die Oberhand gewinnen. Das Kleinkind, das kein genügendes Vertrauen in seine konstruktiven Wiedergutmachungsgefühle hat, fällt, wie wir gesehen haben, auf manische Omnipotenz zurück. Aus diesem Grunde hat das Ich auf einer frühen Entwicklungsstufe keine adäquaten Mittel zur Verfügung, um auf wirksame Art und Weise mit Schuld und Angst fertig zu werden. Das alles führt zu dem Bedürfnis des Kindes – und in gewissem Maße trifft das ebenso auf den Erwachsenen zu –, gewisse Tätigkeiten zwangsweise zu wiederholen (das ist ein Teil des Wiederholungszwanges);[8] oder zu seinem Gegenteil, indem das Kind Zuflucht zu Omnipotenz und Verleugnung nimmt. Wenn die manischen Abwehrmechanismen versagen – d. h. wenn Gefahren aus verschiedenen Quellen nicht auf omnipotente Art und Weise vermindert und verleugnet werden können – fühlt sich das Ich dazu getrieben, die Ängste bezüglich Verschlechterung und Zer-

---

7 Zur Psychogenese der manisch-depressiven Zustände, oben S. 69.
8 Die Psychoanalyse des Kindes, S. 125 u. 211.

fall abwechselnd oder gleichzeitig mit zwanghaften Wiederherstellungsversuchen zu bekämpfen. An einer anderen Stelle [9] habe ich zu zeigen versucht, daß die Zwangsmechanismen sowohl eine Abwehr gegen paranoide Ängste darstellen, als auch das Mittel sind, wodurch sie modifiziert werden. Hier will ich nur kurz die Verbindung zwischen Zwangsmechanismen und manischen Abwehrmechanismen in ihrer Beziehung zu der depressiven Position bei normaler Entwicklung aufzeigen.

Die Tatsache, daß die manischen so eng mit den zwanghaften Abwehrmechanismen zusammenarbeiten, trägt zu der Furcht des Ichs bei, daß die Wiederherstellungsversuche, die mit zwanghaften Mitteln unternommen worden sind, versagt haben. Der Wunsch, das Objekt zu kontrollieren, die sadistische Befriedigung, es zu überwinden und zu erniedrigen, es zu besiegen, kurz, der Triumph über das Objekt kann so sehr mit dem Wiederherstellungsakt, der in Gedanken, Tätigkeiten oder Sublimierungen ausgeführt wird, verknüpft werden, daß der sich verbessernde Kreisschluß, der durch diesen Akt begonnen worden ist, wieder zusammenbrechen kann. Die Objekte, die wiederhergestellt werden sollten, werden wieder zu Verfolgern, und paranoide Ängste werden wiederbelebt. Diese Ängste verstärken die paranoiden Abwehrmechanismen (Zerstörung des Objektes) sowie die manischen Mechanismen (Kontrolle, Scheintod etc. des Objektes). Die Wiederherstellung des Objektes, die gerade vonstatten ging, ist somit gestört oder aufgehoben – je nach dem Ausmaß, in dem diese Mechanismen aktiviert worden sind. Als Folge des Versagens des Wiederherstellungsvorganges muß das Ich immer wieder auf zwanghafte und manische Abwehrmaßnahmen zurückfallen.

Wenn im Verlaufe der normalen Entwicklung das Gleichgewicht zwischen Liebe und Haß hergestellt ist und die verschiedenen Aspekte der Objekte enger miteinander vereinigt sind, dann hat sich auch ein gewisses Gleichgewicht zwischen diesen sich widersprechenden und doch eng verwandten Methoden hergestellt, das ihre Intensität vermindert. In diesem Zusammenhang möchte ich die Bedeutung des Triumphes, eng verknüpft mit Verachtung und Omnipotenz, als ein Element der manischen Position betonen. Wir kennen die Rolle, die der Wettstreit in den brennenden Wünschen des Kindes, den Errungenschaften der Erwachsenen gleichzukommen, spielt. Außer dem Wettstreit ist der mit Ängsten vermischte Wunsch, aus seinen Mängeln herauszuwachsen, welcher letzten Endes die Überwindung seiner Zerstörungswut und seiner bösen inneren Objekte und die Fähigkeit, sie zu neutralisieren, bedeutet, ein Ansporn für Errungenschaften aller Art. Nach meiner Erfahrung ist der Wunsch, die Kind-Eltern-Beziehung umzukehren, Macht über die Eltern zu bekommen, um über sie zu triumphieren, immer zu einem gewissen Grade mit Wünschen, Erfolg zu haben, verbunden. Eine Zeit wird kommen, so phantasiert das Kind, da es stark, groß, erwachsen, mächtig, reich und potent sein wird, und Vater und Mutter sich in hilflose Kinder verwandelt haben oder, in

---

9 Die Psychoanalyse des Kindes, Kap. IX.

anderen Phantasien, alt, schwach, arm und vereinsamt sind. Der Triumph über die Eltern in solchen Phantasien lähmt wegen der Schuldgefühle, die sich daraus ergeben, oft Anstrengungen aller Art. Manche Menschen sind gezwungen, erfolglos zu bleiben, weil Erfolg für sie immer die Erniedrigung oder gar den Schaden an einer anderen Person, besonders den Triumph über die Eltern und Geschwister, bedeutet. Die Mühe, mit der sie etwas zu erreichen suchen, mag sehr konstruktiver Natur sein, aber der damit verbundene Triumph und die Schädigung eines anderen Objektes kann alle diese Erfolge ihrem Gefühl nach aufwiegen und ihre Erfüllung deshalb verhindern. Das Resultat ist, daß die Wiederherstellung der geliebten Objekte wieder unterbunden ist, da sie als identisch mit denjenigen, über die das Kind triumphiert, empfunden werden; somit bleibt das Schuldgefühl ungelindert. Triumph über seine Objekte schließt notwendigerweise den Wunsch der Objekte, über das Kind zu triumphieren, ein und führt deswegen zu Mißtrauen und Verfolgungsgefühlen. Depression oder Verstärkung der manischen Abwehrmechanismen oder noch mächtigere Kontrolle seiner Objekte mag folgen, da es ihm nicht gelungen ist, sie wieder zu beschwichtigen noch sie wiederherzustellen oder zu verbessern. Auf diese Weise gewinnen Gefühle, von Objekten verfolgt zu werden, wieder die Oberhand. Alles das hat wichtige Folgen für die infantile depressive Position und für den Erfolg oder Mißerfolg des Ichs, die infantile depressive Position zu überwinden. Der Triumph über seine inneren Objekte, welche das Ich des Kleinkindes kontrolliert, erniedrigt oder quält, ist Teil des destruktiven Aspekts der manischen Position, der die Wiederherstellung und Neuschaffung der inneren Welt, den inneren Frieden und die Harmonie stört. So hemmt der Triumph das Werk der frühen Trauer.

Zur Illustrierung dieser Entwicklungsvorgänge führe ich einige Züge an, die bei hypomanischen Menschen beobachtet werden können. Es ist charakteristisch für hypomanische Menschen, Prinzipien und Geschehnisse überzubewerten: überschwengliche Bewunderung (Idealisierung) oder Verachtung (Unterbewertung). Damit ist die Tendenz, alles in großem Maßstab zu sehen, in großen Zahlen zu denken, verbunden. All das steht in Übereinstimmung mit der Größe seiner Omnipotenz, mit der er sich gegen die Furcht verteidigt, das eine unersetzliche Objekt, die Mutter, die er im Grunde noch betrauert, zu verlieren. Seine Tendenz, die Wichtigkeit von Einzelheiten und kleinen Mengen herabzusetzen, und die Verachtung von Gewissenhaftigkeit stehen in scharfem Kontrast zu den sehr peniblen Methoden und der Konzentration auf die kleinsten Dinge (FREUD), die zu den zwanghaften Mechanismen gehören.

Diese Verachtung basiert indessen auch zu einem gewissen Teil auf Verleugnung. Er muß den Drang verleugnen, ausgedehnte und ins einzelne gehende Wiederherstellungsversuche zu machen, weil er den Grund für Wiederherstellung verleugnen muß, nämlich die Beschädigung des Objektes und seine dementsprechenden Gram- und Schuldgefühle.

Um auf den Verlauf der frühen Entwicklung zurückzukommen, können wir sagen, daß jeder Schritt in dem emotionalen, intellektuellen und physischen Wachstum vom Ich dazu benützt wird, die depressive Position zu überwinden. Die sich entfaltenden Fertigkeiten und Begabungen verstärken seinen Glauben an die Wirklichkeit seiner konstruktiven Bestrebungen und an die Fähigkeit, seine feindseligen Triebe, auch seine ‹bösen› Objekte, zu meistern und zu kontrollieren. Auf diese Weise werden Ängste aus verschiedensten Quellen gelindert, was eine Verminderung der Aggression und darüber hinaus des Argwohns gegen ‹böse› innere und äußere Objekte zur Folge hat. Das gestärkte Ich mit seinem größeren Vertrauen zu den Menschen kann dann weitere Schritte zur Vereinigung seiner äußeren, inneren, geliebten und gehaßten Imagines und zur Linderung des Hasses durch Liebe und damit zur Integration machen.

Wenn als Resultat der dauernden und mannigfaltigen Beweise und Gegenbeweise, die durch die Realitätsprüfung der äußeren Welt gewonnen sind, der Glaube und das Vertrauen des Kindes auf seine Liebesfähigkeit, auf seine Wiederherstellungskraft, auf die Integration und Sicherheit seiner guten inneren Welt wächst, dann nimmt die manische Omnipotenz ab und der zwanghafte Charakter des Wiederherstellungsdranges vermindert sich, was im allgemeinen bedeutet, daß die infantile Neurose überwunden ist.

Wir werden jetzt eine Verbindung zwischen der infantilen depressiven Position und der normalen Trauer herstellen. Der Schmerz über den tatsächlichen Verlust einer geliebten Person wird, meiner Ansicht nach, durch die unbewußten Phantasien des Trauernden, seine inneren ‹guten› Objekte verloren zu haben, verschärft. Er fühlt dann, daß seine inneren ‹bösen› Objekte überwiegen und daß seine innere Welt in Gefahr ist zu zerfallen. Wir wissen, daß der Verlust einer geliebten Person beim Trauernden zu dem Drange führt, die verlorene geliebte Person in dem Ich neu aufzubauen (FREUD und ABRAHAM). Meiner Anschauung nach nimmt er indessen nicht nur die Person, die er gerade verloren hat, in sich auf (Wiedereinverleibung), sondern baut auch seine inneren guten Objekte (letzten Endes seine geliebten Eltern), die Teil seiner inneren Welt seit den frühesten Stadien seiner Entwicklung geworden sind, wieder auf. Er empfindet, daß auch diese untergegangen und zerstört sind, wann immer der Verlust einer geliebten Person erlebt wird. Damit sind die frühe depressive Position und mit ihr Ängste, Schuld, Gefühle des Verlustes und Kummer, die von der Brustsituation und von allen anderen Quellen, die Ödipussituation eingeschlossen, herstammen, wiederbelebt. Unter diesen Gefühlsregungen sind Ängste, beraubt und von den beiden gefürchteten Eltern bestraft zu werden — d. h. Verfolgungsängste —, in den tiefen Lagen der Seele wiedererweckt worden.

Wenn zum Beispiel eine Frau ihr Kind durch den Tod verliert, wird gemeinsam mit dem Gram und Schmerz ihre frühe Furcht, von der ‹bösen›, rachsüchtigen Mutter beraubt zu werden, wiederbelebt und bestätigt. Ihre eigenen aggressiven Phantasien, ihre Mutter zu berauben, verursachten Ängste und

Bestrafungsgefühle, steigerten ihre Ambivalenz und führten zu Haß und Mißtrauen. Die Verstärkung der Verfolgungsgefühle im Zustande der Trauer ist um so schmerzhafter, als die freundlichen Beziehungen zu Menschen, die gerade zu dieser Zeit hätten helfen können, wegen verstärkter Ambivalenz und Mißtrauen gehindert werden.

Der Schmerz in dem langsamen Prozeß der Realitätsprüfung bei der Trauerarbeit ist somit teilweise der Notwendigkeit zuzuschreiben, nicht nur die Bindungen zur äußeren Welt zu erneuern und so dauernd den Verlust wiederzuerleben, sondern damit auch gleichzeitig die innere Welt, die in Gefahr scheint zu zerfallen und zusammenzubrechen, mit Qual wieder aufzubauen.[10] Genauso wie das kleine Kind, das die depressive Position durchmacht, in seinem Unbewußten mit der Aufgabe kämpft, seine innere Welt aufzubauen und zu integrieren, so empfindet der Trauernde den Schmerz bei jenem Wiederaufbau und der Neuintegration.

Bei normaler Trauer werden frühe psychotische Ängste erweckt. Der Trauernde ist tatsächlich krank, aber da dieser Gemütszustand so allgemein ist und uns so natürlich erscheint, nennen wir ihn nicht eine Krankheit. (Aus ähnlichen Gründen wurde die infantile Neurose des normalen Kindes bis vor wenigen Jahren nicht als Krankheit erkannt.) Um es klarer auszudrücken: In der Trauer macht der Trauernde einen modifizierten und vorübergehenden manisch-depressiven Zustand durch und überwindet ihn, indem er den Prozeß wiederholt, den das Kind normalerweise in seiner frühen Entwicklung durchlebt, obgleich die Umstände und die Anzeichen verschieden sind.

Die größte Gefahr für den Trauernden besteht darin, daß sich sein Haß gegen die verlorene geliebte Person wendet. Eine der Formen, in der sich der Haß in der Trauersituation darstellt, ist das Gefühl des Triumphes über die verstorbene Person. Ich habe an einer anderen Stelle dieser Arbeit auf den Triumph als Teil der manischen Position in der kindlichen Entwicklung hingewiesen. Infantile Todeswünsche gegen Eltern, Brüder und Schwestern werden als tatsächlich erfüllt empfunden, wann immer eine geliebte Person stirbt, da sie notwendigerweise in einem gewissen Maße die frühesten wichtigen Figuren repräsentieren und deshalb gewisse Gefühle, die sich auf diese beziehen, übernimmt. So wird der Tod, wie sehr er auch aus anderen Gründen erschütternd sein mag, zu einem gewissen Grad ein Sieg und bringt deshalb Triumph- und zugleich Schuldgefühle mit sich.

Hier weicht meine Anschauung von der FREUDS ab, der folgendes schreibt: «Zunächst: die normale Trauer überwindet ja auch den Verlust des Objektes

---

10 Diese Tatsachen bringen uns ein Stück näher zur Beantwortung der Frage FREUDS, die ich am Anfang dieser Arbeit zitiert habe: «Warum diese Kompromißleistung der Einzeldurchführung der Realitätsgebote so außerordentlich schmerzhaft ist, läßt sich in ökonomischer Begründung gar nicht leicht angeben. Es ist merkwürdig, daß uns diese Schmerzunlust selbstverständlich erscheint.» (Ges. Schr. Bd. V, S. 537.)

und absorbiert gleichfalls während ihres Bestandes alle Energien des Ichs. Warum stellt sich bei ihr die ökonomische Bedingung für eine Phase des Triumphes nach ihrem Ablaufe auch nicht andeutungsweise her? Ich finde es unmöglich, auf diesen Einwand kurzerhand zu antworten.»[11] In meiner Erfahrung sind Triumphgefühle unvermeidlicherweise selbst mit der normalen Trauer verknüpft und haben eine Verlangsamung der Trauerarbeit zur Folge, oder tragen vielmehr zu den Schwierigkeiten und dem Schmerz, den der Trauernde erlebt, bei. Wenn der Haß des Trauernden auf das geliebte Objekt in seinen verschiedenen Formen die Oberhand gewinnt, wird die geliebte verlorene Person nicht nur in einen Verfolger verwandelt, sondern auch der Glaube des Trauernden an seine eigenen guten inneren Objekte wird erschüttert. Der erschütterte Glaube in die guten Objekte stört den Prozeß der Idealisierung, der eine wesentliche Zwischenstufe in der geistigen Entwicklung ist, auf das schmerzlichste. Für das Kleinkind ist die idealisierte Mutter ein Sicherheitsschutz gegen eine rachsüchtige oder tote Mutter und gegen alle bösen Objekte und stellt damit Sicherheit und das Leben selbst dar. Wie wir wissen, bringt die Erinnerung an die Güte und die guten Qualitäten der verlorenen Person dem Trauernden große Erleichterung, was teilweise auf die Beruhigung zurückzuführen ist, die er aus der zur Zeit bestehenden Idealisierung des geliebten Objekts schöpft.

Die Phasen gehobener Stimmung,[12] die zwischen Kummer und Qual in normaler Trauer vorkommen, sind manischen Charakters und sind dem Gefühle zuzuschreiben, ein perfektes geliebtes (idealisiertes) Objekt innerlich zu besitzen. Indessen bricht jedesmal, wenn der Haß gegen die verlorene geliebte Person im Trauernden emporkommt, in ihm sein Glaube zusammen, und der Vorgang der Idealisierung ist gestört. (Sein Haß auf die geliebte Person wird durch die Furcht verstärkt, daß die geliebte Person ihn durch ihren Tod bestrafen und berauben wollte, genauso wie er in der Vergangenheit geglaubt hatte, daß seine Mutter, wenn sie abwesend war und er sie haben wollte, gestorben sei, um ihn zu bestrafen und ihn einer Entbehrung zu unterwerfen.) Nur allmählich, indem der normale Trauernde Vertrauen auf äußere Objekte und Werte aller Art wiedergewinnt, ist er fähig, sein Vertrauen in die verlorene geliebte Person zu stärken. Dann kann er wieder ertragen, daß sein Objekt nicht vollkommen ist, ohne Vertrauen und Liebe zu ihm zu verlieren und Rache zu fürchten. Wenn dieses Stadium erreicht ist, sind die wichtigsten Schritte in der Trauerarbeit vollbracht, die mit der Überwindung der Trauer einhergehen.

---

11 Trauer und Melancholie. Ges. Schr. Bd. V, S. 549.

12 ABRAHAM beschreibt eine solche Situation: «Wir brauchen nur (FREUDS) Formulierung, daß ‹der Schatten des verlorenen Liebesobjektes auf das Ich fällt›, umzukehren und zu sagen, daß in diesem Falle es nicht der Schatten, sondern die helle Strahlung seiner geliebten Mutter war, welche Licht auf ihren Sohn warf.» (*Selected Papers*. London 1927, S. 442.)

Zur Illustration, wie ein normaler Trauernder Verbindungen mit der äußeren Welt wiederanknüpft, werde ich ein Beispiel anführen. Während der ersten Tage nach dem erschütternden Verlust ihres jungen Sohnes, der plötzlich in der Schule gestorben war, begann Frau A. Briefe zu sortieren, indem sie die seinigen aufbewahrte und die anderen wegwarf. Auf diese Weise versuchte sie unbewußt, ihn wiederherzustellen und ihn sicher in sich zu bewahren, während sie wegwarf, was sie als indifferent oder vielmehr feindlich empfand, d. h. ‹böse› Objekte, gefährlichen Stuhl und schlechte Gefühle.

Manche Leute putzen ihr Haus und stellen die Möbel um, wenn sie in Trauer sind; das hat seine Ursache in einer Steigerung der Zwangsmechanismen, die eine Wiederholung der Abwehrmaßnahmen gegen die infantile depressive Position sind.

In der ersten Woche nach dem Tode des Kindes weinte sie nicht viel, und Tränen brachten ihr nicht die Erleichterung, die sie ihr später gaben. Sie fühlte sich stumpf, abgeschlossen und physisch gebrochen. Der Besuch eines oder zweier intimer Freunde gab ihr indessen gewisse Erleichterung. In dieser Phase hörte Frau A., die gewöhnlich jede Nacht träumte, auf zu träumen, da sie den wirklichen Verlust tief in ihrem Unbewußten verleugnete. Am Ende der Woche hatte sie den folgenden Traum:

Sie sah zwei Menschen, eine Mutter und einen Sohn. Die Mutter trug ein schwarzes Kleid. Die Träumende wußte, daß der Junge gestorben war oder sterben würde. Ihre Gefühle waren frei von Gram, aber sie fühlte eine Spur Feindseligkeit gegen die beiden Menschen.

Ihre Assoziationen brachten eine wichtige Erinnerung. Als Frau A. ein kleines Mädchen war, sollte der Bruder, der Schwierigkeiten in der Schule hatte, von einem gleichaltrigen Mitschüler, den ich B. nennen werde, Nachhilfeunterricht erhalten. B.'s Mutter besuchte die Mutter von Frau A., um den Unterricht zu arrangieren. Frau A. erinnerte sich deutlich an das Ereignis. B.'s Mutter benahm sich herablassend, und ihre eigene Mutter erschien ihr ziemlich traurig. Sie selbst fühlte, daß eine schreckliche Schande ihren sehr bewunderten und geliebten Bruder und die ganze Familie befallen hatte. Dieser Bruder, der ein paar Jahre älter als sie war, erschien ihr voll von Wissen, Begabung und Kraft — ein Held aller Tugenden. Ihr Idealbild war zerbrochen, als seine Mängel in der Schule ans Licht kamen. Die Stärke ihrer Gefühle bei diesem Ereignis, das als ein nicht wiedergutzumachendes Unglück in ihrem Gedächtnis haftengeblieben war, war einem unbewußten Gefühl von Schuld zuzuschreiben. Es schien ihr, als ob dies die Erfüllung ihrer eigenen gefährlichen Wünsche wäre. Ihr Bruder selbst war sehr bekümmert über die ganze Situation und zeigte Abneigung und Haß gegen den anderen Buben. Frau A. identifizierte sich mit ihm in diesen grollenden Gefühlen stark. Im Traum waren die beiden Menschen, die Frau A. sah, B. und seine Mutter, und die Tatsache, daß der Bub tot war, drückte die frühen Todeswünsche von Frau A. gegen ihn aus. Gleichzeitig waren die Todeswünsche gegen ihren eigenen Bruder und der Wunsch, ihre Mutter zu bestrafen und zu berauben durch den Verlust ihres Sohnes – sehr tief verdrängte Wünsche –, Teil ihrer Traumgedanken. Es wurde somit klar, daß Frau A. in aller ihrer Bewunderung und Liebe für ihren Bruder aus verschiedenen Gründen auf ihn eifersüchtig war, indem sie ihn wegen seines größeren Wissens, seiner geistigen und physischen Überlegenheit und auch wegen des Besitztums eines Penis beneidete. Die Eifersucht * auf ihre so sehr geliebte Mutter, daß sie einen solchen Sohn besitze, hat zu ihren Todeswünschen gegen den Bruder beigetragen. Ein Traumgedanke war deshalb dieser: «Der Sohn einer Mutter ist gestorben oder wird sterben. Es ist der Sohn dieser unangenehmen Frau, die meine Mutter und meinen Bruder verletzte, der sterben sollte.» Aber in den tieferen Schichten war der Todeswunsch gegen ihren Bruder bereits erweckt, der zu einem anderen Traumgedanken führte: «Der Sohn meiner Mutter, und nicht mein eigener, ist gestorben.» (Sowohl ihre Mutter als auch ihr Bruder waren tatsächlich bereits tot.) An dieser Stelle kommt ein gegensätzliches Gefühl hinein – Mitleid mit ihrer Mutter und Kummer um sich selbst. Sie fühlte: «Ein Tod dieser Art ist genug. Meine Mutter hat einen Sohn verloren; sie sollte nicht auch noch einen Enkelsohn verlieren.» Beim Tode ihres Bruders fühlte sie, neben großem Kummer, unbewußt Triumph über ihn, der von ihrer früheren Eifersucht und ihrem Haß herstammte; dementsprechend fühlte sie sich schuldig. Sie übernahm gewisse ihrer Gefühle für ihren Bruder in ihre Beziehung zu ihrem Sohne. In ihrem Sohne liebte sie auch ihren Bruder; aber gleichzeitig hatte sie etwas von ihrer Ambivalenz gegen ihren Bruder, die durch starke mütterliche Gefühle modifiziert war, auf ihren Sohn übertragen. Die Trauer für ihren Bruder, zusammen mit Kummer, Triumph und Schuld, die sie in Beziehung zu ihm erlebt hatte, floß in ihren gegenwärtigen Schmerz ein, wie der Traum zeigte.

Ich wende mich jetzt der Untersuchung der Abwehrmechanismen zu, wie sie in diesem Material erscheinen. Als der Verlust eintrat, wurde die manische Position verstärkt, und besonders setzte Verleugnung ein. Frau A. wies die Tatsache, daß ihr Sohn gestorben sei, heftig zurück. Als sie diese Verleugnung nicht mehr aufrechterhalten konnte – sie war jedoch noch nicht in der Lage, den Schmerz und den Kummer zu ertragen –, verstärkte sich der Triumph, der eines der anderen Elemente der manischen Position darstellt. «Es schmerzt überhaupt nicht», so scheint der Gedanke zu sagen, wie die Assoziationen zeigten, «wenn ein Bub stirbt. Es ist sogar befriedigend. Jetzt bekomme ich meine Rache gegen den unangenehmen Jungen, der meinen Bruder verletzt hatte.» Die Tatsache, daß der Triumph über ihren Bruder auch belebt worden war, wurde erst nach harter analytischer Arbeit klar. Aber dieser Triumph war mit der Kontrolle der inneren Mutter und des Bruders und dem Triumph über

---

* Anmerkung des Herausgebers: Hier hat die Autorin noch nicht die Unterscheidung von Eifersucht und Neid gemacht, die sie in der späteren Arbeit ‹Neid und Dankbarkeit› (unten S. 172 ff) ausgearbeitet hat.

sie beide verbunden. In diesem Stadium wurde die Kontrolle über ihre inneren Objekte verstärkt und das Unglück und der Kummer auf ihre innere Mutter verschoben. An diesem Punkte setzte die Verleugnung ein – die Verleugnung der psychischen Realität, daß sie und ihre innere Mutter eins wären und zusammen litten. Mitleid und Liebe für die innere Mutter wurden verneint, Rache- und Triumphgefühle über die inneren Objekte und Kontrolle über sie verstärkt, zum Teil weil sie sich wegen ihrer rachsüchtigen Gefühle in Verfolger verwandelten.

In dem Traum war nur eine leichte Andeutung von Frau A.'s erwachendem unbewußten Wissen (was das Nachlassen der Verleugnung zeigt), daß sie selbst es war, die ihren Sohn verloren hatte. An dem Tage, der dem Traume vorausging, trug sie ein schwarzes Kleid mit einem weißen Kragen. Die Frau in dem Traume hatte etwas Weißes am Hals ihres schwarzen Kleides.

Zwei Nächte nach diesem Traum träumte sie wieder:

Sie flog mit ihrem Sohn, und er verschwand. Sie fühlte, daß das seinen Tod bedeutete – daß er ertrunken war. Sie fühlte, daß auch sie ertrinken würde, aber dann machte sie eine Anstrengung und entzog sich der Gefahr, um ins Leben zurückzukehren.

Die Assoziationen zeigten, daß sie in dem Traume beschlossen hatte, nicht mit ihrem Sohn zu sterben, sondern ihn zu überleben. Es schien, daß sie selbst im Traum fühlte, daß es gut war zu leben und schlecht zu sterben. In diesem Traum war ihr unbewußtes Wissen von ihrem Verlust viel mehr akzeptiert als in dem von vor zwei Tagen. Kummer und Schuldgefühle kamen näher zusammen. Das Triumphgefühl war anscheinend verschwunden, aber es wurde bald klar, daß es sich nur verringert hatte. Es war noch in der Befriedigung, am Leben geblieben zu sein – im Gegensatz zu dem Tode ihres Sohnes – vorhanden. Die Schuldgefühle, die sich bereits fühlbar machten, waren teilweise auf dieses Element von Triumph zurückzuführen.

Das erinnert mich an eine Stelle in FREUDS ‹Trauer und Melancholie›: «An jede einzelne der Erinnerungen und Erwartungssituationen, welche die Libido an das verlorene Objekt geknüpft zeigen, bringt die Realität ihr Verdikt heran, daß das Objekt nicht mehr existiere, und das Ich, gleichsam vor die Frage gestellt, ob es dieses Schicksal teilen will, läßt sich durch die Summe der narzißtischen Befriedigungen, am Leben zu sein, bestimmen, seine Bindung an das vernichtete Objekt zu lösen.» (Ges. Schr. Bd. V, S. 549.) Meiner Auffassung nach enthält diese ‹narzißtische Befriedigung› ein geringes Element von Triumph, das, wie FREUD zu glauben schien, nicht bei normaler Trauer vorkommt.

In der zweiten Trauerwoche fand Frau A. etwas Erleichterung in der Besichtigung von schön gelegenen Landhäusern und in dem Wunsch, auch so ein Haus zu besitzen. Aber diese Erleichterung wurde bald durch Ausbrüche von Verzweiflung und Kummer unterbrochen. Sie weinte nun ununterbrochen und fand Linderung in ihren Tränen. Der Trost, den sie in der Besichtigung von

Häusern fand, kam von der Wiederaufrichtung ihrer inneren Welt, die sie in ihrer Phantasie mittels ihres Interesses zu vollbringen versuchte, und von der Befriedigung, die ihr das Wissen gab, daß Häuser und gute Objekte existierten. Letzten Endes bedeutete das die Wiederherstellung ihrer guten Eltern in ihrer inneren und äußeren Welt, ihre Vereinigung und ihr Wunsch, sie glücklich und schöpferisch zu machen. In ihrem Herzen entschädigte sie ihre Eltern dafür, daß sie in ihrer Phantasie deren Kinder umgebracht hatte, und damit wendete sie deren Zorn ab. Auf diese Weise verlor ihre Furcht, daß der Tod ihres Sohnes eine Bestrafung durch die Eltern für sie darstellte, an Kraft, und ebenso wurde das Gefühl schwächer, daß der Sohn sie durch seinen Tod einer Entbehrung und Bestrafung unterwarf. Die Verminderung von Haß und Angst erlaubte dem Kummer, in voller Stärke herauszukommen. Eine Verstärkung von Mißtrauen und Ängsten vermehrte ihr Gefühl, verfolgt und von inneren Objekten beherrscht zu sein, und bekräftigte sie in dem Drang, sie zu bemeistern. Das alles zeigte sich in einer Verhärtung in ihren inneren Beziehungen und Gefühlen – d. h. in einer Verstärkung der manischen Abwehrmechanismen. (Das zeigte der erste Traum.) Wenn sich diese wiederum dadurch verringern, daß sich der Glaube des Individuums an sein eigenes und an das Gutsein anderer verstärkt, und wenn die Ängste abnehmen, ist der Trauernde fähig, sich seinen Gefühlen völlig hinzugeben und seinen Kummer über den wirklichen Verlust auszuweinen.

Es scheint, daß Vorgänge der Projektion und Ausstoßung, die so eng mit dem Ausdruck von Gefühlen verbunden sind, in gewissen Stadien des Kummers durch manische Kontrolle aufgehalten werden; wenn diese Kontrolle nachläßt, können sie wieder freier funktionieren. Der Trauernde drückt seine Gefühle nicht nur in Tränen aus und erleichtert damit die innere Spannung, sondern stößt auch seine ‹bösen› Gefühle und seine ‹bösen› Objekte aus, da Tränen im Unbewußten mit Exkrementen gleichgesetzt sind. Alles das trägt zu der Erleichterung durch Weinen bei. Diese größere Freiheit in der inneren Welt bedeutet, daß die verinnerlichten Objekte wegen der geringeren Kontrolle des Ichs auch mehr Freiheit genießen: daß diesen Objekten selber größere Gefühlsfreiheit erlaubt wird. Nach dem Empfinden des Trauernden sind die Gefühle der inneren Objekte auch traurig. Seinem Gefühle nach teilen sie seinen Kummer in derselben Weise, wie es wirkliche gütige Eltern tun würden. Der Dichter erzählt uns, «Die Natur trauert mit dem Trauernden».* Ich glaube, daß ‹Natur› in diesem Zusammenhang die innere gute Mutter darstellt. Die Erfahrung des gemeinsamen Kummers und Mitleids in inneren Beziehungen ist indessen mit äußeren verknüpft. Wie ich bereits auseinandergesetzt habe,

---

* Anmerkung des Herausgebers: Der Ursprung dieses Zitats konnte nicht mit Sicherheit festgestellt werden, aber ich verdanke Mrs. ERNEST JONES den Hinweis auf eine Zeile aus dem Gedicht ‹The Lay of the Last Minstrel› von WALTER SCOTT, die möglicherweise von der Autorin aus dem Gedächtnis zitiert wurde: «Mute Nature mourns her worshippers?» [c. IV. 1]

hat das zunehmende Vertrauen von Frau A. in wirkliche Menschen und Dinge und die Hilfe, die sie von der äußeren Welt empfangen hatte, dazu beigetragen, daß die manische Kontrolle über ihre innere Welt abnahm. Auf diese Weise konnten Introjektion (sowie Projektion) noch freier funktionieren, mehr Güte und Liebe von außen aufgenommen und Güte und Liebe in wachsendem Maße innerlich empfunden werden. Frau A., die anfänglich in gewissem Sinne geglaubt hatte, daß ihr der Verlust von rachsüchtigen Eltern zugefügt worden war, konnte nunmehr in ihrer Phantasie das Mitleid dieser Eltern, die schon lange tot waren, deren Wunsch ihr zu helfen und sie zu unterstützen, erleben. Sie fühlte, daß sie auch einen schweren Verlust erlitten hatten und ihren Kummer teilten, wie sie es getan haben würden, wenn sie am Leben gewesen wären. Härte und Mißtrauen in ihrer inneren Welt verminderten sich, und der Kummer wurde stärker. Die Tränen, die sie vergoß, waren auch zu einem gewissen Ausmaße die Tränen, die ihre inneren Eltern vergossen, und sie wollte sie trösten, wie sie – in ihrer Phantasie – sie getröstet hatten.

Wenn allmählich in der inneren Welt wieder größere Sicherheit hergestellt und deshalb Gefühlen und inneren Objekten gestattet ist, wieder zum Leben zu kommen, dann können sich schöpferische Prozesse wieder entwickeln, und Hoffnung kann zurückkehren.

Wie wir gesehen haben, ist diese Änderung durch eine gewisse Bewegung in den beiden Arten von Gefühlen, die die depressive Position ausmachen, verursacht: Verfolgung nimmt ab, und Sehnsucht nach dem verlorenen geliebten Objekt wird in voller Kraft erlebt. Um es mit anderen Worten auszudrücken: Haß tritt zurück, und Liebe wird frei. Es liegt in dem Gefühle der Verfolgung, daß es von Haß genährt wird und zur selben Zeit den Haß nährt. Darüber hinaus führt das Gefühl, verfolgt und von inneren ‹bösen› Objekten beobachtet zu werden, was wiederum die Notwendigkeit zur Folge hat, sie zu beobachten, zu einer Art von Abhängigkeit, die die manischen Abwehrmechanismen verstärkt. Diese Abwehrmechanismen sind mächtig und stark sadistischer Natur, insoweit sie vorwiegend gegen Verfolgungsgefühle (und in viel geringerem Maße gegen die Sehnsucht nach dem geliebten Objekt) gewendet sind. Wenn die Verfolgung nachläßt, vermindert sich auch die feindselige Abhängigkeit von dem Objekt zusammen mit dem Haß, und die manische Abwehr wird schwächer. Die Sehnsucht nach dem verlorenen geliebten Objekt schließt auch Abhängigkeit von ihm ein, aber diese Abhängigkeit ist von einer Art, die zu einem Ansporn für die Wiederherstellung und Erhaltung des Objektes wird. Sie ist schöpferisch, weil sie von Liebe beherrscht wird, während die Abhängigkeit, die auf Verfolgung und Haß aufgebaut ist, unfruchtbar und destruktiv ist.

Während Kummer auf diese Weise voll erlebt wird und Verzweiflung ihren Höhepunkt erreicht hat, bricht Liebe für das Objekt durch, und der Leidtragende fühlt stärker, daß das Leben innen und außen trotz allem weitergehen wird und daß das verlorene geliebte Objekt innerlich erhalten werden kann. In diesem Stadium der Trauer kann das Leiden produktiv werden. Wir wissen, daß schmerzhafte Erlebnisse aller Art manchmal Sublimierungen anregen oder in manchen Menschen sogar neue Begabungen zutage bringen können; sie beginnen, unter dem Druck von Entbehrungen und Härten, zu malen, zu schreiben oder andere schöpferische Tätigkeiten auszuüben. Andere werden auf einem anderen Wege produktiver – werden fähiger, Menschen und Dinge zu verstehen, toleranter in ihrer Beziehung zu anderen –, sie werden weiser. Eine solche Bereicherung ist meiner Anschauung nach das Resultat von Prozessen, die den soeben untersuchten Schritten der Trauer entsprechen. Das heißt, daß jeder Schmerz, der durch unglückliche Erfahrungen, welcher Natur auch immer, verursacht ist, etwas mit Trauer gemeinsam hat. Er belebt die infantile depressive Position; Mißgeschick jeder Art und seine Überwindung fördert geistige Arbeit, die der Trauer ähnelt.

Es scheint, daß jeder Fortschritt in dem Prozeß der Trauer gewisse Erscheinungen zur Folge hat: eine Vertiefung der Beziehung des Individuums zu seinen inneren Objekten, Glückseligkeit, wenn sie wiedergewonnen sind, nachdem sie verloren geglaubt waren (*Paradise Lost and Regained*), und schließlich ein gesteigertes Vertrauen auf sie und Liebe für sie, denn trotz allem haben sie sich als gut und hilfreich bewährt. Das ähnelt dem Wege, auf dem das kleine Kind Schritt für Schritt seine Beziehungen zu äußeren Objekten aufbaut, denn es gewinnt Vertrauen nicht nur durch angenehme Erfahrungen, sondern auch durch die Art, auf die es Entbehrungen und unangenehme Erfahrungen überwindet und dessenungeachtet seine guten (inneren und äußeren) Objekte bewahrt. Wenn die manischen Abwehrmechanismen abnehmen und ein neues inneres Leben mit einer Vertiefung innerer Beziehungen beginnt, sind die Phasen der Trauer mit Schritten vergleichbar, die in der frühen Entwicklung zu größerer Unabhängigkeit von äußeren wie inneren Objekten führen.

Um zu Frau A. zurückzukehren: Die Erleichterung, die sie bei der Besichtigung schöner Häuser empfand, war durch das Erwachen von Hoffnung verursacht, daß sie ihren Sohn und ihre Eltern neu erschaffen könne; Leben begann wieder in ihr und in der äußeren Welt. Um diese Zeit herum konnte sie wieder träumen und beginnen, im Unbewußten ihrem Verlust mutig ins Gesicht zu schauen. Sie fühlte jetzt wieder einen stärkeren Wunsch, Freunde zu sehen, aber nur einen auf einmal und nur für kurze Zeit. Diese trostreichen Gefühle wechselten indessen mit tiefer Betrübnis ab. (In der Trauer wie in der infantilen Entwicklung entsteht innere Sicherheit nicht in einer geraden Linie, sondern in Wellen.) Nach ein paar Wochen der Trauer ging Frau A. zum Beispiel mit einer Freundin durch bekannte Straßen spazieren, um alte Fäden wieder anzuknüpfen. Plötzlich hatte sie das Gefühl, daß die Zahl der Menschen auf der Straße überwältigend sei, und die Häuser erschienen ihr fremd und der Sonnenschein künstlich und unwirklich. Sie mußte sich in ein ruhiges Restaurant zurückziehen. Aber dort war es ihr, als ob die Decke auf sie herabfallen würde, und die Menschen im Restaurant erschienen unbestimmt und verschwommen. Ihr eigenes Haus schien plötzlich der einzige sichere Ort in der

Welt zu sein. In der Analyse wurde es klar, daß die erschreckende Indifferenz dieser Menschen von ihren inneren Objekten reflektiert war, die ihrem Gefühle nach sich in eine Menge ‹schlechter› verfolgender Objekte verwandelt hatten. Die äußere Welt wurde als künstlich und unwirklich empfunden, weil wirkliches Vertrauen auf die innere Güte zeitweise verschwunden war.

Viele Trauernde können nur langsame Fortschritte in der Wiederherstellung von Bindungen mit der äußeren Welt machen, weil sie gegen ein inneres Chaos ankämpfen; aus ähnlichen Gründen entwickelt der Säugling sein Vertrauen auf die Objekt-Welt zuerst in Verbindung zu nur wenigen geliebten Menschen. Zweifellos sind auch andere Faktoren, z. B. seine intellektuelle Unreife, für diese allmähliche Entwicklung der Objektbeziehungen des Säuglings verantwortlich, aber ich glaube, daß sie ebenso durch den chaotischen Zustand seiner inneren Welt verursacht ist.

Einer der Unterschiede zwischen der frühen depressiven Position und normaler Trauer ist der: wenn das Baby die Brust oder die Flasche verliert, die für ihn ein ‹gutes›, hilfreiches und schützendes Objekt darstellt, empfindet es Kummer, selbst wenn seine Mutter da ist. Bei dem Erwachsenen kommt der Kummer durch den tatsächlichen Verlust einer wirklichen Person zustande; doch findet er Hilfe gegen diesen überwältigenden Verlust in seiner ‹guten› Mutter, die er in seinem frühen Leben in sich aufgebaut hat. Das kleine Kind ist indessen auf der Höhe seines Kampfes mit den Ängsten, sie im Innern und außen zu verlieren, da es ihm noch nicht gelungen ist, sie sicher in sich selbst aufzunehmen. In diesem Kampfe ist die Beziehung des Kindes zu seiner Mutter, ihre tatsächliche Anwesenheit, von größter Hilfe. Ähnlich wird beim Trauernden die Harmonie in seiner inneren Welt gefördert, und seine Ängste und sein Leid werden schneller gelindert, wenn er Menschen hat, die er liebt und die seinen Gram teilen, und wenn er ihr Mitleid annehmen kann.

Nachdem ich einige der Vorgänge beschrieben habe, die ich in der Trauer und in depressiven Zuständen beobachtet habe, werde ich nun meinen Beitrag dem Werke Freuds und Abrahams gegenüberstellen.

Abraham, der sich auf Freuds und seine eigenen Entdeckungen über die Natur der archaischen Prozesse in der Melancholie stützte, fand, daß solche Prozesse auch im Werke der normalen Trauer ablaufen. Er folgerte, daß es dem Individuum in dieser Arbeit gelingt, die verlorene geliebte Person in seinem Ich wiederherzustellen, während der Melancholiker darin versagt hat. Abraham hat auch einige der grundlegenden Faktoren beschrieben, von denen Erfolg oder Mißerfolg abhängt.

Meine Erfahrung hat bestätigt, daß der charakteristische Zug der normalen Trauer der ist, daß das Individuum das verlorene geliebte Objekt in sich aufbaut, dies aber nicht zum ersten Male tut, vielmehr durch die Trauerarbeit sowohl *dieses* Objekt wie auch seine geliebten *inneren* Objekte, die es verloren zu haben meint, wieder aufbaut. Es stellt damit wieder her, was es bereits in der Kindheit erworben hatte.

Im Laufe seiner frühen Entwicklung hat es seine Eltern als verinnerlichte

Objekte in seinem Ich aufgebaut. (Es war das Verständnis der Prozesse der Introjektion bei Melancholie und in der normalen Trauer, das, wie wir wissen, FREUD dazu geführt hat, die Existenz des Über-Ichs in der normalen Entwicklung zu erkennen.) Aber im Hinblick auf die Natur des Über-Ichs und die Geschichte seiner Entstehung weichen meine Ansichten von denen FREUDS ab. Wie ich oft auseinandergesetzt habe, führen die Prozesse der Introjektion und Projektion vom Lebensbeginn an zu der Errichtung von geliebten und gehaßten Objekten in uns, die als ‹gut› und ‹böse› empfunden werden und die miteinander und mit dem Selbst verbunden sind: d. h., sie stellen eine innere Welt dar. Diese Summe von inneren Objekten organisiert sich zusammen mit der Organisation des Ichs und differenziert sich in den höheren Schichten des Gemütes als Über-Ich. So ist das Phänomen, das nach der Entdeckung FREUDS Stimme und Einfluß der tatsächlichen Eltern, die im Ich aufgebaut sind, darstellt, meinen Beobachtungen nach eine verwickelte Objektwelt, die in dem Individuum in den tiefen Schichten des Unbewußten konkret in seinem Inneren empfunden wird und für welches ich und einige meiner Kollegen deshalb den Ausdruck ‹verinnerlichte Objekte› und ‹innere Welt› gebrauchen. Diese innere Welt besteht aus unzähligen Objekten, die in das Ich aufgenommen sind und einer Fülle verschiedener guter und böser Aspekte entsprechen, mit denen die Eltern (und andere Menschen) dem Unbewußten des Kindes durch die verschiedenen Stadien seiner Entwicklung hindurch erschienen. Weiterhin stellen sie auch alle die wirklichen Menschen dar, die dauernd in einer Menge von Situationen verinnerlicht werden, die durch die Fülle immer wechselnder äußerer sowie phantasierter Erfahrungen geliefert werden. Außerdem stehen alle diese Objekte der inneren Welt in einer unendlich verwickelten Beziehung miteinander und mit dem Selbst.

Wenn ich jetzt diese Beschreibung der Über-Ich-Organisation, verglichen mit FREUDS Über-Ich, auf den Trauerprozeß anwende, dann wird die Natur meines Beitrags zu dem Verständnis dieses Vorgangs klar. In der normalen Trauer introjiziert und setzt das Individuum sowohl seine geliebten Eltern, die als seine ‹guten› inneren Objekte empfunden werden, als auch die tatsächlich verlorene Person wieder ein. Seine innere Welt, die er von frühesten Lebenstagen an aufgebaut hat, wurde in seiner Phantasie zerstört, als der tatsächliche Verlust stattfand. Der Wiederaufbau dieser inneren Welt ist das Charakteristische einer erfolgreichen Trauerarbeit.

Ein Verständnis dieser komplexen inneren Welt befähigt den Analytiker, eine Mannigfaltigkeit von frühen, bisher unbekannten Angstsituationen zu finden und aufzulösen, und ist deshalb theoretisch und therapeutisch von großer Bedeutung, die ihrem Ausmaß nach noch nicht abgeschätzt werden kann. Ich glaube auch, daß das Trauerproblem nur dann besser verstanden werden kann, wenn diese frühen Angstsituationen berücksichtigt werden.

Ich werde nun in Verbindung mit der Trauer eine dieser Angstsituationen, die ich auch in manisch-depressiven Zuständen von entscheidender Bedeutung fand, zur Illustration beschreiben. Ich meine die Angst vor den inneren, in destruktivem Sexualverkehr verbundenen Eltern; diese sowie das Selbst werden in der dauernden Gefahr, zerstört zu werden, gesehen. Ich werde Auszüge aus ein paar Träumen eines Patienten D. geben, eines Mannes zu Beginn der Vierzig, mit stark paranoiden und depressiven Zügen. Ich gehe hier nicht auf die Einzelheiten des Falles als ganzen ein, sondern werde mich nur damit beschäftigen, die Wege zu zeigen, auf denen diese speziellen Ängste und Phantasien in diesem Patienten durch den Tod seiner Mutter aufgewühlt worden waren. Sie war seit einiger Zeit schwächer geworden und hatte zu der Zeit, wo mein Bericht einsetzt, mehr oder minder das Bewußtsein verloren.

Eines Tages sprach D. in der Analyse von seiner Mutter mit Haß und Bitterkeit, indem er sie anklagte, seinen Vater unglücklich gemacht zu haben. Er wies auch auf einen Fall von Selbstmord und von Geisteskrankheit hin, der in der mütterlichen Familie vorgekommen war. Seine Mutter war, wie er sagte, einige Zeit verwirrt gewesen. Zweimal wandte er den Ausdruck ‹verwirrt› auf sich selbst an und sagte dann: «Ich weiß, daß Sie mich verrückt machen und mich dann hinter Schloß und Riegel setzen werden.» Er sprach von einem Tier, das in einen Käfig gesperrt wurde. Ich deutete, daß er seinen verrückten Verwandten und seine verwirrte Mutter in sich selbst empfinde und daß die Furcht, in einen Käfig gesperrt zu werden, seine tiefere Angst einschloß, den verrückten Menschen in sich zu enthalten und auf diese Weise selbst verrückt zu werden. Er erzählte mir dann einen Traum, den er in der vorhergehenden Nacht geträumt hatte:

Er sah einen Stier in einem Gutshof liegen. Er war nicht ganz tot, aber er schien gefährlich und unheimlich. Er stand auf der einen Seite des Stiers, seine Mutter auf der anderen. Er flüchtete sich in ein Haus und fühlte, daß er seine Mutter in Gefahr zurückgelassen hatte, was er nicht hätte tun sollen; aber er hoffte irgendwie, daß sie davonkommen würde.

Zu seiner eigenen Überraschung brachte mein Patient als erste diese Assoziation zu seinem Traum: Amseln hätten ihn heute morgen im Schlafe gestört und aufgeweckt. Er sprach dann von Büffeln in Amerika, wo er geboren war. Er war immer an ihnen interessiert gewesen und fühlte sich zu ihnen hingezogen, wenn er sie sah. Er sagte weiter, daß man sie schießen und als Nahrung verwenden könne, aber sie sollten geschützt werden, da sie aussterben. Dann erwähnte er die Geschichte eines Mannes, der stundenlang auf dem Erdboden liegen mußte, während ein Stier über ihm stand und er unfähig war, sich zu bewegen, aus Furcht, zermalmt zu werden. Er hatte auch eine Assoziation über einen tatsächlichen Stier auf der Farm eines Freundes; er hatte kürzlich diesen Stier gesehen, der unheimlich aussah. Diese Farm verband er mit Gedanken, die zeigten, daß sie für sein eigenes Heim stand. Den größten Teil seiner Kindheit verbrachte er auf einer großen Farm, die seinem Vater gehörte. Dazwischen hatte er Assoziationen über Blumensamen, die vom Lande in Stadtgärten geweht wurden und dort Wurzeln schlugen. D. sah den Besitzer dieser

Farm am selben Abend wieder und riet ihm dringend, den Stier unter Kontrolle zu halten. (D. hatte gehört, daß der Stier kürzlich einige Gebäude der Farm beschädigt hatte.) Am selben Abend erhielt der Patient die Nachricht vom Tode seiner Mutter.

In der folgenden analytischen Stunde erwähnte er den Tod der Mutter zuerst gar nicht, sondern gab seinem Haß gegen mich Ausdruck — meine Behandlung würde ihn töten. Ich erinnerte ihn dann an den Stiertraum, den ich dahin deutete, daß seine Mutter mit dem angreifenden Stier-Vater, der selber halbtot war, verbunden wurde — und somit unheimlich und gefährlich geworden war. Ich selbst und die Behandlung standen im Augenblick für diese kombinierte Elternfigur. Ich setzte ihm auseinander, daß der kürzliche Ausbruch von Haß gegen seine Mutter eine Abwehr gegen seinen Gram und seine Verzweiflung wegen ihres herannahenden Todes darstellte. Ich wies ihn auf seine aggressiven Phantasien hin, in welchen er seinen Vater in einen gefährlichen Stier, der seine Mutter zerstören würde, verwandelte; so entstand sein Gefühl von Verantwortung und Schuld über dieses drohende Unglück. Ich wies auch auf seine Bemerkung über Büffel als Nahrung hin und sagte, daß er sich die vereinigte Elternfigur einverleibt hatte und deshalb fürchtete, von dem Stier innerlich zerdrückt zu werden. Früheres Material hatte seine Furcht gezeigt, innerlich von gefährlichen Wesen kontrolliert und angegriffen zu werden, Ängste, die ihn unter anderem zuzeiten veranlaßten, eine sehr steife und unbewegliche Haltung einzunehmen. Seine Geschichte von dem Mann, der sich in Gefahr befand, von dem Stier zerdrückt zu werden und der von dem Stier unbeweglich gehalten und kontrolliert wurde, deutete ich als eine Darstellung der Gefahren, durch welche er sich innerlich bedroht fühlte.[13]

Ich zeigte dem Patienten nun die sexuellen Implikationen beim Angriff des Stiers auf die Mutter und verband dies mit seiner Entrüstung darüber, daß die Vögel ihn an diesem Morgen aufgeweckt hätten (das war seine erste Assoziation zu dem Stiertraum). Ich erinnerte ihn daran, daß in seinen Assoziationen Vögel oft Menschen darstellten, und daß das Geräusch, das die Vögel gemacht hatten — ein Geräusch, an das er gewöhnt war —, für ihn den gefährlichen Sexualverkehr seiner Eltern bedeutete und an diesem speziellen Morgen wegen des Stiertraums und wegen der akuten Angst über seine sterbende Mutter so unerträglich geworden sei. Der Tod seiner Mutter bedeutete somit für ihn, daß sie

---

13 Ich habe oft gefunden, daß Prozesse, die dem unbewußten Empfinden des Patienten nach in ihm vorgehen, durch Prozesse repräsentiert werden, die entweder über ihm oder um ihn herum geschehen. Nach dem wohlbekannten Prinzip der Darstellung durch das Gegenteil kann ein äußeres Geschehen für ein inneres stehen. Ob die Betonung auf der inneren oder äußeren Situation liegt, wird aus dem Zusammenhang klar — aus den Einzelheiten der Assoziationen und der Natur und Intensität der Affekte. Zum Beispiel deuten gewisse Manifestationen einer sehr akuten Angst und spezifische Abwehrmechanismen gegen diese Angst (besonders eine Verstärkung in der Verleugnung psychischer Realität) an, daß eine innere Situation zur Zeit vorherrscht.

von dem Stier in ihm zerstört würde, da er – die Trauerarbeit hatte schon begonnen – sie in dieser besonders gefährlichen Situation verinnerlicht hatte.

Ich zeigte ihm auch einige hoffnungsvolle Aspekte des Traumes. Seine Mutter hätte sich vor dem Stier retten können. Amseln und andere Vögel liebte er tatsächlich. Ich machte auch die Wiedergutmachungstendenzen und die Wiederneuschaffung, die in dem Material vorhanden waren, klar. Sein Vater (die Büffel) sollte geschützt werden, d. h. geschützt vor seiner – des Patienten – Gier. Ich erinnerte ihn vor allem an die Samen, die er vom Lande, das er liebte, auf die Stadt verbreiten wollte, und die seine Kinder bedeuteten, die von ihm und von seinem Vater als Wiedergutmachung für die Mutter geschaffen werden sollten – diese lebenden Kinder stellten auch das Mittel dar, durch das er sie am Leben erhalten wollte.

Erst nach dieser Interpretation war es ihm möglich, mir zu erzählen, daß seine Mutter in der Nacht vorher gestorben war. Er gab dann zu, was für ihn ungewöhnlich war, daß er den Verinnerlichungsprozeß, den ich ihm deutete, verstanden hatte. Er sagte, daß er Brechreiz gefühlt hatte, als er die Nachricht vom Tode seiner Mutter erhielt, und daß er selbst zu der Zeit dachte, daß dafür kein physischer Grund bestünde. Dies schien ihm meine Deutung zu bestätigen, daß er die ganze phantasierte Situation der kämpfenden und sterbenden Eltern verinnerlicht hatte.

Während dieser Behandlungsstunde zeigte er Haß, Angst und Spannung, aber kaum irgendeinen Gram; gegen Ende der Stunde und nach meiner Deutung wurden seine Gefühle weicher, große Traurigkeit befiel ihn, aber er fühlte etwas Linderung.

In der Nacht nach dem Begräbnis seiner Mutter träumte D., daß X. (eine Vaterfigur) und eine andere Person (die mich darstellte) ihm helfen wollten, aber er mußte gegen uns für sein Leben kämpfen; mit seinen Worten: «Der Tod fordert mich.» In dieser Stunde sprach er wieder ärgerlich über seine Analyse, daß sie ihn in Stücke reiße. Ich deutete, daß er fühle, wie die hilfreichen äußeren Eltern gleichzeitig die kämpfenden, zerstückelnden Eltern seien, die ihn angreifen und zerstören würden – der halbtote Stier und die sterbende Mutter in ihm –, und daß ich und die Analyse nunmehr die gefährlichen Leute und Geschehnisse in seinem Innern darstellten. Die Tatsache, daß er auch seinen Vater als sterbend oder tot verinnerlicht hatte, wurde bestätigt, als er mir erzählte, daß ihm beim Begräbnis seiner Mutter für einen Augenblick der Gedanke durch den Sinn ging, ob sein Vater nicht auch tot sei. (In Wirklichkeit war sein Vater noch am Leben.)

Gegen Ende der Stunde nahmen sein Haß und seine Angst ab, und er begann besser mitzuarbeiten. Er erwähnte, daß er am vorhergehenden Tage, als er aus dem Fenster des Hauses seines Vaters in den Garten schaute und sich einsam fühlte, einen Eichelhäher auf einem Busche mit Mißbilligung sah. Er dachte, daß dieser böse und zerstörungsfreudige Vogel möglicherweise das Nest mit Eiern eines anderen Vogels zerstören würde. Dann assoziierte er, daß er etwas früher Sträußchen aus Wildblumen auf dem Boden verstreut gesehen hätte – wahrscheinlich von Kindern gepflückt und weggeworfen. Ich deutete wiederum seinen Haß und seine Bitterkeit als Teil einer Abwehr gegen Gram, Einsamkeit und Schuld. Der zerstörungsfreudige Vogel und die destruktiven Kinder standen, wie oft vorher, für ihn selbst, der in seiner Phantasie das Heim und das Glück seiner Eltern zerstört und seine Mutter dadurch getötet hatte, daß er ihre Kinder in ihrem Inneren zerstörte. In diesem Zusammenhang waren Schuldgefühle mit direkten Angriffen, die er in seinen Phantasien auf den mütterlichen Körper gemacht hatte, verknüpft, während im Zusammenhang des Stiertraumes Schuld von indirekten Angriffen auf sie abgeleitet war, nämlich insofern, als er seinen Vater in einen gefährlichen Stier verwandelte, der somit seine – des Patienten – sadistischen Wünsche ausführte.

In der dritten Nacht nach dem Begräbnis seiner Mutter hatte er einen anderen Traum:

Er sah einen Omnibus ohne Fahrer auf sich zukommen – anscheinend sich selbst lenkend. Er fuhr auf eine Hütte zu. Er konnte nicht sehen, was der Hütte geschah, aber er wußte ganz sicher, daß sie «zum Teufel gehen würde». Dann öffneten zwei Menschen, die von hinter ihm herkamen, das Dach der Hütte und schauten hinein. D. konnte nicht den «Zweck, den sie damit verfolgten, erkennen». Aber sie schienen zu glauben, daß sie damit hilfreich seien.

Abgesehen von seiner Furcht, von seinem Vater durch einen homosexuellen Akt, den er gleichzeitig wünschte, kastriert zu werden, drückte der Traum dieselbe innere Situation wie der Stiertraum aus – den Tod seiner Mutter in seinem Inneren und seinen eigenen Tod. Die Hütte repräsentierte den Körper seiner Mutter, ihn selbst und auch die Mutter in seinem Inneren. Der gefährliche Sexualverkehr, der durch den die Hütte zerstörenden Omnibus dargestellt war, geschah, in seiner Phantasie, seiner Mutter, wie ihm selbst; aber außerdem – und hier lag die vorherrschende Angst – der Mutter in seinem Inneren.

Die Tatsache, daß er nicht sehen konnte, was im Traum geschah, deutete an, daß die Katastrophe in seiner Phantasie im Innern geschah. Er wußte auch, ohne es sehen zu können, daß die Hütte «zum Teufel gehen» würde. Der Omnibus, der «auf ihn zukam», bedeutete auch, abgesehen von Sexualverkehr und Kastration durch den Vater, daß es in seinem Inneren geschehe.[14]

Die zwei Menschen, die das Dach von hinten öffneten (er deutete auf meinen Stuhl), waren er selber und ich, die wir in sein Inneres und seine Seele schauten (Psychoanalyse). Die beiden Menschen bedeuteten auch: ich als die vereinigte ‹böse› Elternfigur, d. h. ich den gefährlichen Vater enthaltend – daher sein Zweifel, ob das In-die-Hütte-Schauen (Analyse) ihm helfen könne.

---

14 Ein Angriff auf das Äußere des Körpers stellt oft einen inneren Angriff dar. Ich habe bereits darauf hingewiesen, daß etwas, das als über oder eng um den Körper herum angebracht erscheint, die tiefere Bedeutung des Innerlichen hat.

Der unkontrollierte Omnibus stellte auch ihn selber in gefährlichem Sexualverkehr mit seiner Mutter dar und drückte seine Angst und Schuld wegen seiner bösen Genitalien aus. Vor dem Tode seiner Mutter, als ihre tödliche Krankheit bereits begonnen hatte, hatte er einen Unfall, der ohne ernste Folgen
geblieben war, indem er in seinem Wagen mit einem Pfosten kollidierte. Es
schien damals, als ob das ein unbewußter Selbstmordversuch gewesen sei, der
darauf abzielte, die inneren ‹bösen› Eltern zu zerstören. Dieser Unfall stellte
auch seine Eltern im gefährlichen Sexualverkehr in seinem Innern dar und war
somit ein Aus-Agieren wie eine Externalisation eines inneren Unheils.

Die Phantasie, daß die Eltern in ‹bösem› Sexualverkehr miteinander verei-
nigt seien – oder vielmehr die Ansammlung von Gefühlsregungen aller Art,
Wünschen, Ängsten und Schuld, die damit verbunden waren –, hatte seine
Beziehung zu beiden Eltern schwer gestört und hatte einen wichtigen Anteil
nicht nur an seiner Erkrankung, sondern auch an seiner ganzen Entwicklung.
Durch die Analyse dieser Gefühlsregungen, die sich mit den tatsächlichen
Eltern im Sexualverkehr beschäftigten, und besonders durch die Analyse die-
ser verinnerlichten Situationen, wurde der Patient fähig, wirkliche Trauer um
seine Mutter zu erleben. Sein ganzes Leben hindurch hatte er Depression und
die Furcht, daß er sie verlieren könnte, die von seiner infantilen depressiven
Position stammten, abgewehrt und seine große Liebe für sie verleugnet.
Unbewußt hatten sich sein Haß und seine Verfolgungsgefühle verstärkt, weil
er die Angst, seine geliebte Mutter zu verlieren, nicht ertragen konnte. Als die
Ängste vor seiner zerstörenden Gewalt abnahmen und das Vertrauen auf seine
Kraft, sie wiederherzustellen und zu erhalten, stärker wurde, verminderten
sich die Verfolgungsgefühle, und die Liebe für sie trat in den Vordergrund.
Aber damit empfand er in zunehmendem Maße Kummer und Sehnsucht nach
ihr, welche er von seinen frühesten Tagen an verleugnet und verdrängt hatte.
Während er diese Trauer mit Gram und Verzweiflung durchmachte, kam seine
tief begrabene Liebe für seine Mutter immer mehr heraus, und seine Beziehung zu beiden Eltern änderte sich. Bei einer Gelegenheit sprach er von ihnen
im Zusammenhang mit einer angenehmen Kindheitserinnerung als «meine
lieben alten Eltern» – eine neue Wendung für ihn.

Ich habe hier und in der vorhergehenden Arbeit die tieferen Gründe, warum
das Individuum unfähig ist, die infantile depressive Position erfolgreich zu
überwinden, auseinandergesetzt. Das Versagen darin kann depressive Erkrankung, Manie und Paranoia zur Folge haben. Ich nannte dort eine oder
zwei Methoden, mit welchen das Ich versucht, dem Leiden, das mit der depressiven Position verbunden ist, zu entgehen, nämlich entweder die Flucht zu den
inneren Objekten (was zu einer schweren Psychose führen kann) oder die
Flucht zu den äußeren Objekten (mit dem möglichen Ergebnis einer Neurose).
Es gibt indessen viele Wege, die auf zwangsneurotischen, manischen und paranoiden Abwehrmechanismen aufgebaut sind und von Individuum zu Individuum in ihren relativen Proportionen schwanken, welche meiner Erfahrung
nach alle demselben Zwecke dienen, dem Individuum zu ermöglichen, dem

Leiden, das mit der depressiven Position verbunden ist, zu entfliehen. (Alle diese Methoden haben, wie ich auseinandergesetzt habe, auch Anteil an der normalen Entwicklung.) Dies kann deutlich an Menschen beobachtet werden, die keine Trauer erleben können. Da sie sich unfähig fühlen, ihre geliebten Objekte in ihrem Innern zu retten und dort sicher wiedereinzusetzen, müssen sie sich immer mehr von ihnen abwenden und ihre Liebe zu ihnen verleugnen. Das kann bedeuten, daß ihre allgemeinen Gefühlsregungen stärker gehemmt werden; in anderen Fällen sind es hauptsächlich die Liebesgefühle, die erstickt werden, während sich der Haß verstärkt. Gleichzeitig bedient sich das Ich verschiedener Wege, um mit paranoischen Ängsten (die um so schwerer sind, je mehr sich der Haß verstärkt) fertig zu werden, zum Beispiel werden die inneren ‹bösen› Objekte manisch unterdrückt, immobilisiert und gleichzeitig verleugnet sowie stark in die äußere Welt projiziert. Manche Menschen, die Trauer nicht erleben können, können einer manisch-depressiven Erkrankung oder einer Paranoia nur durch eine schwere Beschränkung ihres Gefühlslebens und die Verarmung der ganzen Persönlichkeit entgehen.

Ob ein gewisses seelisches Gleichgewicht in solchen Menschen erhalten werden kann, hängt oft davon ab, wie diese Methoden miteinander zusammenwirken und von ihrer Fähigkeit, ein gewisses Maß von Liebe, das sie ihren verlorenen Objekten versagen, in anderen Richtungen lebendig zu erhalten. Beziehungen zu Menschen, die den verlorenen Objekten nicht zu nahe stehen, und Interesse an Dingen und Aktivitäten können einen Teil der Liebe, die dem verlorenen Objekte gehörte, absorbieren. Obwohl diese Beziehungen und Sublimierungen einige manische und paranoide Züge tragen, können sie nichtsdestoweniger eine gewisse Beruhigung und Erleichterung von Schuldgefühlen geben, denn durch sie ist das verlorene geliebte Objekt, das verschmäht und so wiederum zerstört worden ist, bis zu einem gewissen Grade wiederhergestellt und im Unbewußten erhalten worden.

Wenn die Analyse bei unseren Patienten die Ängste vor zerstörungsfreudigen und verfolgenden inneren Eltern vermindert, dann folgt, daß Haß und somit wiederum Angst abnimmt, womit den Kranken ermöglicht wird, ihre Beziehung zu ihren Eltern zu überprüfen – unabhängig davon, ob sie tot oder am Leben sind – und sie bis zu einem gewissen Grade, selbst wenn Grund zu tatsächlichen Klagen gegen sie besteht, wieder zu Ehren zu bringen. Diese größere Toleranz macht es ihnen möglich, ‹gute› Elternfiguren sicherer in ihrem Gefühlsleben den ‹bösen› inneren Objekten zur Seite zu stellen oder, mit anderen Worten, die Angst vor diesen ‹bösen› Objekten durch Vertrauen auf ‹gute› Objekte zu lindern. Das bedeutet, sie sind in die Lage versetzt worden, Gefühlsregungen – Gram, Schuld und Kummer sowie Liebe und Vertrauen – zu erleben und nicht nur Trauer durchzumachen, sondern sie auch zu überwinden und schließlich die infantile depressive Position zu überkommen, worin sie in der Kindheit versagt haben.

Zusammenfassung

In normaler Trauer sowie in abnormaler Trauer und in manisch-depressiven Zuständen wird die infantile depressive Position frisch belebt. Die Natur der komplizierten Gefühle und Ängste, die in diesem Ausdruck einbegriffen sind, rechtfertigt meine Anschauung, daß das Kind in seiner früheren Entwicklung einen vorübergehenden manisch-depressiven Zustand sowie einen Zustand von Trauer durchmacht, welcher durch die infantile Neurose modifiziert wird. Mit dem Vorübergehen der infantilen Neurose wird die infantile depressive Position überwunden.

Der grundlegende Unterschied zwischen normaler Trauer auf der einen Seite und abnormaler Trauer und manisch-depressiven Zuständen auf der anderen ist der: der manisch-depressive Kranke und die Person, die in der Trauer versagt, haben, obgleich ihre Abwehrmechanismen stark voneinander abweichen mögen, gemeinsam, daß sie in früher Kindheit unfähig gewesen sind, ihre inneren ‹guten› Objekte einzusetzen und sich sicher in ihrer inneren Welt zu fühlen. Sie haben niemals die infantile depressive Position wirklich überwunden. In normaler Trauer indessen wird die frühe depressive Position, die durch den Verlust des geliebten Objektes belebt worden war, wiederum modifiziert und wird durch Methoden überwunden, die denen ähneln, die das Ich in seiner frühen Kindheit verwendet hat. Das Individuum setzt sein tatsächlich verlorenes geliebtes Objekt wieder ein; aber gleichzeitig baut es in seinem Innern seine zuerst geliebten Objekte – letzten Endes die ‹guten› Eltern– in sich auf, die es fürchtete, auch verloren zu haben, als der tatsächliche Verlust geschah. Das geschieht durch Wiederherstellung der ‹guten› Eltern wie auch der kürzlich verlorenen Person in seinem Innern und durch den Wiederaufbau seiner inneren Welt, die desintegriert und gefährdet war, womit der Trauernde seinen Gram überwindet, seine Sicherheit wiedergewinnt und wahre Harmonie und Frieden erreicht.

Wenn die Menschen auch Toren sind . . .

... es sind doch Menschen, die in Nöten menschliche Hilfe bringen können, das wertvollste, was es gibt, und so geschieht es oft, daß man Wohltaten von ihnen annehmen muß und sie folglich auch ihnen nach ihrem Sinne verdanken. Dazu kommt, daß auch im Ausweichen vor Wohltaten Vorsicht obwalten muß, damit wir nicht den Anschein erwecken, als ob wir sie verachten oder als ob wir aus Geiz eine Belohnung scheuten, und so sie gerade erst recht vor den Kopf stoßen, indem wir ihren Haß meiden. Daher ist im Ausweichen vor Wohltaten dem Nützlichen und Ehrbaren Rechnung zu tragen.

Wer hat's gesagt?

Es war Baruch («Benedictus») de Spinoza, der Amsterdamer Optiker; sintemal Philosophie kaum jemanden je ernährte, polierte er optische Linsen – der Glasstaub machte ihn lungenkrank. Als einer seiner Freunde, Simon Joosten de Vries, ihn zum Alleinerben machen wollte, lehnte Spinoza diese «Wohltat» ab; de Vries hinterließ ihm dann testamentarisch 500 Gulden pro Jahr – Spinoza nahm nur 300 an, so «dem Nützlichen und dem Ehrbaren» gleichermaßen Rechnung tragend.

BEMERKUNGEN ÜBER EINIGE SCHIZOIDE MECHANISMEN

Einführung

Die vorliegende Arbeit beschäftigt sich mit der Bedeutung früher paranoider und schizoider Ängste und Mechanismen. Ich habe über diesen Gegenstand viel nachgedacht, und mein Interesse dafür begann mehrere Jahre vor der Zeit, in der sich meine Anschauungen über die depressiven Vorgänge in der Kindheit klärten. Im Laufe der Ausarbeitung meines Begriffes der infantilen depressiven Position drängten sich mir die Probleme der Phase, die der infantilen depressiven Position vorausgeht, wieder auf. Ich werde nunmehr einige Hypothesen, zu denen ich in bezug auf die frühen Ängste und Mechanismen gekommen bin, zu formulieren versuchen.[1]

Die Hypothesen, die ich aufstellen werde und die sich auf sehr frühe Entwicklungsstadien beziehen, sind durch Deduktion von Material abgeleitet, das ich in den Analysen von Erwachsenen und Kindern gewonnen habe; einige dieser Hypothesen scheinen sich mit Beobachtungen, die uns aus der psychiatrischen Arbeit bekannt sind, zu decken. Um meine Behauptungen voll zu belegen, müßte ich eine große Anzahl von Fällen besprechen und ins einzelne gehen, wofür im Rahmen dieser Arbeit kein Raum ist, aber ich hoffe, diese Lücke in späteren Beiträgen auszufüllen.

Zu Beginn wird es zweckmäßig sein, kurz die Schlußfolgerungen über die frühesten Phasen der Entwicklung, über die ich schon früher berichtet habe, zusammenzufassen.[2]

In der frühen Kindheit entstehen die für Psychosen charakteristischen Ängste, die das Ich zwingen, spezifische Abwehrmechanismen zu entwickeln. Die Fixationspunkte für alle psychotischen Erkrankungen sind in dieser Periode zu suchen. Diese Hypothese hat manche zu der Annahme geführt, daß ich alle Kleinkinder für psychotisch erachte; das ist ein Mißverständnis, mit dem ich mich bereits bei anderen Gelegenheiten genügend auseinandergesetzt hatte. Die psychotischen Ängste, Mechanismen und Ich-Abwehrmaßnahmen der Kindheit haben einen tiefen Einfluß auf die Entwicklung in allen ihren Aspekten, einschließlich der Entwicklung des Ichs, des Über-Ichs und der Objektbeziehungen.

Ich habe oft meine Anschauung dargelegt, daß Objektbeziehungen vom Beginn des Lebens an bestehen. Das erste Objekt ist die Mutterbrust, welche

---

1 Vor Beendigung dieser Arbeit diskutierte ich ihre Hauptthese mit PAULA HEIMANN und ich bin ihr für Anregungen in der Ausarbeitung und Formulierung einer Anzahl von Begriffen, die ich hier vortrage, verbunden.

2 Vgl. meine ‹Psychoanalyse des Kindes›, und ‹Zur Psychogenese der manisch-depressiven Zustände› (oben S. 43 ff).

sich für das Kind in eine gute (befriedigende) und böse (versagende) Brust spaltet. Diese Spaltung führt zu einer scharfen Trennung von Liebe und Haß. Ich habe weiterhin auseinandergesetzt, daß die Beziehung zum ersten Objekt dessen Introjektion und Projektion einschließt, und somit werden von Anfang an Objektbeziehungen durch das Aufeinanderwirken von Introjektion und Projektion, von inneren und äußeren Objekten und Situationen geformt. Diese Prozesse nehmen an dem Aufbau des Ichs und des Über-Ichs teil und bereiten den Boden für den Beginn des Ödipuskomplexes in der zweiten Hälfte des ersten Jahres.

Von Anfang an wird der Zerstörungstrieb gegen das Objekt gerichtet; zuerst wird er in Phantasien von oral-sadistischen Angriffen auf die Mutterbrust ausgedrückt, die bald in Angriffe auf ihren Körper mit allen sadistischen Mitteln übergehen. Die Verfolgungsängste, die aus den oral-sadistischen Regungen des Kindes, den mütterlichen Körper seiner guten Inhalte zu berauben, stammen und aus den anal-sadistischen Trieben, seine Exkremente in sie hineinzutun (was den Wunsch einschließt, in ihren Körper einzudringen, um sie von innen her zu beherrschen), sind für die Entwicklung der Paranoia und Schizophrenie von großer Bedeutung.

Ich habe verschiedene typische Abwehrmechanismen des frühen Ichs angeführt, wie Spaltungen der Objekte und der Triebe, Idealisierung, Leugnung innerer und äußerer Realität und die Unterdrückung von Trieben. Ich habe auch verschiedene Angstinhalte, wie die Angst, vergiftet und aufgefressen zu werden, erwähnt. Die meisten dieser Erscheinungen, die in den allererstern Monaten des Lebens vorherrschen, finden sich in der späteren Symptomatik Schizophrener wieder.

Ich habe diese frühe Periode, die ich zuerst als die ‹Verfolgungsphase› beschrieben habe, später die ‹paranoide Position› genannt [3] und habe die Auffassung vertreten, daß sie der depressiven Position vorangeht. Wenn Verfolgungsängste sehr stark sind und aus diesem und anderen Gründen das Kind die paranoid-schizoide Position nicht durcharbeiten kann, ist die Durcharbeit der depressiven Position ebenfalls gestört. Dieses Versagen kann zu einer regressiven Verstärkung von Verfolgungsängsten führen und die Fixierungspunkte für schwere Psychosen (d. h. für die Gruppe der Schizophrenien) bilden. Eine andere Folge ernster Schwierigkeiten in der depressiven Position können manisch-depressive Erkrankungen im späteren Leben sein. Ich kam auch zu dem Schluß, daß dieselben Faktoren bei weniger ernsten Entwicklungsschwierigkeiten die Neurosenwahl stark beeinflussen.

Obwohl ich annahm, daß das Ende der depressiven Position davon

---

3 Als diese Arbeit im Jahre 1946 zuerst veröffentlicht wurde, gebrauchte ich den Ausdruck ‹paranoide Position› als Synonym zu W. R. D. FAIRBAIRNS ‹schizoider Position›. Nach weiterer Überlegung habe ich beschlossen, FAIRBAIRNS Terminologie mit meiner zu verbinden, und benütze in diesem Buch den Ausdruck ‹paranoid-schizoide Position›.

abhängt, wie die vorhergehende Phase durchgearbeitet worden ist, gab ich der depressiven Phase eine zentrale Stellung in der frühen Entwicklung des Kindes, denn mit der Introjektion des Objektes als eines Ganzen ändert sich die Objektbeziehung des Kindes grundsätzlich. Das Zusammenbringen der geliebten und gehaßten Aspekte des ganzen Objektes bringt Trauer und Schuldgefühle mit sich, was einen lebenswichtigen Fortschritt im Geistes- und Gefühlsleben des Kindes bedeutet. Hier ist auch der kritische Scheidepunkt für die Wahl von Neurose oder Psychose. Ich stehe noch immer zu diesen Schlußfolgerungen.

Einige Bemerkungen zu Fairbairns neueren Arbeiten

In einer Anzahl von kürzlich veröffentlichten Arbeiten [4] hat sich W. R. D. FAIRBAIRN eingehend dem Gegenstand, mit dem ich mich hier beschäftige, gewidmet. Ich erachte es deshalb für wichtig klarzustellen, worin wir übereinstimmen und worin wir voneinander abweichen. Der Leser wird erkennen, daß einige der Schlußfolgerungen, zu denen ich in dieser Arbeit komme, mit denjenigen FAIRBAIRNS zusammengehen, andere ihnen grundsätzlich widersprechen. FAIRBAIRN ging hauptsächlich vom Gesichtspunkt der Ich-Entwicklung in ihrer Beziehung zu den Objekten aus, während ich das Problem vorwiegend vom Standpunkt der Ängste und ihrer Modifikationen behandle. Er nannte die früheste Phase die ‹schizoide Position› und erklärte, daß sie einen Teil der normalen Entwicklung darstelle und die Grundlage für schizoide und schizophrene Erkrankungen der Erwachsenen sei. Ich stimme damit überein und betrachte seine Beschreibung der schizoiden Entwicklungserscheinungen als bedeutend und aufschlußreich und von großem Wert für unser Verständnis des schizoiden Verhaltens und der Schizophrenie. Ich glaube auch, daß FAIRBAIRNS Ansicht, daß die Gruppe der schizoiden und schizophrenen Erkrankungen viel größer ist, als man bisher allgemein erkannt hat, richtig und wichtig ist; die besondere Betonung, die er der inneren Beziehung zwischen Hysterie und Schizophrenie gibt, verdient unsere ganze Aufmerksamkeit. Sein Begriff der ‹schizoiden Position› ist angemessen, wenn er dahin verstanden wird, daß er Verfolgungsangst und schizoide Mechanismen einschließt.

Ich stimme mit ihm nicht überein – um die grundsätzlichen Schlüsse zuerst zu erwähnen – in seiner Revision der Theorie der seelischen Struktur und der Instinkte. Ich stimme auch nicht mit seiner Anschauung überein, daß anfänglich nur das böse Objekt verinnerlicht wird – eine Anschauung, die zu wichtigen Unterschieden zwischen unseren Ansichten über die Entwicklung der

---

4 Vgl. ‹A Revised Psychopathology of the Psychoses and Neuroses›. Int. J. Psycho-Anal. 22, 250 (1941); ‹Endopsychic Structure considered in Terms of Object-Relationships›. Int. J. Psycho-Anal. 25, 70 (1944); ‹Object-Relationships and Dynamic Structure›. Int. J. Psycho-Anal. 27, 30 (1946).

Objektbeziehungen und der Ich-Entwicklung beizutragen scheint. Ich glaube, daß die introjizierte gute Brust einen lebenswichtigen Teil des Ichs bildet und von Anfang an einen grundsätzlichen Einfluß auf den Prozeß der Ich-Entwicklung ausübt und sowohl Ich-Struktur wie Objektbeziehungen beeinflußt. Ich weiche auch von FAIRBAIRNS Anschauung ab, daß es «das große Problem des Schizophrenen ist, wie er lieben kann, ohne mit Liebe zu zerstören, während das große Problem des Depressiven ist, wie er lieben kann, ohne mit seinem Haß zu zerstören».[5] Diese Schlußfolgerung führt FAIRBAIRN dazu, sowohl FREUDS Begriff der primären Instinkte abzulehnen, als auch die Rolle, die Aggression und Haß vom Lebensbeginn an spielen, zu unterschätzen. Als Folge dieser Deutungsweise legt er nicht genug Gewicht auf frühe Ängste und Konflikte und ihre dynamische Wirkung auf die Entwicklung.

Gewisse Probleme des frühen Ichs

In der folgenden Diskussion beschränke ich mich auf einen Aspekt der Ich-Entwicklung und werde absichtlich nicht versuchen, ihn mit den Problemen der Ich-Entwicklung als ein Ganzes zu verbinden. Auch werde ich hier nicht die Beziehung des Ichs zum Es und zum Über-Ich berühren.

Bisher wissen wir sehr wenig von der Struktur des frühen Ichs. Einige der in letzter Zeit gemachten Vorschläge waren für mich nicht überzeugend: Ich denke speziell an GLOVERS Begriff von Ich-Kernen und FAIRBAIRNS Theorie von einem zentralen Ich und zwei Neben-Ichs. Meiner Ansicht nach hilft WINNICOTTS Betonung der Zusammenhanglosigkeit (*unintegration*) des frühen Ichs weiter.[6] Ich würde auch sagen, daß es dem frühen Ich stark an innerer Zusammenhangsfähigkeit (*cohesion*) mangelt und daß seine Tendenz zu größerer Integration mit einer Tendenz zur Desintegration, d. h. in Stücke zu zerfallen, abwechselt.[7] Ich glaube, daß diese Schwankungen für die ersten Lebensmonate charakteristisch sind.

Wir sind, wie ich glaube, gerechtfertigt anzunehmen, daß einige der Funktionen, die wir vom späteren Ich her kennen, bereits von Anfang an da sind. An erster Stelle die Funktion der Angstbewältigung. Meiner Meinung nach entsteht Angst aus der Aktivität des Todestriebes innerhalb des Organismus; sie wird als Furcht vor Vernichtung (Tod) in der Form von Verfolgungsangst

---

5 Vgl. ‹*A Revised Psychopathology*›, a. a. O.

6 Vgl. D. W. WINNICOTT, *Primitive Emotional Development*. Int. J. Psycho-Anal. 26, 1945. In dieser Arbeit beschreibt WINNICOTT auch das pathologische Resultat der Zusammenhanglosigkeit, z. B. den Fall einer Frau, die nicht zwischen ihrer Zwillingsschwester und sich selbst unterscheiden konnte.

7 Größere und geringere Zusammenhangsfähigkeit des Ichs zu Beginn des postnatalen Lebens sollte im Zusammenhang mit der größeren und geringeren Angsttoleranz des Ichs betrachtet werden, die ich schon früher als ein konstitutionelles Faktum beschrieben habe. (Die Psychoanalyse des Kindes, besonders S. 59.)

empfunden. Die Furcht vor dem Zerstörungstrieb scheint sich sofort an ein Objekt zu binden oder wird vielmehr als Furcht vor einem unkontrollierbaren, überwältigenden Objekt gefühlt. Andere wichtige Quellen von primärer Angst sind Geburtstrauma (Trennungsangst) und Versagung körperlicher Bedürfnisse; diese Erfahrungen werden von Anfang an so empfunden, als ob sie von Objekten verursacht seien. Selbst wenn diese Objekte als äußere gefühlt werden, so werden sie durch Introjektion innere Verfolger und verstärken somit die Angst vor dem Zerstörungstrieb im Innern.

Der lebenswichtige Drang, sich mit Angst auseinanderzusetzen, zwingt das frühe Ich, grundsätzliche Mechanismen und Abwehren zu entwickeln. Der Zerstörungstrieb wird teilweise nach außen projiziert (Ablenkung des Todestriebes) und heftet sich, wie ich glaube, an das erste äußere Objekt, die mütterliche Brust. Wie FREUD auseinandergesetzt hat, wird der übrige Teil des Zerstörungstriebes zu einem gewissen Grade von der Libido innerhalb des Organismus gebunden. Keiner dieser Vorgänge erfüllt aber seinen Zweck vollkommen, und deshalb bleibt die Angst, von innen zerstört zu werden, aktiv. Es scheint mir mit dem Mangel an Zusammenhangsfähigkeit in Einklang zu stehen, daß das Ich unter Druck dieser Drohung dazu neigt, in Stücke zu zerfallen.[8] Dieses In-Stücke-Zerfallen erscheint die Grundlage für Zustände von Desintegration und Schizophrenie zu sein.

Die Frage entsteht, ob gewisse Spaltungsprozesse innerhalb des Ichs selbst in einem sehr frühen Stadium vorkommen können. Wie wir annehmen, spaltet das Ich aktiv das Objekt und seine Beziehung zu ihm, und dies kann eine aktive Spaltung des Ichs selbst einschließen. Jedenfalls ist das Endresultat von Spaltungen eine Verteilung des Zerstörungstriebes, der als Quelle der Gefahr empfunden wird. Ich stelle die Hypothese auf, daß die primäre Angst vor dem Zerstörungstrieb, die Angst, innerlich vernichtet zu werden, zusammen mit der spezifischen Reaktion des Ichs, in Stücke zu zerfallen oder sich zu spalten, in allen schizophrenen Prozessen außerordentlich wichtig sein kann.

Spaltungsprozesse in ihrer Beziehung zum Objekt

Der Zerstörungstrieb wird zuerst als orale Aggression empfunden. Ich glaube, daß oral-sadistische Regungen gegen die mütterliche Brust vom Beginn des Lebens an aktiv sind, obgleich mit dem Beginn des Zahnens die kannibalischen Regungen an Stärke zunehmen – ein Faktor, den ABRAHAM betont hat.

---

8 FERENCZI in ‹Notes and Fragments›. Int. J. Psycho-Anal. 30 (1949), erwähnt, daß höchstwahrscheinlich jedes Lebewesen auf unangenehme Reize mit Fragmentation reagiert, was ein Ausdruck des Todestriebes sein könnte. Möglicherweise werden komplizierte Mechanismen (lebende Organismen) nur durch Einrichtung der äußeren Bedingungen als Einheit zusammengehalten. Wenn diese Bedingungen ungünstig werden, fällt der Organismus in Stücke.

In Zuständen von Versagung und Angst werden die oral-sadistischen und kannibalischen Wünsche verstärkt, und das Kind fühlt dann, daß es die Brustwarze und die Brust in Stücken aufgenommen hat. Deswegen wird die versagende Brust, zusätzlich zu der in der kindlichen Phantasie bewerkstelligten Spaltung in eine gute und böse Brust, als Resultat der Angriffe in den oralsadistischen Phantasien, als in Teile aufgelöst empfunden; die befriedigende Brust, die unter der Herrschaft der saugenden Libido aufgenommen ist, wird als vollständig (ganz) empfunden. Das erste innere Objekt wirkt als eine Art Kristallisationspunkt im Ich. Es wirkt den Spaltungs- und Verteilungsprozessen entgegen, fördert die Zusammenhängigkeit (*cohesiveness*) und Integration und hilft, das Ich aufzubauen.[9] Das Gefühl des Säuglings, eine gute und ganze Brust in sich zu besitzen, kann indessen durch Versagung und Angst erschüttert werden. Als Folge davon könnte die Trennung in gute und böse Brust schwer aufrechterhalten werden, denn der Säugling könnte fühlen, daß sich die gute Brust ebenfalls in Stücken befinde.

Ich glaube, daß das Ich unfähig ist, das innere und äußere Objekt zu spalten, ohne daß eine entsprechende Spaltung innerhalb des Ichs stattfindet. Deshalb beeinflussen die Phantasien und Gefühle über den Zustand des inneren Objektes die Struktur des Ichs auf das engste. Je mehr der Sadismus in dem Vorgang der Einverleibung des Objekts und je mehr das Objekt in Stücken empfunden wird, um so mehr ist das Ich in Gefahr, in seiner Beziehung zu den verinnerlichten Objektfragmenten gespalten zu werden.

Die Vorgänge, die ich beschrieben habe, sind natürlich mit der kindlichen Phantasie auf das engste verbunden; die Ängste, die den Spaltungsmechanismus auslösen, sind ebenfalls phantastischer Natur. Es geschieht in der Phantasie, daß der Säugling das Objekt und sein Selbst spaltet, aber die Folge dieser Spaltung ist eine sehr reale, da sie dazu führt, daß Gefühle und Beziehungen (und später Denkprozesse) tatsächlich voneinander abgeschnitten sind.[10]

Spaltung in Verbindung mit Projektion und Introjektion

Bisher habe ich mich im einzelnen mit dem Spaltungsmechanismus als einem der frühesten Ich-Mechanismen und Abwehrmaßnahmen gegen Angst beschäftigt. Introjektion und Projektion werden von Lebensbeginn an ebenfalls

---

9 D. W. WINNICOTT (a. a. O.) wies auf denselben Prozeß von einem anderen Gesichtspunkt aus hin: er beschrieb, wie Integration und Anpassung an die Realität im wesentlichen davon abhängen, wie das Kind Liebe und Sorge der Mutter erlebt.

10 In der Diskussion, die dem Vortrage dieser Arbeit folgte, wies DR. W. C. M. SCOTT auf einen anderen Aspekt von Spaltungen hin. Er betonte die Bedeutung von Unterbrechungen in der Kontinuität von Erfahrungen, welche mehr eine Spaltung in der Zeit als im Raume darstellen. Er wies als ein Beispiel auf den Wechsel von Schlaf- und Wachzuständen hin. Ich stimme vollkommen mit ihm überein.

im Dienste dieser primären Ziele des Ichs verwendet. Wie es FREUD beschrieben hat, entsteht Projektion aus der Ablenkung des Todestriebes nach außen, und das hilft, meiner Ansicht nach, dem Ich, Angst zu überwinden, indem es sich der Gefahr und des Böseseins entledigt. Introjektion des guten Objektes wird vom Ich ebenfalls als Angstabwehr benützt.

Innig mit Projektion und Introjektion sind andere Mechanismen verbunden. Ich beschäftige mich hier im besonderen mit der Beziehung von Spaltungsmechanismen zu Idealisierung und Verleugnung. Im Hinblick auf die Objektspaltung müssen wir uns vergegenwärtigen, daß sich im Zustand der Befriedigung Liebesgefühle auf die befriedigende Brust richten, während sich im Zustand der Versagung Haß und Verfolgungsangst an die versagende Brust heften.

Idealisierung ist mit Objektspaltung verknüpft; als Sicherheitsschutz gegen die Furcht vor der verfolgenden Brust werden die guten Aspekte der Brust übertrieben. Obgleich Idealisierung eine Nebenerscheinung der Verfolgungsangst ist, so stammt sie doch auch aus der Kraft der Triebwünsche nach unbegrenzter Befriedigung, welche das Bild einer unerschöpflichen und immer nahrungspendenden Brust – einer idealen Brust – formen.

Wir finden eine solche Spaltung bei der infantilen halluzinatorischen Befriedigung. Die Hauptvorgänge, die bei Idealisierung ins Spiel kommen, werden auch bei halluzinatorischer Befriedigung angewandt, nämlich Objektspaltung, Verleugnung der Versagung und Verfolgung. Das versagende und verfolgende Objekt wird weit von dem idealisierten Objekt entfernt gehalten. Das böse Objekt wird indessen nicht nur weit vom idealisierten gehalten, sondern seine Existenz wird vollständig geleugnet sowie die ganze Versagungssituation und die bösen Gefühle (Schmerz), die von der Versagung geweckt werden. Das ist mit Verleugnung psychischer Realität verbunden. Die Verleugnung psychischer Realität ist nur bei starken Gefühlen von Omnipotenz möglich, was ein wesentliches Charakteristikum der frühen Mentalität ist. Omnipotente Verleugnung der Existenz böser Objekte und schmerzhafter Situationen ist im Unbewußten gleichbedeutend mit Vernichtung der destruktiven Regung. Aber nicht nur eine Situation und ein Objekt werden verleugnet und vernichtet, es ist eine *Objektbeziehung*, die dieses Schicksal erleidet; deshalb wird auch der Teil des Ichs, von dem die Gefühle auf das Objekt ausstrahlen, verleugnet und vernichtet.

In der halluzinatorischen Befriedigung finden somit zwei voneinander abhängige Prozesse statt: die omnipotente Heraufbeschwörung des idealen Objektes und der idealen Situation und die ebenso omnipotente Vernichtung des bösen Verfolgungsobjektes und der schmerzhaften Situation. Diese Vorgänge sind auf Spaltungen der Objekte und des Ichs basiert.

Nebenbei möchte ich erwähnen, daß in dieser frühen Phase Spaltung, Verleugnung und Omnipotenz eine ähnliche Rolle spielen wie in einem späteren Entwicklungsstadium die Verdrängung. Wenn wir die Bedeutung der Verleugnungsprozesse und Omnipotenz in einem Stadium, das durch Verfolgungsangst und schizoide Mechanismen charakterisiert ist, betrachten, können wir uns an den Größen- und Verfolgungswahn bei Schizophrenie erinnern.

In meiner Behandlung der Verfolgungsangst habe ich bisher das orale Element herausgegriffen. Obgleich die orale Libido noch die Führung innehat, kommen bereits libidinöse und aggressive Regungen und Phantasien aus allen anderen Quellen in den Vordergrund und führen zu einem Zusammenfließen von oralen, urethralen und analen Wünschen sowohl libidinöser als auch aggressiver Natur. Ebenso entwickeln sich die Angriffe auf die mütterliche Brust zu solchen auf den mütterlichen Körper, der sozusagen als eine Erweiterung der mütterlichen Brust empfunden wird, bevor noch die Mutter als ganze Person erfaßt ist. Die phantasierten Angriffe auf die Mutter folgen zwei Hauptlinien: eine ist die vorwiegend orale Regung, sie auszusaugen, zu beißen und den mütterlichen Körper auszuhöhlen und seines guten Inhalts zu berauben (ich werde den Einfluß dieser Regungen auf die Entwicklung von Objektbeziehungen im Zusammenhang mit Introjektion diskutieren); die andere Angriffslinie stammt von den analen und urethralen Regungen her und schließt die Ausstoßung gefährlicher Substanzen (Exkremente) aus dem Selbst in die Mutter hinein ein. Zusammen mit diesen schädigenden Exkrementen, die im Haß ausgestoßen werden, werden abgespaltene Teile des Ichs auf die Mutter oder, wie ich besser sagen sollte, *in* die Mutter *hinein*projiziert.[11] Diese Exkremente und bösen Teile des Selbst sollen nicht nur das Objekt verletzen, sondern es auch kontrollieren und in Besitz nehmen. Insoweit die Mutter die bösen Teile des Selbst zu enthalten scheint, wird sie nicht als ein separates Individuum, sondern als *das* böse Selbst empfunden.

Ein großer Teil des Hasses gegen das Selbst wird nun auf die Mutter gelenkt. Das führt zu einer besonderen Art von Identifizierung, die das Urbild einer aggressiven Objektbeziehung darstellt. Ich schlage für diese Prozesse den Ausdruck ‹projektive Identifikation› vor. Wenn Projektion hauptsächlich dem Wunsche des Kindes entspringt, die Mutter zu verletzen und zu kontrollieren,[12] dann wird sie als eine Verfolgerin empfunden. Diese Identifizierung

---

11 Die Beschreibung dieser primitiven Vorgänge ist sehr erschwert, weil diese Phantasien zu einer Zeit entstehen, da der Säugling noch nicht in Worten zu denken begonnen hat. In diesem Zusammenhang verwende ich zum Beispiel den Ausdruck ‹in eine andere Person projizieren›, weil das mir als der einzige Weg erscheint, den unbewußten Vorgang zu vermitteln, den ich zu beschreiben versuche.

12 M. C. Evans gab in einer kurzen unveröffentlichten Mitteilung, die sie der Britischen Psychoanalytischen Gesellschaft im Januar 1946 vortrug, einige Beispiele von Patienten, in denen die folgenden Phänomena deutlich hervortraten: Mangel an Realitätsgefühl, ein Gefühl, daß sie geteilt und daß Teile ihrer Persönlichkeit in den mütterlichen Körper eingedrungen seien, um ihn zu berauben; als eine Folge davon erschienen die Mutter und andere Menschen, die auf ähnliche Weise angegriffen worden waren, als die Patienten selbst. M. C. Evans brachte diese Vorgänge mit einer sehr frühen Entwicklungsphase zusammen.

eines Objekts mit dem gehaßten Teil des Selbst trägt in psychotischen Erkrankungen zu der Intensität des Hasses auf andere Menschen bei. Was das Ich selbst betrifft, so wird es durch die übertriebene Spaltung und Ausstoßung von Ichteilen in die äußere Welt außerordentlich geschwächt. Denn das aggressive Element in den Gefühlen und in der Persönlichkeit ist auf das engste im Erleben mit Kraft, Potenz, Stärke, Wissen und vielen anderen wünschenswerten Qualitäten verbunden.

Aber nicht nur die bösen Teile des Selbst werden ausgestoßen und projiziert, sondern auch die guten. Exkremente können dann die Bedeutung von Geschenken haben, und Ich-Teile, die mit Exkrementen zusammen ausgestoßen und in die andere Person projiziert worden sind, repräsentieren dann das Gute, d. h. die liebenden Teile des Selbst. Die Identifizierung, die auf dieser Art von Projektion basiert, beeinflußt Objektbeziehungen auf eine verhängnisvolle Weise. Die Projektion von guten Gefühlen und Teilen des Selbst in die Mutter ist wesentlich für die Fähigkeit des Kindes, Objektbeziehungen zu entwickeln und sein Ich zu integrieren. Wenn indessen dieser projektive Vorgang überhandnimmt, werden gute Teile der Persönlichkeit als verloren empfunden, und auf diese Weise wird die Mutter das Ich-Ideal; dieser Vorgang führt ebenfalls zu einer Schwächung und Verarmung des Ichs. Sehr bald dehnen sich solche Vorgänge auf andere Menschen aus,[13] und das Endresultat kann eine überstarke Abhängigkeit von diesen äußeren Repräsentanten seiner eigenen guten Teile sein. Eine andere Folge ist die Angst, daß die Liebesfähigkeit verlorengegangen sei, weil der Patient fühlt, daß er das geliebte Objekt hauptsächlich als den Repräsentanten des Selbst liebt.

Die Wirkung der Introjektion auf Objektbeziehungen ist von gleicher Wichtigkeit. Die Introjektion des guten Objekts, vor allem der mütterlichen Brust, ist eine Vorbedingung für die normale Entwicklung. Ich habe bereits beschrieben, daß dies einen Kristallisationspunkt im Ich bildet und die Zusammenhangsfähigkeit des Ichs fördert. Ein charakteristischer Zug der frühesten Beziehung zu dem guten Objekt – zum inneren und zum äußeren – ist die Tendenz, es zu idealisieren. In Zuständen von Versagung oder erhöhter Angst wird das Kind gezwungen, zu seinem inneren idealisierten Objekt Zuflucht zu nehmen, um seinen Verfolgern zu entfliehen. Aus diesem Mechanismus können verschiedene ernste Störungen entstehen: Wenn die Verfolgungsangst zu stark ist, wird die Flucht zum idealisierten Objekt übertrieben, und das hindert ernstlich die Ichentwicklung und stört die Objektbeziehungen. Als Folge davon kann das Ich als hörig und völlig abhängig vom inneren Objekt emp-

---

13 W. C. M. SCOTT beschrieb vor einigen Jahren in einer noch nicht veröffentlichten Arbeit, die er der Britischen Psychoanalytischen Gesellschaft vorlegte, drei miteinander verbundene Züge, die er bei einer schizophrenen Patientin antraf: eine starke Störung des Realitätssinnes, das Gefühl, daß die Welt um sie herum ein Friedhof sei, und der Mechanismus, mit dem sie alle ihre guten Teile in eine andere Person – Greta Garbo – getan hatte, die schließlich die Patientin selbst vertrat.

funden werden – gewissermaßen nur eine Schale für das innere Objekt. Zu einem in solcher Weise nicht assimilierten, idealisierten Objekt gehört oft ein Gefühl, daß das Ich weder Leben noch Wert an sich hat.[14]

Ich möchte glauben, daß die Flucht zu dem nichtassimilierten idealisierten Objekt weitere Spaltungsprozesse innerhalb des Ichs erfordert. Während Teile des Ichs sich mit dem Idealobjekt zu vereinigen suchen, arbeiten andere Teile darauf hin, mit den inneren Verfolgern fertig zu werden.

Die verschiedenen Vorgänge der Spaltung des Ichs und der inneren Objekte führen zu dem Gefühl, daß das Ich sich in Stücken befindet. Dieses Gefühl kommt einem Zustand von Desintegration gleich. Die Desintegrationszustände, die der Säugling im Laufe einer normalen Entwicklung erlebt, sind vorübergehend. Neben anderen Faktoren hilft die Befriedigung durch äußere gute Objekte [15] immer wieder, diese schizoiden Zustände zu durchbrechen. Die Fähigkeit des Säuglings, zeitweise schizoide Zustände zu überwinden, steht im Einklang mit der starken Elastizität und Widerstandsfähigkeit der kindlichen Seele. Wenn Spaltungszustände und Zustände von Desintegration, die das Ich nicht in der Lage ist zu überwinden, zu oft auftreten und zu lange dauern, dann müssen sie, meiner Ansicht nach, als Zeichen einer schizophrenen Krankheit beim Kinde angesehen werden, Anzeichen einer solchen Krankheit können schon in den ersten paar Lebensmonaten beobachtet werden. Bei Erwachsenen erscheinen Zustände von Depersonalisation und schizophrener Dissoziation eine Regression auf diese infantilen Desintegrationszustände zu sein.[16]

---

14 Vgl. ‹A Contribution to the Problem of Sublimation and its Relation to Processes of Internalization›. (Int. J. Psycho-Anal. 23, 1942), wo PAULA HEIMANN einen Zustand beschrieb, in dem die inneren Objekte als Fremdkörper, die im Selbst eingebettet waren, wirkten. Obwohl das bei bösen Objekten besser verständlich ist, so geschieht es auch bei guten Objekten, wenn sich das Ich zwangsmäßig der Aufgabe, sie zu bewahren, unterwirft. Wenn das Ich seinen guten Objekten in übertriebener Weise dient, dann werden sie als Gefahrenquelle für das Selbst empfunden und können einen verfolgenden Einfluß ausüben. PAULA HEIMANN führte den Ausdruck ‹Assimilierung von inneren Objekten› ein und wandte ihn speziell auf Sublimierungen an. Im Hinblick auf die Ichentwicklung führte sie aus, daß solche Assimilierung für die erfolgreiche Ausübung von Ichfunktionen und für die Erlangung von Unabhängigkeit entscheidend sei.

15 Von diesem Gesichtspunkt aus können mütterliche Liebe und Verständnis als die besten Hilfsmittel für das Kind angesehen werden, die Zustände von Desintegration und psychischer Angst zu überwinden.

16 In ‹Analysis of a Schizophrenic State with Depersonalisation› (Int. J. Psycho-Anal. 28, 1947) hat HERBERT ROSENFELD mehrere Fälle zitiert, an denen er illustriert, wie Spaltungsmechanismen, die mit projektiver Identifikation verbunden sind, einen Zustand von Schizophrenie und Depersonalisation hervorrufen können. In seiner Arbeit ‹A Note on the Psychopathology of Confusional States in Chronic Schizophrenias› (Int. J. Psycho-Anal. 31, 1950) hat er auch auseinandergesetzt, wie ein Verwirrungszustand entsteht, wenn der Patient die Fähigkeit verliert, zwischen guten und

Übertriebene Verfolgungsängste und schizoide Mechanismen in früher Kindheit können nach meiner Erfahrung einen schädlichen Einfluß auf die Anfangsstadien der intellektuellen Entwicklung haben. Gewisse Arten von Verblödung könnten deshalb als zugehörig zur Schizophrenie-Gruppe betrachtet werden. Dementsprechend sollte man bei der Verblödung von Kindern jeden Alters die Möglichkeit einer schizophrenen Erkrankung im frühen Kindesalter ins Auge fassen.

Bisher habe ich einige Auswirkungen von überstarker Introjektion und Projektion auf die Objektbeziehungen beschrieben. Ich versuche hier nicht, die verschiedenen Faktoren, die das Überwiegen von introjektiven Vorgängen und in anderen Fällen das von projektiven Vorgängen fördern, im einzelnen zu untersuchen. Soweit es sich um die normale Persönlichkeit handelt, kann man sagen, daß der Verlauf der Ichentwicklung und der Objektbeziehungen von dem Grade eines optimalen Gleichgewichts zwischen Introjektion und Projektion abhängt, das in den frühen Entwicklungsstadien erreicht wurde. Das wiederum hat Einfluß auf die Integration des Ichs und die Assimilation innerer Objekte. Selbst wenn das Gleichgewicht gestört ist und der eine oder andere Vorgang überwiegt, besteht eine gewisse gegenseitige Beeinflussung von Introjektion und Projektion. Zum Beispiel führt die Projektion einer vorwiegend feindseligen inneren Welt, die von Verfolgungsängsten beherrscht ist, zu Introjektion – d. h. Zurücknahme – einer feindseligen äußeren Welt; und umgekehrt, die Introjektion einer verzerrten und feindseligen äußeren Welt verstärkt die Projektion einer feindseligen inneren Welt.

Ein anderer Aspekt projektiver Vorgänge besteht, wie wir gesehen haben, in dem gewalttätigen Eintritt von Teilen des Selbst in das Objekt und dessen Kontrolle.

Als Folge davon kann dann Introjektion als ein erzwungener Eintritt äußerer Dinge nach innen in Vergeltung für gewalttätige Projektion empfunden werden. Das kann zu der Angst führen, daß nicht nur der Körper, sondern auch die Seele von anderen Menschen auf feindselige Art und Weise kontrolliert werden. Als Resultat kann sich daraus eine schwere Störung der Introjektion von guten Objekten entwickeln, eine Störung, die alle Ich-Funktionen wie auch die Sexualentwicklung hemmen würde und zu einem übertriebenen Sich- Zurückziehen in die innere Welt führen könnte. Dieses Sich-Zurückziehen ist indessen nicht nur von der Furcht, eine gefährliche äußere Welt zu introjizieren, bedingt, sondern auch von der Furcht vor inneren Verfolgern und der sich daraus ergebenden Flucht zum verinnerlichten guten Objekt.

Ich habe auf die Schwächung und Verarmung des Ichs, die von überstarker Spaltung und projektiver Identifikation herstammen, hingewiesen. Das geschwächte Ich verliert indessen auch die Fähigkeit, seine inneren Objekte zu

---

bösen Objekten und aggressiven und libidinösen Regungen zu unterscheiden usw. Er stellte die Hypothese auf, daß in solchen Verwirrungszuständen Spaltungsmechanismen oft zum Zwecke der Abwehr verstärkt sind.

assimilieren, was zu dem Gefühl führt, von ihnen beherrscht zu werden. Wiederum fühlt sich solch ein geschwächtes Ich unfähig, die Teile, die es in die äußere Welt projiziert hatte, wieder in sich zurückzunehmen. Diese verschiedenen Störungen im Wechselspiel von Projektion und Introjektion, die eine überstarke Ich-Spaltung einschließen, haben einen schädlichen Einfluß auf die Beziehung zur inneren und äußeren Welt und scheinen die Wurzel gewisser Formen von Schizophrenien darzustellen.

Projektive Identifikation ist die Basis vieler Angstsituationen, von denen ich einige erwähnen werde. Die Phantasie, gewalttätig in das Objekt einzudringen, bringt Ängste mit sich, die auf die Gefahren, die dem Individuum von dem Inneren des Objektes her drohen, zurückgehen. Zum Beispiel regt der Wunsch, ein Objekt von innen her zu kontrollieren, die Furcht an, von ihm innerlich kontrolliert und verfolgt zu sein. Durch die Projektion und Wiederintrojektion des gewaltsam eingedrungenen Objekts werden Gefühle von innerer Verfolgung sehr verstärkt; um so mehr, als das Individuum glaubt, daß das wieder-introjizierte Objekt die gefährlichen Aspekte des Selbst enthält. Die Anstauung von Ängsten dieser Art, in denen das Ich zwischen einer Reihe von äußeren und inneren Verfolgungen sozusagen gefangen ist, ist ein grundlegendes Element bei Paranoia.[17]

Ich habe früher die kindlichen Phantasien beschrieben,[18] in denen das Kind den mütterlichen Körper angreift und in ihn eindringt; aus diesen Phantasien ergeben sich die Angstsituationen, die der Paranoia zugrunde liegen (besonders die Furcht, im Leib der Mutter gefangen und verfolgt zu werden). Ich habe auch gezeigt, daß die Furcht, in der Mutter gefangen zu sein (und speziell die Furcht, daß der Penis angegriffen wird), ein wichtiger Faktor späterer Störungen, wie männliche Impotenz und Klaustrophobie ist.[19]

---

17 HERBERT ROSENFELD diskutierte in ‹Analysis of a Schizophrenic State with Depersonalisation› (a.a.O.) und in ‹Remarks on the Relation of Male Homosexuality to Paranoia, Paranoid Anxiety and Narcissism› (Int. J. Psycho-Anal. 30, 1949) die klinische Bedeutung jener paranoiden Ängste, die bei Psychotikern mit projektiver Identifikation verbunden sind. Bei den beiden schizophrenen Kranken, die er beschrieb, war es klar, daß sie von der Furcht beherrscht waren, der Analytiker versuche in sie einzudringen. Als diese Ängste in der Übertragungssituation analysiert worden waren, konnte eine Besserung eintreten. ROSENFELD stellte einen weiteren Zusammenhang von projektiver Identifikation (und den entsprechenden Verfolgungsängsten) mit weiblicher Frigidität auf der einen Seite und mit der häufigen Kombination von Homosexualität und Paranoia bei Männern auf der anderen Seite auf.

18 Die Psychoanalyse des Kindes, Kap. VIII, besonders S. 141 und Kap. XII, S. 252.

19 JOAN RIVIERE brachte in einer unveröffentlichten Arbeit ‹Paranoid Attitudes seen in Everyday Life and in Analysis› (der Britischen Psychoanalytischen Gesellschaft im Jahre 1948 vorgetragen) eine Menge klinischen Materials, bei dem projektive Identifikation deutlich war. Unbewußte Phantasien, in denen das ganze Selbst in das Innere des Objektes gewalttätig eindrang (um Kontrolle und Besitz zu ergreifen), führten, durch Furcht vor Vergeltung, zu verschiedenen Verfolgungsängsten, z. B.

Einige der gestörten Objektbeziehungen schizoider Persönlichkeiten, wie die gewaltsame Ichspaltung und die überstarke Projektion, haben die Wirkung, die Person, gegen welche dieser Prozeß gerichtet ist, als einen Verfolger erscheinen zu lassen. Da der zerstörungsfreudige und gehaßte Teil des Selbst abgespalten, projiziert und als Gefahr für das geliebte Objekt empfunden wird und deshalb Schuldgefühle erzeugt, schließt dieser Projektionsvorgang in einer gewissen Weise auch eine Verlagerung des Schuldgefühls vom Selbst auf die andere Person ein. Das Schuldgefühl ist indessen damit keineswegs erledigt, und verlagertes Schuldgefühl wird als unbewußte Verantwortung für die Menschen empfunden, die die Vertreter des aggressiven Teils des Selbst geworden sind.

Ein anderer typischer Zug schizoider Objektbeziehungen ist der narzißtische Charakter, der von den infantilen introjektiven und projektiven Vorgängen herstammt. Wie ich schon früher andeutete, wird die Person, auf die das Ich-Ideal projiziert ist, eine vorwiegend geliebte und bewunderte Figur, weil sie die guten Anteile des Ichs enthält. Diese beiden Arten einer narzißtischen Objektbeziehung zeigen oft stark zwanghafte Züge. Der Trieb, andere Menschen zu kontrollieren, ist, wie wir wissen, ein wesentliches Element in der Zwangsneurose. Das Bedürfnis, andere zu kontrollieren, kann zu einem gewissen Grade mit einer verdrängten Regung, Teile des Selbst zu kontrollieren, erklärt werden. Wenn diese Teile in überwiegendem Maße auf eine andere Person projiziert worden sind, können sie durch die Kontrolle dieser anderen Person kontrolliert werden. Eine Wurzel zwanghafter Mechanismen kann somit in der besonderen Identifizierung gefunden werden, die von infantilen projektiven Vorgängen herstammt. Dieser Zusammenhang kann auch Licht auf das zwanghafte Element werfen, das sich so oft mit der Wiedergutmachungstendenz vermischt. Denn Schuldgefühle werden nicht nur in bezug auf ein Objekt, sondern auch in bezug auf Ich-Anteile empfunden, die das Individuum sich gedrängt fühlt zu reparieren oder wiederherzustellen.

Alle diese Faktoren können zu einer zwanghaften Bindung an gewisse Objekte führen oder – ein anderes Endresultat – zu einer Abwendung von Menschen, um ein zerstörendes Eindringen in sie und die Gefahr der Vergeltung durch sie zu verhindern. Die Angst vor solchen Gefahren kann sich bei Objektbeziehungen in verschiedenen negativen Haltungen zeigen. Zum Bei-

---

Klaustrophobie, oder auch zu Phobien etwa vor Einbrechern, Spinnen oder Kriegsinvasion. Diese Ängste sind mit unbewußten Katastrophen-Phantasien, wie in Stücke geschnitten und ausgehöhlt zu werden, und mit solchen von vollständiger innerer Zerreißung des Körpers und der Persönlichkeit und Verlust der Identität verbunden – Ängste, die eine Weiterentwicklung der Vernichtungsangst (Tod) sind und die Wirkung haben, Spaltungsmechanismen und den Vorgang des Ichzerfalls, wie er bei Psychotikern gefunden wird, zu verstärken.

spiel erzählte mir einer meiner Patienten, daß er Menschen mißbillige, die zu sehr von ihm beeinflußbar seien, denn sie schienen ihm zu ähnlich zu werden; deshalb versuche er, sich von ihnen abzuwenden.

Ein weiteres Charakteristikum schizoider Objektbeziehungen sind ihre ausgesprochene Künstlichkeit und ihr Mangel an Spontaneität. Zusammen damit findet man eine schwere Störung des Selbstgefühles oder, wie ich es sagen würde, der Beziehung zum Selbst. Diese Beziehung erscheint ebenfalls künstlich. Mit anderen Worten, psychische Realität und die Beziehung zur äußeren Realität sind gleichermaßen gestört.

Die Projektion abgespaltener Teile des Selbst auf eine andere Person beeinflußt die Objektbeziehungen, das Gefühlsleben und die Persönlichkeit als Ganzes wesentlich. Um diese Behauptung zu illustrieren, wähle ich als Beispiel zwei universale Phänomene, die eng zusammengehören: das Gefühl der Einsamkeit und die Trennungsangst. Wir wissen, daß eine Quelle der depressiven Gefühle, welche die Trennung von Menschen begleiten, in der Angst liegt, das Objekt durch die aggressiven Gefühle, die man gegen es gerichtet hat, zerstört zu haben. Aber es sind besonders Spaltungs- und Projektionsvorgänge, die dieser Angst zugrunde liegen. Wenn aggressive Elemente in der Beziehung zum Objekt vorherrschen und durch die Trennungsversagung stark mobilisiert werden, dann fühlt das Individuum, daß die abgespaltenen und auf das Objekt projizierten Teile seines Selbst dieses Objekt in einer aggressiven und zerstörenden Art und Weise kontrollieren. Gleichzeitig wird empfunden, daß das innere Objekt in Gefahr ist, zerstört zu werden, ebenso wie das äußere Objekt, in welchem ein Teil des Selbst – so wird es gefühlt – zurückgelassen worden ist. Der Erfolg ist eine außerordentliche Schwächung des Ichs, ein Gefühl, daß es nichts gibt, wodurch es erhalten werden kann, und ein entsprechendes Gefühl der Einsamkeit. Obwohl sich diese Beschreibung auf Neurotiker bezieht, glaube ich, daß sie zu einem gewissen Grade ein allgemeines Phänomen darstellt.

Es ist unnötig, weiter auseinanderzusetzen, daß sich noch andere Züge schizoider Objektbeziehungen, wie ich sie oben beschrieben habe, auch bei normalen Menschen, wenn auch in geringerem Grade und in weniger markanter Form, finden – zum Beispiel Scheu, Mangel an Spontaneität oder, auf der anderen Seite, ein besonders starkes Interesse an Menschen.

Auf ähnliche Art und Weise lassen sich normale Störungen der Denkvorgänge auf die paranoid-schizoide Entwicklungsstufe zurückführen. Denn wir alle sind zeitweise einer augenblicklichen Hemmung im logischen Denken ausgesetzt, die einer Abspaltung von Gedanken, Assoziationen und Situationen voneinander gleichkommt; tatsächlich ist das Ich zeitweise gespalten.

Ich werde jetzt weitere Vorgänge in der kindlichen Entwicklung betrachten. Bisher habe ich die Ängste, die Mechanismen und Abwehrmaßnahmen beschrieben, die für die ersten paar Lebensmonate charakteristisch sind. Ungefähr im zweiten Viertel des ersten Lebensjahres werden mit der Integration des ganzen Objektes deutliche Fortschritte in der Integration gemacht. Das schließt wichtige Veränderungen in den Objektbeziehungen ein. Die geliebten und gehaßten Aspekte der Mutter werden nicht mehr so weit voneinander getrennt empfunden. Als Folge davon entsteht sowohl gesteigerte Angst vor Verlust, ein Zustand, der mit der Trauer verwandt ist, als auch starkes Schuldgefühl, da aggressive Regungen gegen das geliebte Objekt erlebt werden. Die depressive Position ist somit aufgetreten. Das Erlebnis depressiver Gefühle selbst hat wiederum die Wirkung weiterer Integration des Ichs, denn es fördert tieferes Verständnis der inneren Wirklichkeit und bessere Wahrnehmung der äußeren Welt sowie engere Synthese zwischen inneren und äußeren Situationen.

Das Wiederherstellungsbedürfnis, das in diesem Stadium auftritt, kann als Folge größerer Einsicht in die psychische Realität und wachsender Synthese betrachtet werden, es zeigt eine realistischere Reaktion auf die Gefühle von Kummer, Schuld und Angst vor Verlust, die das Resultat von Aggression gegen das geliebte Objekt darstellen. Da das Bedürfnis, das beschädigte geliebte Objekt wiederherzustellen und zu beschützen, den Weg zu befriedigenderen Objektbeziehungen und Sublimierungen vorbereitet, verstärkt es wiederum die Synthese und trägt zu der Integration des Ichs bei.

Während der zweiten Hälfte des ersten Lebensjahres macht der Säugling grundlegende Fortschritte in der Durcharbeitung der depressiven Position. Schizoide Mechanismen bleiben indessen bestehen, wenn auch in modifizierter Form und in geringerem Grade, und frühe Angstsituationen werden immer wieder in Modifikation erlebt. Das Durcharbeiten der Verfolgungs- und Depressionsposition dehnt sich über die ersten paar Jahre der Kindheit aus und spielt eine wesentliche Rolle in der infantilen Neurose. Im Laufe dieses Vorganges verlieren Ängste an Stärke, Objekte werden weniger idealisiert und schreckenerregend, und das Ich wird vereinheitlicht. All das ist mit wachsender Wahrnehmung von Realität und Anpassung an sie verbunden.

Wenn die Entwicklung während der paranoid-schizoiden Position nicht normal fortgeschritten ist und der Säugling – aus inneren und äußeren Gründen – nicht mit depressiven Ängsten fertig werden kann, dann entsteht ein *circulus vitiosus*; wenn Verfolgungsängste und die entsprechenden schizoiden Mechanismen zu stark sind, ist das Ich nicht in der Lage, die depressive Position durchzuarbeiten. Das zwingt das Ich, auf die paranoid-schizoide Position zu regredieren, und verstärkt frühere Verfolgungsängste und schizoide Phänomena. Auf diese Weise ist die Grundlage für verschiedene Formen von Schizophrenie im späteren Leben gelegt; wenn eine solche Regression stattfindet, werden nicht nur die Fixationspunkte in der schizoiden Position verstärkt, sondern es besteht auch die Gefahr, daß größere Desintegrationszustände auftreten. Eine andere Folge kann die Verstärkung depressiver Züge sein.

Äußere Erfahrungen sind natürlich von großer Wichtigkeit bei diesen Entwicklungen. Zum Beispiel brachte die Analyse eines Patienten, der depressive und schizoide Züge zeigte, frühe Erlebnisse aus seiner Säuglingszeit mit großer Deutlichkeit in die Erinnerung, und dies in einem solchen Ausmaße, daß er in einigen Behandlungsstunden physische Sensationen in der Kehle und in den Verdauungsorganen bekam. Dieser Patient ist im Alter von vier Monaten plötzlich entwöhnt worden, da seine Mutter erkrankte. Außerdem sah er vier Wochen lang seine Mutter nicht. Als sie zurückkam, fand sie ihr Kind sehr verändert. Er war ein lebenskräftiger Säugling gewesen, mit Interesse für seine Umgebung, nun schien er dieses Interesse verloren zu haben. Er war apathisch geworden. Er hatte die Ersatznahrung ziemlich leicht angenommen und tatsächlich niemals Nahrung verweigert. Aber er gedieh nicht mehr, hatte an Gewicht verloren und hatte häufige Verdauungsstörungen. Erst am Ende des ersten Jahres, nachdem andere Nahrung eingeführt worden war, begann er wieder gute physische Fortschritte zu machen.

Die Analyse warf Licht auf den Einfluß, den diese Erlebnisse auf seine ganze Entwicklung gehabt hatten. Seine Anschauungen und Haltungen als Erwachsener waren auf den Reaktionsmustern aufgebaut, die er auf dieser frühen Entwicklungsstufe entwickelt hatte. Zum Beispiel fanden wir immer wieder die Tendenz, durch andere Menschen in wahlloser Weise, die dem starken Mißtrauen während des Introjektionsvorganges entsprach, beeinflußt zu werden — tatsächlich nahm er alles, was gerade angeboten wurde, gierig in sich auf. Dieser Vorgang wurde dauernd durch Ängste aus verschiedenen Quellen gestört, was auch zur Verstärkung der Habgier beitrug.

Wenn ich das Material dieser Analyse im ganzen betrachte, so komme ich zu dem Schluß, daß der Patient, als er plötzlich die Brust und die Mutter verlor, bereits in einem gewissen Maße eine Beziehung zu einem ganzen guten Objekt gewonnen hatte. Er hatte zweifellos schon die depressive Position erreicht, aber konnte sie nicht erfolgreich durcharbeiten, und somit wurde die paranoid-schizoide Position regressiv verstärkt. Das drückte sich in der Apathie aus, die der Periode folgte, in welcher das Kind bereits ein lebhaftes Interesse an seiner Umgebung gezeigt hatte. Die Tatsache, daß er die depressive Position erreicht und ein ganzes Objekt introjiziert hatte, zeigte sich in mehrfacher Weise in seiner Persönlichkeit. Er hatte in der Tat eine starke Fähigkeit zur Liebe und eine starke Sehnsucht nach einem guten und ganzen Objekt. Ein charakteristischer Zug seiner Persönlichkeit war der Wunsch, Menschen zu lieben und ihnen zu vertrauen, also unbewußt die gute und ganze Brust, die er einmal besessen und verloren hatte, wieder aufzubauen.

Einige Schwankungen zwischen der paranoid-schizoiden und depressiven Position finden immer statt und sind Teil der normalen Entwicklung. Es kann deshalb keine klare Grenze zwischen den beiden Entwicklungsstadien gezogen werden; außerdem ist Modifikation ein allmählicher Vorgang, und die Phänomene der beiden Positionen bleiben eine Zeitlang bis zu einem gewissen Grade vermischt und beeinflussen sich gegenseitig. In abnormaler Entwicklung bestimmt meiner Ansicht nach dieser gegenseitige Einfluß das klinische Bild sowohl bei gewissen Formen von Schizophrenie wie von manisch-depressiven Erkrankungen.

Zur Illustration dieses Zusammenhangs werde ich kurz auf einiges klinische Material hinweisen. Ich habe nicht die Absicht, hier eine Krankengeschichte zu geben, und werde deshalb nur gewisse Teile aus dem analytischen Material herausgreifen, die mir für meinen Gegenstand wesentlich erscheinen. Die Patientin, an die ich denke, war eine ausgesprochen manisch-depressive Kranke, die als solche von mehr als einem Psychiater diagnostiziert worden war; sie besaß alle Züge dieser Erkrankung: das Schwanken zwischen depressiven und manischen Zuständen, starke Selbstmordtendenzen, die verschiedentlich zu Selbstmordversuchen geführt hatten, und verschiedene andere charakteristische manische und depressive Züge. Im Laufe ihrer Analyse wurde ein Stadium erreicht, in dem sie eine wirkliche und deutliche Besserung erzielte. Nicht nur kam der Zyklus zum Stillstand, sondern grundlegende Änderungen in ihrer Persönlichkeit und ihren Objektbeziehungen traten auf. Produktivität entwickelte sich in verschiedenen Richtungen sowie ein wirkliches Gefühl von Glück (aber nicht manischer Natur). Dann trat, teilweise durch äußere Umstände veranlaßt, eine andere Phase ein. Während dieser letzten Phase, die mehrere Monate andauerte, arbeitete die Patientin in einer besonderen Art und Weise in der Analyse mit. Sie kam regelmäßig zur Analyse, assoziierte ziemlich frei, berichtete Träume und brachte Material zur Analyse. Indessen hatte sie keine gefühlsmäßige Reaktion auf meine Deutungen, abgesehen von Verachtung. Sehr selten gab sie ein Zeichen der bewußten Bestätigung dessen, was ich gedeutet hatte. Doch reflektierte das Material, mit dem sie auf meine Deutungen reagierte, ihre unbewußte Wirkung. Der mächtige Widerstand, den sie in diesem Stadium zeigte, schien allein von einem Teil der Persönlichkeit zu kommen, während gleichzeitig ein anderer Teil auf die analytische Arbeit reagierte; nicht nur schienen Teile ihrer Persönlichkeit nicht mit ihr, sondern auch nicht miteinander zusammenzuarbeiten, und die Analyse war zu jeder Zeit unfähig, der Patientin zu einer Synthese zu verhelfen. Während dieses Stadiums entschloß sich die Patientin, die Analyse zu beenden. Äußere Umstände trugen stark zu diesem Entschluß bei, und sie legte ein Datum für die letzte Stunde fest.

An diesem Tage berichtete sie den folgenden Traum: Ein blinder Mann, der wegen seiner Blindheit sehr bekümmert war, schien sich damit zu amüsieren, daß er das Kleid der Patientin berührte, um ausfindig zu machen, wie es geschlossen sei. Das Kleid im Traume erinnerte sie an eins ihrer Kleider, das bis an den Hals zugeknöpft war. Die Patientin gab zwei weitere Assoziationen zu dem Traum. Sie sagte unter einigem Widerstand, daß sie der blinde Mann sei; und im Hinblick auf das bis an den Hals zugeknöpfte Kleid bemerkte sie, daß sie sich wieder in ihre ‹Haut› zurückgezogen habe. Ich wies die Patientin darauf hin, daß sie im Traume unbewußt ihre Blindheit ihren Schwierigkeiten gegenüber ausgedrückt hätte und daß ihre Entscheidungen bezüglich der Analyse sowie anderer Umstände in ihrem Leben nicht im Einklang mit ihrem unbewußten Wissen stünden. Das zeigte sie auch in ihrem Eingeständnis, daß sie sich in ihre ‹Haut› zurückgezogen habe, was bedeutete, daß sie sich abschloß, eine Haltung, mit der sie von früheren Stadien in ihrer Analyse sehr vertraut war. Die unbewußte Einsicht und selbst eine gewisse Mitarbeit auf bewußter Ebene (die Erkenntnis, daß sie selber der blinde Mann war und daß sie sich in ihre ‹Haut› zurückgezogen hatte) stammten nur von isolierten Teilen ihrer Persönlichkeit. Tatsächlich hatte die Deutung dieses Traumes keine Wirkung und änderte nichts an der Entscheidung der Patientin, die Analyse in dieser Stunde zu Ende zu bringen.[20]

Die Natur gewisser Schwierigkeiten, denen wir in dieser wie in anderen Analysen begegnen, zeigte sich klarer in den letzten paar Monaten vor dem Abbruch der Behandlung durch die Patientin. Es war eine Mischung von schizoiden und manisch-depressiven Zügen, die den Charakter ihrer Erkrankung bestimmten. In ihrer Analyse erschienen von Zeit zu Zeit – selbst in dem frühen Stadium, als depressive und manische Zustände auf ihrem Höhepunkt waren – depressive und schizoide Mechanismen gleichzeitig. Zum Beispiel erlebten wir Stunden, in denen die Patientin offenbar tief deprimiert und voll von Selbstvorwürfen und Wertlosigkeitsgefühlen war; Tränen rannen über ihre Wangen, und ihre Gesten drückten Verzweiflung aus; und doch sagte sie, als ich diese Gefühlsregungen deutete, daß sie sie überhaupt nicht fühle. Daraufhin klagte sie sich selber an, überhaupt keine Gefühle zu besitzen und völlig leer zu sein. In solchen Behandlungsstunden zeigte sie auch Ideenflucht, die Gedanken schienen unzusammenhängend, und ihr Ausdruck war vage.

Nach der Deutung der unbewußten Gründe, die diesen Zuständen zugrunde lagen, hatten wir auch Sitzungen, in denen die Gefühlsregungen und depressiven Ängste voll herauskamen, und zu solchen Zeiten waren Gedanken und Sprache viel mehr zusammenhängend.

Dieser enge Zusammenhang zwischen depressiven und schizoiden Phänomenen erschien, wenn auch in verschiedenen Formen, während des ganzen Verlaufes ihrer Analyse und wurde in der letzten Phase, die dem soeben beschriebenen Abbruch vorausging, besonders deutlich.

Ich habe bereits auf den entwicklungsmäßigen Zusammenhang zwischen der paranoid-schizoiden und depressiven Position hingewiesen. Die Frage

---

20 Die Analyse wurde nach einer Unterbrechung wiederaufgenommen.

erhebt sich nun, ob dieser entwicklungsmäßige Zusammenhang auch die Grundlage für die Mischung dieser Züge bei manisch-depressiven Zuständen und, wie ich anregen möchte, auch bei schizophrenen Störungen darstellt. Sollte diese tentative Hypothese sich beweisen lassen, so würde man zu dem Schluß kommen müssen, daß die Gruppen schizophrener und manisch-depressiver Zustände entwicklungsgeschichtlich näher miteinander verbunden sind, als man bisher angenommen hatte. Dies würde auch die Fälle erklären, in denen, wie ich glaube, die Differentialdiagnose zwischen Melancholie und Schizophrenie außerordentlich schwierig ist. Ich wäre dankbar dafür, wenn meine Hypothese von Kollegen, die reichlich Gelegenheit für psychiatrische Beobachtung haben, weiter untersucht werden könnte.

Einige schizoide Abwehrmaßnahmen

Es besteht allgemein Übereinstimmung darüber, daß schizoide Patienten schwerer zu analysieren sind als manisch-depressive. Ihre zurückgezogene, gefühlslose Haltung, die narzißtischen Elemente in ihren Objektbeziehungen, auf die ich früher hingewiesen habe, eine Art abgesonderter Feindseligkeit, die die ganze Beziehung zum Analytiker durchdringt, schaffen einen besonderen Typus von Widerstand: Ich glaube, daß in erster Linie die Spaltungsvorgänge den Mangel an Kontakt mit dem Analytiker und die Unfähigkeit des Patienten, auf analytische Deutungen zu reagieren, erklären. Der Patient selbst fühlt sich entfremdet und abwesend, und dieses Gefühl entspricht dem Eindruck des Analytikers, daß beträchtliche Teile der Persönlichkeit des Patienten und seine Gefühlsregungen nicht vorhanden sind. Patienten mit schizoiden Zügen können etwa sagen: «Ich höre, was Sie sagen. Sie können recht haben, aber es bedeutet nichts für mich.» Oder sie sagen, sie fühlten, daß sie nicht da sind: Der Ausdruck ‹keine Bedeutung› schließt in diesen Fällen nicht eine Ablehnung der Deutung ein, sondern deutet nur an, daß Teile der Persönlichkeit und der Emotionen abgespalten sind. Diese Patienten können sich deshalb nicht mit der Deutung auseinandersetzen; sie können sie weder annehmen noch ablehnen.

Ich werde die Vorgänge, die solchen Zuständen zugrunde liegen, mit einem Stück Material aus der Analyse eines männlichen Patienten illustrieren. Die Behandlungsstunde, an die ich denke, begann damit, daß der Patient mir erzählte, er habe Angst, aber wisse nicht warum. Er verglich sich dann mit Menschen, die entweder mehr oder weniger erfolgreich waren als er. Diese Bemerkungen wiesen auch auf mich hin. Sehr starke Gefühle von Versagung, Neid und Verdruß kamen heraus. Als ich deutete — und ich gebe hier nur das Wesentlichste meiner Deutungen —, daß diese Gefühle gegen den Analytiker gerichtet seien und daß er mich zerstören wolle, änderte sich seine Stimmung plötzlich. Der Ton wurde niedergeschlagen, er sprach langsam und ohne Ausdruck und sagte, daß er sich von der ganzen Situation losgelöst fühle. Er fügte hinzu, daß meine Deutung richtig zu sein schiene, aber das bedeute nichts. Tatsächlich hatte er keine Wünsche mehr, und nichts war der Mühe wert.

Meine nächste Deutung richtete sich auf die Gründe für diesen Stimmungswechsel. Ich deutete, daß im Augenblick meiner Interpretation die Gefahr, mich zu zerstören, sehr wirklich für ihn geworden war, und als unmittelbare Folge davon fürchtete er, mich zu verlieren. Anstatt Schuldgefühl und Depression, die in gewissen Phasen seiner Analyse auf solche Deutungen folgten, versuchte er nun, mit diesen Gefahren auf eine besondere Art und Weise von Spaltung fertig zu werden. Wie wir wissen, spaltet der Patient oft unter dem Druck von Ambivalenz, Konflikt und Schuldgefühl die Figur des Analytikers; dann wird der Analytiker in gewissen Augenblicken geliebt, in anderen gehaßt. Oder die Beziehung zum Analytiker kann so gespalten werden, daß er die gute (oder böse) Figur bleibt, während jemand anderes die gegensätzliche Figur repräsentiert. Aber das war nicht die Art von Spaltung, die in diesem Augenblick stattfand. Der Patient spaltete jene Teile seines Selbst, d. h. seines Ichs ab, die er als gefährlich und dem Analytiker gegenüber feindlich empfand. Er wendete seine destruktiven Regungen von seinem Objekt auf sein Ich, mit dem Enderfolg, daß Teile seines Ichs zeitweise aufhörten zu existieren. In unbewußter Phantasie bedeutete das Vernichtung eines Teils seiner Persönlichkeit. Der besondere Mechanismus, die destruktive Regung gegen einen Teil seiner Persönlichkeit zu richten, und die sich daraus ergebende Verteilung von Gefühlsregungen hielt seine Angst in latentem Zustande.

Meine Deutung dieser Prozesse hatte die Wirkung, die Stimmung des Patienten wiederum zu ändern. Er wurde gefühlsreicher und sagte, er könnte weinen, war deprimiert, aber er fühlte sich mehr zusammenhängend (integrierter); dann hatte er auch ein Hungergefühl.[21]

Die gewaltsame Abspaltung und Zerstörung eines Teiles der Persönlichkeit unter Druck von Angst und Schuldgefühl ist meiner Erfahrung nach ein wichtiger schizoider Mechanismus. Um kurz noch ein anderes Beispiel zu erwähnen: eine Patientin hatte geträumt, daß sie mit einem unartigen Mädchen, das entschlossen war, jemanden zu ermorden, fertig zu werden hatte. Die Patientin versuchte, das Kind zu beeinflussen oder zu kontrollieren und ein Geständnis von ihm zu bekommen, was zum Vorteil des Kindes gewesen wäre; aber

---

21 Das Hungergefühl zeigte, daß der Vorgang der Introjektion unter der Vorherrschaft der Libido wieder in Gang gekommen war. Während er auf meine erste Deutung seiner Angst, mich durch seine Aggression zu zerstören, sofort mit gewaltsamer Abspaltung und Vernichtung von Teilen seiner Persönlichkeit reagiert hatte, erlebte er nunmehr klarer Gefühle von Kummer, Schuld und Verlust und gleichzeitig eine gewisse Erleichterung dieser depressiven Ängste. Die Verminderung dieser Angst hatte die Folge, daß der Analytiker wieder ein gutes Objekt repräsentieren konnte, dem er vertraute. Deswegen konnte der Wunsch, mich als ein gutes Objekt zu introjizieren, in den Vordergrund treten. Da er die gute Brust in sich wieder aufbauen konnte, stärkte und integrierte er sein Ich und fürchtete seine destruktiven Regungen weniger – in der Tat war es ihm möglich, sich und den Analytiker zu bewahren.

sie hatte keinen Erfolg. Ich kam auch in dem Traume vor, und die Patientin fühlte, daß ich ihr helfen könnte, mit dem Kind fertig zu werden. Dann band die Patientin das Kind an einen Baum, um es zu ängstigen und auch um zu verhindern, daß es jemandem Schaden zufüge. In dem Augenblick, in dem die Patientin gerade das Seil anzog und das Kind töten wollte, erwachte sie. Während dieses Teiles des Traumes war der Analytiker anwesend und blieb wiederum inaktiv.

Ich werde hier nur das Wesentlichste der Schlußfolgerungen geben, zu denen ich in der Analyse dieses Traumes gelangte. Im Traum war die Persönlichkeit der Patientin in zwei Teile gespalten: das unartige und unkontrollierbare Kind auf der einen Seite und die Person, die versucht, es zu beeinflussen und zu kontrollieren, auf der anderen. Das Kind repräsentierte natürlich auch verschiedene Figuren der Vergangenheit, aber in diesem Zusammenhang repräsentierte es hauptsächlich einen Teil des Selbst der Patientin. Eine andere Schlußfolgerung war, daß das Kind den Analytiker ermorden wollte, und Teil meiner Rolle in dem Traum war es, diesen Mord zu verhindern. Die Tötung des Kindes — wozu die Patientin gezwungen wurde — bedeutete die Vernichtung eines Teiles ihrer Persönlichkeit.

Die Frage entsteht, wie schizoide Mechanismen der Vernichtung eines Teiles des Selbst mit Verdrängung verbunden sind, die, wie wir wissen, gegen gefährliche Regungen gerichtet ist. Das ist indessen ein Problem, mit dem ich mich hier nicht beschäftigen kann.

Stimmungsänderungen treten natürlich nicht immer so dramatisch innerhalb einer Sitzung auf wie in dem ersten Beispiel, das ich in diesem Abschnitt gegeben habe. Aber ich habe wiederholt gefunden, daß Fortschritte in der Synthese gemacht werden, wenn spezifische Ursachen der Spaltung gedeutet werden. Solche Deutungen müssen sich in Einzelheiten mit der Übertragungssituation des Augenblicks beschäftigen, natürlich unter Berücksichtigung des Zusammenhanges mit der Vergangenheit, und müssen auf Einzelheiten der Angstsituation hinweisen, die das Ich zwingen, zu schizoiden Mechanismen zu regredieren. Die Synthese, die sich auf Grund dieser Deutungen vollzieht, geht mit Depression und Ängsten verschiedener Art zusammen. Allmählich führen solche Wellen von Depression — gefolgt von größerer Integration — zu einer Verminderung von schizoiden Phänomenen und auch zu grundlegenden Änderungen in den Objektbeziehungen.

Latente Angst bei schizoiden Patienten

Ich habe bereits auf den Mangel an Gefühlsregungen hingewiesen, welche schizoide Patienten so schwer zugänglich machen. Auch Angst ist nicht vorhanden. Somit fehlt eine wichtige Stütze für die analytische Arbeit, denn die Angsterleichterung, die analytischen Deutungen folgt, wird ein Erlebnis für Patienten mit starker manifester und latenter Angst, welches ihre Fähigkeit, in der Analyse mitzuarbeiten, fördert.

Der Mangel an Angst bei schizoiden Patienten ist nur scheinbar. Die schizoiden Mechanismen bedeuten eine Verteilung von Gefühlsbewegungen einschließlich der Angst, aber trotz alledem existieren diese verteilten Elemente in dem Patienten weiter. Solche Patienten haben eine gewisse Form von latenter Angst; sie wird durch eine spezielle Methode von Verteilung latent gehalten. Das Gefühl, sein Objekt zu verlieren, ist tatsächlich das Äquivalent der Angst. Das wird klarer, wenn Fortschritte in der Synthese gemacht sind. Die große Erleichterung, die der Patient dann empfindet, kommt von einem Gefühl, daß seine inneren und äußeren Welten nicht nur näher zusammengekommen, sondern auch zum Leben zurückgekehrt sind. Wenn Gefühle abwesend und Beziehungen vage und unsicher sind und Teile der Persönlichkeit verloren zu sein scheinen, erscheint in solchen Augenblicken retrospektiv alles tot. Alles das ist das Äquivalent einer sehr ernsten Angst. Diese Angst, die durch Verteilung latent gehalten wird, wird immer zu einem gewissen Grade empfunden, aber ihre Form ist von der latenten Angst verschieden, die wir von Fällen eines anderen Typus her kennen.

Deutungen, die zur Heilung der Spaltung im Selbst einschließlich der Verteilung von Gefühlsregungen führen, machen es der Angst allmählich möglich, als solche erlebt zu werden, wenn wir auch für lange Zeit nur fähig sind, die Gedankeninhalte zusammenzubringen, ohne die Angstgefühle auszulösen.

Ich habe gefunden, daß Deutungen schizoider Zustände besondere Anforderungen an unsere Fähigkeit stellen, Deutungen in einer intellektuell klaren Form zu geben, in der die Verbindungen zwischen dem Bewußten, Vorbewußten und Unbewußten dargestellt sind. Das ist natürlich immer eines unserer Ziele, aber es ist von besonderer Wichtigkeit zu Zeiten, wenn die Emotionen des Patienten nicht zugänglich sind und wir uns anscheinend nur an seinen, wie sehr auch gebrochenen Intellekt wenden können.

Es ist möglich, daß die wenigen Richtlinien, die ich gegeben habe, sich zu einem gewissen Grade auch auf die Technik der Analyse schizophrener Patienten anwenden lassen.

Zusammenfassung

Ich werde nun einige Schlußfolgerungen, die ich in dieser Arbeit vorgetragen habe, zusammenfassen. Eine meiner Hauptthesen war die Hypothese, daß Angst in den ersten paar Lebensmonaten vorwiegend als Verfolgungsangst empfunden wird und daß das zu gewissen Mechanismen und Abwehrmaßnahmen beiträgt, die für die paranoid-schizoide Position bedeutsam sind. Unter diesen Abwehrmaßnahmen ragen die Spaltungsmechanismen innerer und äußerer Objekte, der Gefühlsregungen und des Ichs hervor. Diese Mechanismen und Abwehrmaßnahmen sind Teile der normalen Entwicklung und bilden gleichzeitig die Grundlage für eine spätere schizophrene Erkrankung. Ich beschrieb die Prozesse, die der Identifizierung durch Projektion zugrunde liegen, als eine Kombination von Abspaltung von Teilen des Selbst und deren Projektion auf eine andere Person, und ich beschrieb gewisse Wirkungen dieser Identifizierung auf normale und schizoide Objektbeziehungen. Der Beginn der depressiven Position ist der Kreuzungspunkt, in dem schizoide Mechanismen durch Regression verstärkt werden können. Ich erwähnte auch eine enge Verbindung zwischen den manisch-depressiven und schizoiden Störungen, die auf der gegenseitigen Beeinflussung zwischen der infantilen paranoid-schizoiden und der depressiven Position beruhen.

Anhang

Freuds Analyse des Falles Schreber [22] enthält eine Fülle von Material, das für meinen Gegenstand von großer Wichtigkeit ist, aus dem ich aber nur ein paar Schlüsse ziehen werde.

Schreber beschrieb deutlich die Spaltung der Seele seines Arztes Flechsig (seine geliebte und verfolgende Figur). Die ‹Flechsigsche Seele› führte zu einer Zeit das System der ‹Seelenteilungen› ein, Spaltungen in vierzig bis sechzig Unterabteilungen. Diese Seelen vervielfältigten sich, bis sie ‹lästig› wurden. Gott machte dann eine Razzia auf sie, infolge deren die Flechsigsche Seele nur in ein oder zwei Gestalten übrigblieb. Eine andere These, die Schreber erwähnt, ist, daß die Flechsigschen Seelenteile langsam ihre Intelligenz wie ihre Macht einbüßten.

Eine der Schlußfolgerungen, zu denen Freud in seiner Analyse dieses Falles gelangte, war, daß der Verfolger in Gott und Flechsig gespalten war und daß Gott und Flechsig den Vater und Bruder des Patienten darstellten. Indem er die verschiedenen Formen des Wahnes Schrebers vom Weltuntergang diskutierte, sagte Freud: «Jedenfalls war der Weltuntergang die Folge des zwischen ihm und Flechsig ausgebrochenen Konflikts oder, wie die Ätiologie in der zweiten Phase des Wahnes darstellte, seiner unlösbar gewordenen Verbindung mit Gott.» (a. a. O., S. 421.)

Ich würde im Einklang mit den Hypothesen, die ich in dieser Arbeit beschrieben habe, sagen, daß die Teilung der ‹Flechsig-Seele› in viele Seelen nicht nur eine Spaltung des Objektes, sondern auch eine Projektion von Schrebers Gefühlen war, daß sich sein Ich gespalten hatte. Ich werde hier nur die Verbindung solcher Spaltungsprozesse mit Introjektionsprozessen erwähnen. Man kann sich der Annahme nicht entziehen, daß Gott und Flechsig auch Teile des Schreber-Selbst darstellten. Der Konflikt zwischen Gott und Flechsig, dem Freud eine wichtige Rolle in dem Weltuntergangswahn zuschreibt,

---

22 Psychoanalytische Bemerkungen über einen autobiographisch beschriebenen Fall von Paranoia (Dementia paranoides). Ges. Schr. VIII, S. 355/435.

fand Ausdruck in der Razzia Gottes auf die Flechsig-Seelen. Meiner Anschauung nach stellt diese Razzia die Vernichtung aller anderen Teile durch einen Teil des Selbst dar, was, wie ich glaube, ein schizoider Mechanismus ist. Die Ängste und Phantasien über innere Zerstörung und Ich-Desintegration, die mit diesem Mechanismus verknüpft sind, werden auf die äußere Welt projiziert und liegen dem Untergangswahn zugrunde.

Bezüglich der Prozesse, die der paranoischen ‹Weltkatastrophe› zugrunde liegen, kam FREUD zu folgender Schlußfolgerung: «Der Kranke hat den Personen seiner Umgebung und der Außenwelt überhaupt die Libidobesetzung entzogen, die ihnen bisher zugewendet war; damit ist alles für ihn gleichgültig und beziehungslos geworden und muß durch eine sekundäre Rationalisierung als ‹hingewundert, flüchtig hingemacht› erklärt werden. Der Weltuntergang ist die Projektion dieser innerlichen Katastrophe; seine subjektive Welt ist untergegangen, seitdem er ihr seine Liebe entzogen hat» (a. a. O., S. 422). Diese Erklärung beschäftigt sich speziell mit der Störung der Objektlibido und mit dem sich daraus ergebenden Zusammenbruch der Beziehung zu Menschen und zur äußeren Welt. Aber ein wenig später betrachtete FREUD einen anderen Aspekt dieser Störungen. Er sagte: «Die Möglichkeit von Rückwirkungen der Libidostörungen auf die Ichbesetzungen wird man sowenig von der Hand weisen dürfen, *wie die Umkehrung davon, die sekundäre oder induzierte Störung der Libidovorgänge durch abnorme Veränderungen im Ich. Ja, es ist wahrscheinlich, daß Vorgänge dieser Art den unterscheidenden Charakter der Psychose ausmachen.*» (Hervorhebung durch mich; – a. a. O. S. 427.) Es ist besonders die Möglichkeit, die die zwei letzten Sätze ausdrücken, welche die Verbindung zwischen FREUDS Erklärung des ‹Weltuntergangs› mit meiner Hypothese darstellt. ‹Abnorme Veränderungen im Ich›, wie ich in diesem Kapitel auseinandergesetzt habe, kommen von überstarken Spaltungsprozessen im frühen Ich. Diese Vorgänge sind unentwirrbar mit Triebentwicklung und mit Ängsten, die sich aus Triebwünschen ergeben, verknüpft. Im Lichte von FREUDS späterer Theorie vom Lebens- und Todestrieb, die den Begriff der Ich- und Sexualtriebe ersetzte, setzen Störungen in der Libidoverteilung eine Entmischung zwischen Zerstörungstrieb und Libido voraus. Der Mechanismus, mit dem ein Teil des Ichs die anderen vernichtet, liegt der Weltkatastrophenphantasie (die Razzia durch Gott auf die Flechsigschen Seelen) zugrunde und schließt eine Vorherrschaft des Zerstörungstriebes über die Libido ein. Jede Störung in der narzißtischen Libidoverteilung ist wiederum mit der Beziehung zu introjizierten Objekten verbunden, die (nach meinen Untersuchungen) von Anbeginn an Teil des Ichs bilden. Das gegenseitige Aufeinanderwirken von narzißtischer und Objekt-Libido entspricht somit dem Aufeinanderwirken zwischen der Beziehung von introjizierten und äußeren Objekten. Wenn das Ich und die inneren Objekte in Stücken empfunden werden, wird vom Säugling eine innere Katastrophe erlebt, die sich sowohl auf die äußere Welt ausdehnt als auch auf sie projiziert wird. Solche Angstzustände, die sich auf eine innere Katastrophe beziehen, entstehen im Einklang mit der

Hypothese, die ich in dieser Arbeit diskutiert habe, in der Periode der infantilen paranoid-schizoiden Position und bilden die Grundlage für spätere Schizophrenie. Nach FREUDS Ansicht wird die disponierende Fixierung zur Dementia praecox in einer sehr frühen Entwicklungsphase gefunden. Auf Dementia praecox hinweisend, die FREUD von Paranoia unterschied, sagte er: «Die disponierende Fixierung muß also weiter zurückliegen als die der Paranoia, im Beginn der Entwicklung, die von Autoerotismus zur Objektliebe strebt, enthalten sein» (a. a. O., S. 429).

Ich möchte noch eine andere Schlußfolgerung aus FREUDS Analyse des Schreber-Falles ziehen. Ich glaube, daß die Razzia, die darin endete, daß die Flechsigschen Seelen bis auf eine oder zwei reduziert wurden, Teil eines Genesungsversuchs war. Denn die Razzia sollte die Spaltung im Ich ungeschehen machen, man möchte sagen, sie heilen, durch Vernichtung der abgespaltenen Teile des Ichs. Als Folge waren nur ein oder zwei der Seelen übriggeblieben, die, wie wir annehmen können, die Bedeutung hatten, ihre Intelligenz und ihre Macht wiederzugewinnen. Dieser Genesungsversuch war indessen mit sehr destruktiven Mitteln durchgeführt worden, die das Ich gegen sich und seine introjizierten Objekte anwandte.

FREUDS Versuch, an die Probleme der Schizophrenie und Paranoia heranzutreten, erwies sich von fundamentaler Wichtigkeit. Seine Schreber-Arbeit (und hier müssen wir auch ABRAHAMS Arbeit, die FREUD zitiert, erwähnen) eröffnete die Möglichkeit, Psychose und die ihr zugrunde liegenden Vorgänge zu verstehen.

ZUR THEORIE VON ANGST UND SCHULDGEFÜHL

Meine Anschauungen über Angst und Schuldgefühl haben sich über eine Anzahl von Jahren hin allmählich entwickelt; es mag zweckmäßig sein, die Schritte zu verfolgen, auf denen ich zu ihnen gelangte.

I

In bezug auf den Ursprung von Angst stellte FREUD anfänglich die Hypothese auf, daß Angst aus einer direkten Libidoverwandlung entsteht. In ‹Hemmung, Symptom und Angst› besprach er seine verschiedenen Theorien vom Ursprung der Angst. Wie er es ausdrückte: «Wir wollen unparteiisch alles zusammentragen, was wir von der Angst aussagen können, und dabei auf die Erwartung einer neuen Synthese verzichten.» (Ges. Schr. XI, S. 72.) Er wiederholt die These, daß Angst aus Umwandlung von Libido entsteht, aber er scheint diesem ‹ökonomischen› Aspekt der Angstentwicklung jetzt geringere Bedeutung zuzuschreiben. Er qualifiziert diese Anschauung wie folgt: «Wir hoffen, den Sachverhalt zu klären, wenn wir die bestimmte Aussage machen, der im Es beabsichtigte Erregungsablauf komme infolge der Verdrängung überhaupt nicht zustande, es gelinge dem Ich, ihn zu inhibieren oder abzulenken. Dann entfällt das Rätsel der ‹Affektverwandlung› bei der Verdrängung» (Ges. Schr. XI, S. 28/29). Und weiter unten: «Das Problem, wie bei der Verdrängung Angst entsteht, mag kein einfaches sein; immerhin hat man das Recht, an der Idee festzuhalten, daß das Ich die eigentliche Angststätte ist, und die frühere Auffassung zurückzuweisen, die Besetzungsenergie der verdrängten Regung werde automatisch in Angst verwandelt» (Ges. Schr. XI, S. 30).

In bezug auf die Angstäußerungen bei kleinen Kindern sagt FREUD, daß Angst durch «das Vermissen der geliebten (ersehnten) Person» (Ges. Schr. XI, S. 77) im Kinde erweckt wird. Im Hinblick auf die grundlegende Angst bei Mädchen beschrieb er die infantile Angst vor dem Liebesverlust mit Worten, die zu einem gewissen Grade sich auf Kinder beider Geschlechter anwenden lassen: «Wenn die Mutter abwesend ist oder dem Kinde ihre Liebe entzogen hat, ist es ja der Befriedigung seiner Bedürfnisse nicht mehr sicher, möglicherweise den peinlichsten Spannungsgefühlen ausgesetzt.»[1]

In der ‹Neuen Folge der Vorlesungen› sagte FREUD, als er auf die Theorie, daß unbefriedigte Libido sich direkt in Angst verwandle, hinwies, daß «diese Auffassung eine Unterstützung in gewissen ganz regelmäßigen Phobien der kleinen Kinder fand ... Die Kinderphobien und die Angsterwartung der Angstneurose geben uns zwei Beispiele für die eine Art, wie neurotische Angst

---

1 Neue Folge der Vorlesungen zur Einführung in die Psychoanalyse. Vorlesung XXXII, Ges. Schr. XII, S. 242.

entsteht: durch direkte Umwandlung der Libido.»[2]

Zwei Schlußfolgerungen, zu denen ich später zurückkehren werde, können aus dieser und ähnlichen Stellen gezogen werden. a) Bei kleinen Kindern ist es die unbefriedigte libidinöse Erregung, die sich in Angst verwandelt; b) Der früheste Angstinhalt im Säugling ist das Ergebnis der Gefahr, daß seine Bedürfnisse nicht befriedigt werden könnten, weil die Mutter ‹abwesend› ist.

II

Im Hinblick auf das Schuldgefühl war FREUD der Meinung, daß es seinen Ursprung im Ödipuskomplex hat und als Folge davon entsteht. Es gibt Stellen, in denen FREUD deutlich auf Konflikt und Schuldgefühl, die in einer viel früheren Lebensphase entstehen, hinweist. Er schrieb: «... Das Schuldgefühl ist der Ausdruck des Ambivalenzkonflikts, des *ewigen Kampfes zwischen dem Eros und dem Destruktions- oder Todestrieb.*»[3] Außerdem: «... als Folge des *mitgeborenen Ambivalenzkonflikts*, als Folge des ewigen Haders zwischen Liebe und Todesstreben, die Steigerung des Schuldgefühls ...» (Hervorhebungen von mir.)[4]

Als er die Anschauung besprach, die von einigen Autoren vertreten wird, daß Versagung Schuldgefühl erhöht, sagte er: «Wie soll man es denn dynamisch und ökonomisch erklären, daß an Stelle eines nicht erfüllten erotischen Anspruchs eine Steigerung des Schuldgefühls auftritt? Das scheint doch nur auf dem Umwege möglich, daß die Verhinderung der erotischen Befriedigung ein Stück Aggressionsneigung gegen die Person hervorruft, welche die Befriedigung stört, und daß diese Aggression selbst wieder unterdrückt werden muß. *Dann aber ist es doch nur die Aggression, die sich in Schuldgefühl umwandelt*, indem sie unterdrückt und dem Über-Ich zugeschoben wird. Ich bin überzeugt, wir werden viele Vorgänge einfacher und durchsichtiger darstellen können, wenn wir den Fund der Psychoanalyse zur Ableitung des Schuldgefühls auf die aggressiven Triebe einschränken.» (Hervorhebung von mir.)[5]

Hier steht unzweifelhaft fest, daß das Schuldgefühl von Aggression stammt, und dies, zusammen mit den eben zitierten Sätzen (‹angeborener Ambivalenzkonflikt›), würde darauf hindeuten, daß Schuld in einer sehr frü-

---

2 a. a. O., S. 237.

3 Das Unbehagen in der Kultur (1929). Ges. Schr. XII, S. 100.

4 a. a. O., S. 101.

5 a. a. O., Ges. Schr. XII, S. 106. In demselben Buch (S. 97) akzeptierte FREUD meine Hypothese, die ich in meinen Arbeiten über die ‹Frühstadien des Ödipuskomplexes› (Int. Zschr. f. Psa. XIV, 1928) und ‹Die Bedeutung der Symbolbildung für die Ich-Entwicklung› (oben S. 29 ff) vertrat, daß die Strenge des Über-Ichs zu einem gewissen Grade von der Aggression des Kindes abhängt, die auf das Über-Ich projiziert wird.

hen Entwicklungsphase entsteht. Wenn wir aber FREUDS Anschauung als ein Ganzes nehmen, wie er sie wieder in der ‹Neuen Folge der Vorlesungen zur Einführung in die Psychoanalyse› zusammenfaßt, so ist es klar, daß er an der Hypothese, daß das Schuldgefühl als eine Folge des Ödipuskomplexes einsetzt, festhält.

ABRAHAM hat, besonders in seiner Studie über die Libido-Organisation [6], auf die frühesten Entwicklungsphasen Licht geworfen. Er sagte: «Im Stadium des Narzißmus mit kannibalischem Sexualtrieb tritt als erste nachweisbare Triebhemmung die Angst auf. Die Überwindung des Kannibalismus ist eng verknüpft mit der Entstehung von Schuldgefühlen. Sie treten als typische Hemmungserscheinungen auf der dritten Stufe (frühere anal-sadistische Stufe) hervor.» [7]

Somit leistet ABRAHAM einen bedeutsamen Beitrag zu unserem Verständnis des Ursprungs von Angst und Schuldgefühl, da er der erste war, der auf den Zusammenhang von Angst und Schuldgefühl mit kannibalischen Wünschen hinwies. Er verglich seine kurze Übersicht der psycho-sexuellen Entwicklung mit dem «Fahrplan eines Schnellzuges . . ., in welchem nur große Stationen verzeichnet sind». Er sagte, das, «was zwischen diesen gelegen ist, muß in einer derartigen Übersicht unberücksichtigt bleiben». [8]

III

Meine eigenen Untersuchungen bestätigten nicht nur ABRAHAMS Entdeckungen über Angst und Schuldgefühl und zeigten ihre Bedeutung, sondern sie entwickelten sich auch durch die Entdeckung neuer Tatsachen bei der Analyse von kleinen Kindern weiter.

Als ich infantile Angstsituationen analysierte, erkannte ich die fundamentale Bedeutung sadistischer Regungen und Phantasien aus allen Quellen, die in den frühesten Entwicklungsstadien am stärksten sind. Ich erkannte auch allmählich, daß die frühen Prozesse von Introjektion und Projektion dazu führen, daß sich innerhalb des Ichs neben außerordentlich ‹guten› Objekten außerordentlich schreckenerregende und verfolgende Objekte bilden. Diese Figuren werden im Lichte der aggressiven Regungen und Phantasien des Kindes verständlich, d. h., das Kind projiziert seine eigene Aggression auf die inneren Figuren, die einen Teil seines frühen Über-Ichs bilden. Zu der Angst, die sich hiervon ableitet, gesellt sich das Schuldgefühl, das von den aggressiven Regungen des Kindes gegen seine ersten geliebten, äußeren wie inneren

---

6 Versuch einer Entwicklungsgeschichte der Libido. (Neue Arbeiten zur ärztlichen Psychoanalyse, Nr. II.) Wien 1924. Seine Entdeckungen auf dem Gebiet der infantilen Sexualität brachten einen neuen Zugang zu dem Ursprung von Angst und Schuld.

7 a.a.O., S. 91.

8 a.a.O., S. 90.

Objekte stammt.[9]

In einer späteren Arbeit [10] führte ich einen extremen Fall an, um die pathologische Wirkung der Angst, die in Kindern von ihren destruktiven Impulsen erweckt wird, zu illustrieren, und schloß, daß bei normaler wie bei abnormaler Entwicklung die frühesten Abwehrmaßnahmen des Ichs gegen die Angst gerichtet sind, die durch aggressive Regungen und Phantasien erweckt wird.[11]

Einige Jahre später wurde ich, in dem Versuch, infantile sadistische Phantasien und ihren Ursprung besser zu verstehen, dazu gebracht, FREUDS Hypothese vom Kampf zwischen Lebens- und Todestrieb auf das klinische Material anzuwenden, das ich aus der Analyse von kleinen Kindern gewonnen hatte. Wir erinnern uns an FREUDS Feststellung: «Die gefährlichen Todestriebe werden im Individuum auf verschiedene Weisen behandelt, teils durch Mischung mit erotischen Komponenten unschädlich gemacht, teils als Aggression nach außen abgelenkt; zum großen Teil setzen sie gewiß unbehindert ihre innere Arbeit fort.»[12]

Indem ich diesem Gedankengang folgte, stellte ich die Hypothese auf, daß Angst durch die Gefahr, die dem Organismus durch den Todestrieb droht, ausgelöst wird; ich erkannte hierin die Urquelle der Angst. FREUDS Beschreibung des Kampfes zwischen Lebens- und Todestrieb, der zu der Ablenkung eines Teils des Todestriebes nach außen und zur Mischung der beiden Triebe führt,[13] scheint auf die Schlußfolgerung hinzuweisen, daß Angst ihren Ursprung in der Todesfurcht hat.

In der Arbeit über Masochismus [14] kam FREUD zu grundlegenden Schlußfolgerungen und wandte sie auf die Beziehung von Masochismus und Todestrieb an; er betrachtete unter diesem Aspekt die verschiedenen Ängste, die entstehen, wenn der Todestrieb nach innen gerichtet ist.[15] Unter diesen Ängsten erwähnt er indessen nicht die Todesangst.

FREUD diskutierte in ‹Hemmung, Symptom und Angst› seine Gründe, warum er die Todesangst (oder die Furcht um das Leben) nicht als eine primäre Angst betrachte. Er gründete seine Anschauung auf die Beobachtung, daß «im Unbewußten eben nichts vorhanden ist, was unserem Begriff der Lebensver-

---

9 Vgl. meine Arbeit ‹Frühstadien des Ödipuskomplexes›, a. a. O.

10 Die Bedeutung der Symbolbildung für die Ich-Entwicklung, oben S. 29 ff.

11 Ich habe mich mit diesem Problem in meinem Buch ‹Die Psychoanalyse des Kindes›, Kap. 8 und 9, eingehender und von verschiedenen Gesichtspunkten aus beschäftigt.

12 Das Ich und das Es. Ges. Schr. VI, S. 400.

13 a. a. O.

14 Das ökonomische Problem des Masochismus. In dieser Arbeit wendet FREUD zum ersten Male die neue Klassifikation der Triebe auf klinische Probleme an. «So wird der moralische Masochismus zum klassischen Zeugen für die Existenz der Triebverminderung.» (Ges. Schr. V, S. 386.)

15 a. a. O., S. 380.

nichtung Inhalt geben kann». Er wies auch darauf hin, daß nichts dem Tode Ähnliches, außer der Ohnmacht, jemals erlebt werden kann, und schloß, «daß die Todesangst als Analogon der Kastrationsangst aufzufassen ist» (Ges. Schr. XI, S. 70).

Ich teile diese Anschauung nicht, weil meine analytischen Erfahrungen zeigen, daß im Unbewußten eine Vernichtungsangst besteht. Ich würde auch denken, daß wir, wenn wir die Existenz eines Todestriebes annehmen, auch annehmen müssen, daß in den tiefsten Schichten der Seele eine Reaktion auf diesen Instinkt in der Form der Angst vor Vernichtung des Lebens besteht. Somit ist meiner Anschauung nach die Gefahr, die aus dem inneren Wirken des Todestriebes entsteht, die erste Ursache der Angst.[16] Da der Kampf zwischen Lebens- und Todestrieb das ganze Leben hindurch besteht, ist diese Quelle niemals ausgeschlossen und geht als ein dauernder Faktor in alle Angstsituationen ein.

Meine Behauptung, daß Angst in der Vernichtungsangst ihren Ursprung hat, wurde auf Grund der in der Analyse kleiner Kinder gesammelten Erfahrung aufgestellt. Wenn in solchen Analysen die frühesten Angstsituationen des Kindes wiederbelebt und wiederholt werden, kann die Kraft, die einem letzten Endes gegen das Selbst gerichteten Triebe innewohnt, in solcher Stärke erkannt werden, daß seine Existenz wohl über jeden Zweifel erhaben ist. Das steht fest, selbst wenn wir den Anteil innerer und äußerer Versagung an der Entwicklung der destruktiven Triebe in Betracht ziehen. Hier ist nicht der Ort, ins einzelne gehende Beweise zur Unterstützung meines Argumentes anzuführen, aber ich werde als Illustration ein Beispiel aus meiner ‹Psychoanalyse des Kindes› geben (S. 137, Anm. 19):

«Ein fünfjähriger Knabe verwendete in seinen Phantasien gegen gefährliche Feinde wilde Tiere verschiedener Art (Elefanten, Leoparden, Hyänen, Wölfe), denen besondere Rollen zugeteilt waren. Die Elefanten hatten die Feinde zu zerstampfen, die Leoparden sie zu zerreißen, die Hyänen und Wölfe sie zu fressen. Die Vorstellung, daß die in seinen Diensten stehenden wilden Tiere sich gegen ihn selbst wenden könnten, löste bei dem Knaben schwerste Angst aus.» Diese Angst drückte aus, daß er sich von seiner eigenen Zerstörungswut (sowie von seinen inneren Verfolgern) bedroht fühlte.

Wie ich mit diesem Beispiel gezeigt habe, lehrt uns die Analyse von Ängsten bei kleinen Kindern viel über die Formen, unter denen die Todesangst im Unbewußten existiert, d. h. über den Anteil, den diese Angst in den verschiedenen Angstsituationen hat. Ich habe bereits FREUDS Arbeit über ‹Das ökonomische Problem des Masochismus› erwähnt, die sich auf seine neue Entdeckung des Todestriebes stützt. Ich wähle die erste Angstsituation, die er aufzählt: ‹die Angst, vom Totemtier (Vater) gefressen zu werden.›[17] Das ist mei-

---

16 Siehe oben S. 99. 1946 kam ich zu dem Schluß, daß diese primäre Angstsituation einen wichtigen Anteil an der schizophrenen Erkrankung hat.

17 a. a. O., Ges. Schr. V, S. 380.

ner Ansicht nach ein unverhüllter Ausdruck der Angst vor der vollständigen Vernichtung des Selbst. Die Angst, vom Vater gefressen zu werden, stammt von der Projektion der Triebe des Kindes, seine Objekte aufzufressen. Auf diesem Wege wird die mütterliche Brust (und die Mutter selber) in der Vorstellung des Kindes ein fressendes Objekt,[18] und diese Ängste schließen bald den väterlichen Penis und den Vater ein. Da Auffressen von Anfang an die Verinnerlichung des aufgefressenen Objektes einschließt, empfindet das Kind zur selben Zeit, daß das Ich das aufgefressene und fressende Objekt enthält. Somit wird das Über-Ich auf der Basis der fressenden Brust (Mutter), zu der dann der fressende Penis (Vater) hinzukommt, aufgebaut. Diese grausamen und gefährlichen inneren Figuren werden die Vertreter des Todestriebes. Gleichzeitig wird der andere Aspekt des frühen Über-Ichs zuerst durch die verinnerlichte gute Brust (wozu der gute Penis des Vaters hinzukommt) gebildet, die als ein nährendes und hilfreiches inneres Objekt und als Vertreter des Lebenstriebes empfunden wird. Die Angst vor Vernichtung schließt die Angst ein, daß die innere gute Brust zerstört wird, denn dieses Objekt wird als unentbehrlich zur Erhaltung des Lebens empfunden. Die Bedrohung des Selbst durch den im Innern wirkenden Todestrieb ist mit den Gefahren verknüpft, die von der inneren verschlingenden Mutter und dem verschlingenden Vater ausgehen und die der Todesangst gleichkommen.

Dieser Auffassung nach ist die Todesangst von Anfang an ein Abkömmling der Furcht vor dem Über-Ich und nicht, wie FREUD bemerkte, eine ‹letzte Wandlung› der Angst vor dem Über-Ich.[19]

Wenn wir uns einer anderen Angstsituation, die FREUD in seiner Arbeit über Masochismus erwähnt, zuwenden, so ist zu sagen, daß die Todesangst in die Kastrationsangst hineinkommt und sie verstärkt, aber nicht mit ihr ‹analog› ist.[20] Da das Genitale nicht nur die Quelle der höchsten libidinalen Befriedigung, sondern auch der Vertreter des Eros ist, und da Vermehrung das wesentliche Mittel ist, um dem Tode entgegenzuarbeiten, würde der Verlust der Genitalien das Ende der Schöpfungskraft, die Leben erhält und fortpflanzt, bedeuten.

18   SUSAN ISAACS hat Beispiele dafür in Kap. 3 ‹Developments in Psycho-Analysis› ihrer Arbeit ‹The Nature and Function of Phantasy› gegeben: ein Knabe, der sagte, er sei von der Brust seiner Mutter gebissen worden, und ein Mädchen, das glaubte, von dem Schuh ihrer Mutter aufgegessen zu werden.

19   Hemmung, Symptom und Angst. Ges. Schr. XI, S. 80.

20   Vgl. meine Arbeit ‹The Oedipus Complex in the Light of Early Anxieties›, in der eine ins einzelne gehende Diskussion der Quellen der Angst, die mit der Kastrationsangst ineinanderwirken, enthalten ist.

Wenn wir versuchen, uns die primäre Angst in konkreter Form als Angst vor Vernichtung vor Augen zu führen, müssen wir uns an die Hilflosigkeit des Säuglings inneren und äußeren Gefahren gegenüber erinnern. Ich glaube, daß die primäre Gefahrensituation, die der Aktivität des Todestriebs im Inneren entspringt, von ihm als ein überwältigender Angriff, als Verfolgung empfunden wird. In diesem Zusammenhang wollen wir zuerst einige der Vorgänge betrachten, die sich von der Ablenkung des Todestriebs nach außen und den Wegen, auf denen diese Vorgänge Ängste bezüglich äußerer und innerer Situation beeinflussen, ableiten lassen. Wir können annehmen, daß der Kampf zwischen Lebens- und Todestrieb bereits während der Geburt stattfindet und die durch diese schmerzhafte Erfahrung ausgelöste Verfolgungsangst verstärkt. Anscheinend hat dieses Erlebnis zur Folge, daß die äußere Welt, einschließlich des ersten äußeren Objekts, der mütterlichen Brust, feindselig erscheint. Dazu trägt auch die Tatsache bei, daß das Ich destruktive Regungen auf dieses primäre Objekt richtet. Der Säugling fühlt, daß die Versagung durch die Brust, was tatsächlich eine Lebensgefahr für ihn bedeutet, die Vergeltung für die Zerstörungsregungen gegen sie darstellt: die versagende Brust verfolgt ihn. Außerdem projiziert er seine Zerstörungstriebe auf die Brust, d. h., er lenkt den Todestrieb nach außen ab; auf diese Weise wird die angegriffene Brust der äußere Vertreter des Todestriebs.[21]

Die ‹böse› Brust wird auch introjiziert, was, wie wir annehmen können, die innere Gefahrensituation, d. h. die Angst vor der Aktivität des Todestriebes im Innern verstärkt. Denn durch die Verinnerlichung der ‹bösen› Brust wird der Teil des Todestriebs, der nach außen abgelenkt worden ist, mit allen damit verbundenen Gefahren wieder nach innen gerichtet, und das Ich heftet seine Furcht vor seinen eigenen destruktiven Regungen an das innere böse Objekt. Diese Vorgänge können sehr gut gleichzeitig ablaufen, und meine Beschreibung soll deshalb nicht als die eines chronologisch verlaufenden Ereignisses angesehen werden. Um noch einmal zusammenzufassen: Die versagende (böse) äußere Brust wird dank der Projektion der äußere Vertreter des Todestriebs; durch die Introjektion wird die innere Gefahrensituation verstärkt; das führt zu einem vergrößerten Wunsche des Ichs, innere Gefahren (vor allem die Aktivität des Todestriebes) auf die äußere Welt abzulenken (projizieren). Es besteht deswegen ein dauernder Wechsel zwischen der Furcht vor inneren und äußeren (bösen) Objekten und zwischen dem Todestrieb, der im Innern wirkt

---

21 In meiner ‹Psychoanalyse des Kindes› (S. 133 ff) habe ich angeführt, daß die frühesten Nährschwierigkeiten von Kindern ein Ausdruck von Verfolgungsängsten sind. (Ich wies auf Nährschwierigkeiten hin, die auftreten, selbst wenn die Brust reichlich Milch hat und keine äußeren Faktoren eine zufriedenstellende Nährsituation verhindern.) Ich schloß, daß diese Verfolgungsängste zu einer weitreichenden Hemmung libidinaler Wünsche führen, wenn sie exzessiv sind. Vgl. unten S. 142 f.

und nach außen abgelenkt ist. Hier sehen wir einen wichtigen Aspekt der Aufeinanderwirkung von Projektion und Introjektion (die von Anbeginn des Lebens besteht). Äußere Gefahren werden im Lichte innerer Gefahren erlebt und deshalb verstärkt; andererseits verstärkt jede Gefahr, die von außen droht, die immerwährende innere Gefahrensituation. Diese Aufeinanderwirkung besteht in gewissem Maße das ganze Leben hindurch. Die Tatsache, daß der Kampf bis zu einem gewissen Grade nach außen verlegt worden ist, verringert die Angst. Die Nachaußenverlegung innerer Gefahrensituationen ist eine der frühesten Abwehrmethoden des Ichs gegen Angst, und sie bleibt grundlegend für die ganze Entwicklung.

Die Tätigkeit des nach außen abgelenkten Todestriebes sowie des im Innern wirkenden kann nicht unabhängig von der gleichzeitigen Aktivität des Lebenstriebes betrachtet werden. In enger Verbindung mit der Ablenkung des Todestriebes nach außen heftet sich der Lebenstrieb — mit Hilfe der Libido — an das äußere Objekt, die befriedigende (gute) Brust, die der äußere Vertreter des Lebenstriebes wird. Die Introjektion dieses guten Objektes verstärkt die Kraft des Lebenstriebes im Innern. Die gute verinnerlichte Brust, die als Quelle des Lebens empfunden wird, bildet einen lebenswichtigen Teil des Ichs, und seine Bewahrung wird ein dringendes Bedürfnis. Die Introjektion dieses ersten geliebten Objekts ist deshalb unlöslich mit all den durch den Lebenstrieb ausgelösten Vorgängen verknüpft. Die gute innere Brust und die böse fressende Brust bilden den Kern des Ichs in seinen guten und bösen Aspekten; sie sind die Vertreter des Kampfes zwischen Lebens- und Todestrieb im Innern des Ichs.

Das zweite wichtige Teilobjekt, das introjiziert wird, ist der väterliche Penis, welchem gute sowohl als auch böse Qualitäten zugeschrieben werden. Diese beiden gefährlichen Objekte — die böse Brust und der böse Penis — sind die Prototypen innerer und äußerer Verfolger. Schmerzhafte Erlebnisse, Versagungen aus inneren und äußeren Quellen, die als Verfolgung empfunden werden, werden in erster Linie äußerer und innerer Verfolgung der Objekte zugeschrieben. Bei all diesen Erlebnissen verstärken sich Verfolgungsangst und Aggression gegenseitig. Denn während die aggressiven Regungen des Kindes durch Projektion eine wichtige Rolle bei dem Aufbau verfolgender Figuren spielen, verstärken diese Figuren seine Verfolgungsangst und verstärken damit wiederum seine aggressiven Wünsche und Regungen gegen äußere und innere Objekte, die als gefährlich empfunden werden.

Paranoide Störungen beim Erwachsenen ergeben sich meiner Ansicht nach aus Verfolgungsangst, die in den ersten Lebensmonaten erlebt wird. Beim paranoiden Patienten ist das Wesentliche seiner Verfolgungsängste das Gefühl, daß es eine feindselige Instanz gibt, die darauf besteht, ihm Leiden und Schaden zuzufügen und ihn schließlich zu vernichten. Diese verfolgende Instanz kann durch einen oder viele Menschen — oder selbst durch Naturgewalten — dargestellt werden. Es gibt unzählige und in jedem Falle spezifische Formen, die der gefürchtete Angriff annehmen kann; aber die Wurzel der Verfolgungsangst im Paranoiker ist, wie ich glaube, die Furcht vor der Vernichtung des Ichs – letzten Endes durch den Todestrieb.

V

Ich werde nun die Beziehung zwischen Schuldgefühl und Angst mehr im einzelnen erörtern und mich in diesem Zusammenhang zuerst mit einigen Anschauungen von FREUD und ABRAHAM über Angst und Schuldgefühl beschäftigen. FREUD befaßte sich mit dem Problem des Schuldgefühls von zwei Hauptgesichtspunkten aus. Auf der einen Seite ließ er keinen Zweifel darüber bestehen, daß Schuldgefühl und Angst eng miteinander verbunden sind. Andererseits kam er zu dem Schlusse, daß der Ausdruck ‹Schuldgefühl› nur auf Gewissensphänomene anwendbar ist, die das Resultat der Über-Ich-Entwicklung darstellen. Dieses Über-Ich tritt, wie wir wissen, als eine Folge des Ödipuskomplexes in Erscheinung. Deshalb sind nach seiner Anschauung die Ausdrücke ‹Schuldgefühl› und ‹Gewissen› auf Kinder unter vier bis fünf Jahren noch nicht anwendbar, und die Angst ist in den ersten paar Jahren vom Schuldgefühl noch deutlich zu unterscheiden.[22]

Nach ABRAHAM [23] entsteht Schuldgefühl bei der Überwindung kannibalischer – d. h. aggressiver – Regungen auf der frühen anal-sadistischen Stufe (also in einem viel früheren Alter, als FREUD annahm); eine Unterscheidung von Angst und Schuldgefühl zog er nicht in Betracht. FERENCZI, der sich auch nicht mit der Unterscheidung von Angst und Schuldgefühl beschäftigt, erwähnt, daß etwas in der Art von Schuldgefühl auf der analen Stufe entsteht. Er schloß daraus, daß es etwas wie einen physiologischen Vorläufer des Über-Ichs gibt, den er ‹Sphinktermoral› nennt.[24]

---

22 Ein bedeutungsvoller Hinweis auf die Beziehung zwischen Angst und Schuldgefühl ist in der folgenden Stelle enthalten: «Vielleicht ist hier die Bemerkung willkommen, daß das Schuldgefühl im Grunde nichts anderes ist als eine topische Abart der Angst.» (Unbehagen in der Kultur. Ges. Schr. XII, S. 103.) Auf der anderen Seite unterscheidet FREUD zwischen Angst und Schuldgefühl. Als er die Entwicklung des Schuldgefühls diskutierte, sprach er über den Gebrauch des Ausdrucks ‹Schuldgefühl› als eine der frühen Manifestationen des schlechten Gewissens: «Man heißt diesen Zustand ‹schlechtes Gewissen›, aber eigentlich verdient er diesen Namen nicht, denn auf dieser Stufe ist das Schuldbewußtsein offenbar nur Angst vor dem Liebesverlust, ‹soziale› Angst. Beim kleinen Kinde kann es niemals etwas anderes sein, aber auch bei vielen Erwachsenen ändert sich nicht mehr daran, als daß an Stelle des Vaters oder beider Eltern die größere menschliche Gemeinschaft tritt . . . Eine große Änderung tritt erst ein, wenn die Autorität durch die Aufrichtung eines Über-Ichs verinnerlicht wird. Damit werden die Gewissensphänomene auf eine neue Stufe gehoben, im Grunde sollte man erst jetzt von Gewissen und Schuldgefühl sprechen.» (a. a. O., Ges. Schr. XII, S. 92.)

23 Versuch einer Entwicklungsgeschichte der Libido.

24 FERENCZI, Zur Psychoanalyse von Sexualgewohnheiten. Int. Zschr. f. Psa. XI, 1925.

ERNEST JONES beschäftigt sich in einer Arbeit, die 1929 veröffentlicht wurde, mit der Aufeinanderwirkung von Haß, Angst und Schuldgefühl.[25] Er unterschied zwei Phasen in der Entwicklung des Schuldgefühls und schlug für das erste dieser Stadien den Ausdruck ‹vor-verbrecherisches› (*pre-nefarious*) Stadium des Schuldgefühls vor. Dieses verband er mit den sadistisch-prä-genitalen Stadien der Über-Ich-Entwicklung und behauptete, daß Schuldgefühl «immer und unvermeidlich mit dem Haßgefühl verbunden» ist. Das zweite Stadium ist «...das des vollentwickelten Schuldgefühls», dessen Aufgabe es ist, «das Individuum vor der Gefahr einer Strafe von außen zu bewahren».

In meiner Arbeit ‹Zur Psychogenese der manisch-depressiven Zustände›[26] unterschied ich zwei Formen von Angst – Verfolgungsangst und depressive Angst –, aber ich hob hervor, daß die Unterscheidung dieser beiden Arten von Angst keineswegs sehr scharf ist. Mit diesem Vorbehalt glaube ich, daß eine Unterscheidung von zwei Arten von Angst wertvoll ist, sowohl vom theoretischen wie vom praktischen Gesichtspunkt aus. Dabei kam ich zu dem Schluß, daß Verfolgungsangst sich hauptsächlich auf die Vernichtung des Ichs bezieht, während depressive Angst hauptsächlich mit der Beschädigung innerer und äußerer Objekte durch die destruktiven Regungen des Individuums zusammenhängt. Depressive Angst hat einen vielfältigen Inhalt wie: das gute Objekt leidet, oder es ist beschädigt, oder es ist in verkommenem Zustand; es verwandelt sich in ein böses Objekt; es ist vernichtet, verloren oder wird nie mehr dasein. Ich kam schließlich zu dem Schluß, daß depressive Angst eng mit Schuldgefühl und mit der Tendenz zur Wiedergutmachung verknüpft ist.

Als ich zuerst den Begriff der depressiven Position in der obenerwähnten Arbeit einführte, nahm ich an, daß depressive Angst und Schuldgefühl mit der Introjektion des ganzen Objekts entsteht. Seitdem haben mich meine Untersuchungen über die paranoid-schizoide Position,[27] die der depressiven Position vorangeht, gelehrt, daß trotz der destruktiven Regungen und der Verfolgungsangst, die in der ersten Phase vorherrschen, depressives Angst- und Schuldgefühl bereits in den frühesten Objektbeziehungen des Kindes, z. B. in seiner Beziehung zur mütterlichen Brust, eine gewisse Rolle spielen.* Im Verlauf der paranoid-schizoiden Position, d. h. während der ersten drei oder vier Lebensmonate, sind Spaltungsprozesse, welche die Spaltung des ersten Objekts (der Brust) sowie die Gefühle für sie einschließen, auf ihrem Höhepunkt. Haß und Verfolgungsangst heften sich an die versagende (böse) Brust, und Liebe und Beruhigung an die befriedigende (gute) Brust. Selbst in dieser Phase sind solche Spaltungsprozesse indessen nie vollkommen wirksam, denn vom Anbeginn des Lebens an neigt das Ich dazu, sich selbst zu integrieren und

---

25 Angst, Schuldgefühl und Haß. Int. Zschr. f. Psa. XVI, 1930.
26 Siehe oben S. 43 ff.
27 Siehe oben S. 99 ff.
* Anmerkung des Herausgebers: Vgl. hierzu oben S. 51 f und unten S. 146 f.

die verschiedenen Aspekte der Objekte zu synthetisieren. (Diese Tendenz kann als ein Ausdruck des Lebenstriebs angesehen werden.) Es scheint vorübergehende Integrationszustände selbst in sehr kleinen Kindern zu geben, die mit fortschreitender Entwicklung häufiger werden und länger anhalten. In diesen Zuständen ist die Spaltung zwischen guter und böser Brust weniger ausgesprochen.

In solchen Zuständen von Integration entsteht eine Art von Gleichgewicht zwischen Liebe und Haß in der Beziehung zu den Teilobjekten, die nach der Anschauung, die ich hier vertrete, depressive Angst, Schuldgefühl und den Wunsch nach Wiederherstellung des beschädigten geliebten Objekts – vor allem der guten Brust – erzeugt.[28] Das bedeutet, daß ich jetzt den Beginn der depressiven Angst mit der Beziehung zu Teilobjekten verbinde. Diese Änderung meiner Anschauung ist die Folge weiterer Untersuchungen über die frühesten Stadien des Ichs und einer tieferen Erkenntnis vom graduellen Charakter der kindlichen emotionellen Entwicklung. Aber darin, daß die Synthese von destruktiven Regungen und Liebesgefühlen für *ein* Objekt die Grundlage für depressive Angst ist, habe ich meine Anschauung nicht geändert.

Ich werde mich nunmehr mit der Frage beschäftigen, inwieweit diese Modifikation den Begriff der depressiven Position beeinflußt. Ich würde diese Position wie folgt beschreiben: In der Periode vom dritten zum sechsten Lebensmonat werden beträchtliche Fortschritte in der Ich-Integration gemacht. Wichtige Änderungen finden im Wesen der Objektbeziehungen des Kindes und seiner Introjektionsprozesse statt. Der Säugling erkennt und introjiziert die Mutter in steigendem Maße als eine ganze Person. Das schließt eine stärkere Identifikation und eine stabilere Beziehung zu ihr ein. Obgleich die Vorgänge sich noch hauptsächlich auf die Mutter konzentrieren, ist die Beziehung des Säuglings zum Vater (und anderen Menschen seiner Umgebung) ähnlichen Änderungen unterworfen, und der Vater wird in seiner Vorstellung als eine ganze Person erlebt. Zur selben Zeit nehmen die Spaltungsprozesse an Stärke ab und beziehen sich vorwiegend auf ganze Objekte, während sie in der früheren Phase hauptsächlich auf Teilobjekte bezogen waren.

Die gegensätzlichen Seiten des Objekts und die sich widersprechenden Gefühle, Regungen und Phantasien über das Objekt werden in der Vorstellung des Kindes näher aneinandergebracht. Verfolgungsangst bleibt bestehen und spielt in der depressiven Position eine Rolle, aber sie vermindert sich in Quantität, während depressive Angst das Übergewicht über Verfolgungsangst gewinnt. Da es sich um eine geliebte (innere und äußere) *Person* handelt, die als durch aggressive Regungen beschädigt empfunden wird, ist das Leiden des

---

28 Wir dürfen nicht vergessen, daß selbst während dieser Phase Gesicht und Hände der Mutter und ihre körperliche Anwesenheit immer mehr zu dem allmählichen Aufbau der Beziehung des Kindes zu ihr als einer Person hinzugezogen werden.

Kindes durch depressive Gefühle anhaltender als die kurz dauernden Erlebnisse der depressiven Angst und Schuldgefühle in der früheren Phase. Das stärker integrierte Ich steht nunmehr in steigendem Maße einer sehr schmerzhaften psychischen Realität – den Klagen und Anklagen einer inneren beschädigten Mutter und eines Vaters, die als ganze Objekte, d. h. Personen, erlebt werden – gegenüber und fühlt sich unter dem Druck des tieferen Leidens gezwungen, sich mit der schmerzhaften psychischen Realität auseinanderzusetzen. Das führt zu einem überwältigenden Drang, die geliebten Objekte zu bewahren, wiederherzustellen oder wiederzubeleben: der Tendenz zur Wiedergutmachung. Eine andere Methode, mit diesen Ängsten fertig zu werden – die wahrscheinlich gleichzeitig mit der soeben beschriebenen angewandt wird –, ist die manische Abwehr.[29]

Die Entwicklung, die ich beschrieben habe, schließt nicht nur wichtige qualitative und quantitative Veränderung bei den Liebesgefühlen, bei depressiver Angst und Schuldgefühl ein, sondern auch eine neue Kombination von Faktoren, die die ‹depressive Position› darstellt.

Es kann aus der soeben gegebenen Beschreibung ersehen werden, daß die Modifizierung meiner Anschauung über den früheren Beginn der depressiven Angst- und Schuldgefühle meinen Begriff der depressiven Position nicht irgendwie wesentlich verändert hat.

Hier ist es am Platze, den Prozeß näher zu betrachten, durch den depressive Angst, Schuldgefühl und der Drang nach Wiedergutmachung entstehen. Die Grundlage der depressiven Angst ist, wie ich auseinandergesetzt habe, der Vorgang, durch den das Ich destruktive Regungen und Liebesgefühle für ein Objekt synthetisiert. Das Gefühl, daß der dem geliebten Objekt zugefügte Schaden durch die aggressiven Regungen des Individuums verursacht worden ist, halte ich für das Wesentliche des Schuldgefühls. (Das Schuldgefühl des Säuglings kann sich auf jedes Übel, selbst auf die durch die verfolgenden Objekte verursachten Schäden, denen das geliebte Objekt ausgesetzt ist, erstrecken.) Der Drang, diesen Schaden ungeschehen zu machen oder zu reparieren, kommt von dem Gefühl, daß das Individuum ihn verursacht hat, d. h. aus Schuldgefühl. Die Wiedergutmachungstendenz kann deshalb als eine Folge des Schuldgefühls betrachtet werden.

Die Frage entsteht nun: Ist das Schuldgefühl ein Element der depressiven Angst? Sind beide vielleicht Seiten desselben Vorgangs, oder ist das eine die Folge oder eine Manifestation des anderen? Während ich keine definitive Antwort auf diese Frage geben kann, möchte ich feststellen, daß depressive Angst, Schuldgefühl und der Wiedergutmachungsdrang oft gleichzeitig erlebt werden.

Es scheint wahrscheinlich, daß depressive Angst, Schuldgefühl und die Wiedergutmachungstendenz nur dann erlebt werden, wenn Liebesgefühle für das Objekt die destruktiven Regungen überwiegen. Mit anderen Worten, wir können annehmen, wiederholte Erlebnisse, daß Liebe den Haß übertrifft – letzten Endes, daß der Lebenstrieb den Todestrieb übertrifft – sind eine wesentliche Bedingung für die Fähigkeit des Ichs, sich selber und die entgegengesetzten Aspekte des Objekts zu integrieren. In solchen Zuständen oder Momenten tritt die Beziehung zu der bösen Seite des Objekts, einschließlich der Verfolgungsangst, in den Hintergrund.

Während der ersten drei oder vier Lebensmonate indessen besteht ein Stadium, in dem (nach meiner gegenwärtigen Anschauung) depressive Angst und Schuldgefühl entstehen und Spaltungsprozesse und Verfolgungsangst ihren Höhepunkt erreicht haben. Deshalb stört Verfolgungsangst sehr schnell den Fortschritt in der Integration, und Erlebnisse von depressiver Angst, Schuldgefühl und Wiederherstellungswünschen können nur kurzdauernd sein. Als Folge davon kann das geliebte beschädigte Objekt sich sehr schnell in einen Verfolger verwandeln, und der Drang, das geliebte Objekt wiederherzustellen und wiederzubeleben, kann sich in das Bedürfnis, einen Verfolger zu beruhigen und zu versöhnen, verwandeln. Aber selbst in der nächsten Phase, der depressiven Position, in der das stärker integrierte Ich die ganze Person introjiziert und in steigendem Maße in sich aufbaut, bleibt Verfolgungsangst bestehen. In dieser Periode erlebt das Kleinkind, wie ich beschrieben habe, nicht nur Kummer, Depression und Schuldgefühl, sondern auch Verfolgungsangst vor der bösen Seite des Über-Ichs, und Abwehrmechanismen werden nicht nur gegen Verfolgungsangst, sondern auch gegen depressive Angst entwickelt.

Ich habe wiederholt dargelegt, daß die Unterscheidung von depressiver und von Verfolgungsangst nur in einem beschränkten Maße möglich ist. Indessen hat eine Anzahl von Analytikern in ihrer psychoanalytischen Praxis erfahren, daß die Unterscheidung von depressiver und von Verfolgungsangst für das Verständnis und das Entwirren von Gefühlssituationen nützlich ist. Als Beispiel möchte ich ein typisches Bild, das uns in der Analyse depressiver Patienten entgegentreten kann, anführen: In der einen Stunde mag ein Patient unter schweren Schuldgefühlen und Verzweiflung leiden wegen seiner Unfähigkeit, den Schaden wiedergutzumachen, den er glaubt verursacht zu haben. Dann tritt eine vollkommene Änderung ein: Der Patient bringt plötzlich Material, das auf Verfolgung hinweist. Der Analytiker und die Analyse werden angeklagt, daß sie nichts als Schaden verursachen; Klagen, die auf frühere Versagungen zurückgehen, werden laut. Der Vorgang, der dieser Veränderung zugrunde liegt, kann wie folgt zusammengefaßt werden: Verfolgungsangst überwiegt, das Schuldgefühl ist in den Hintergrund getreten, und damit scheint die Liebe für das Objekt geschwunden zu sein. In dieser veränderten Gefühlssituation ist das Objekt ‹böse› geworden und kann nicht mehr geliebt werden, und deswegen scheinen die destruktiven Regungen dagegen berechtigt zu sein. Das bedeutet, daß Verfolgungsangst und Abwehrmechanismen verstärkt worden sind, um der erdrückenden Last von Schuld und Verzweiflung zu entgehen. In vielen Fällen zeigt der Patient natürlich eine starke Verfolgungsangst, verbunden mit Schuldgefühl, und der Umschwung in eine Vorherrschaft von Verfolgungsangst erscheint nicht so dramatisch, wie ich es hier beschrieben habe. Aber in jedem solchen Falle hilft uns die Unterscheidung von depressiver und von Verfolgungsangst, die Vorgänge zu verstehen, die wir zu analysieren versuchen.

Die begriffliche Unterscheidung von depressiver Angst, Schuldgefühl und Wiedergutmachung auf der einen Seite sowie Verfolgungsangst und Abwehrmechanismen auf der anderen hilft uns nicht nur bei unserer analytischen Arbeit, sondern hat noch weitere Folgen. Sie wirft Licht auf viele Probleme, die mit diesem Studium menschlicher Gefühlsregungen und Benehmen verbunden sind.[30] Besonders aufschlußreich und anwendbar ist dieser Begriff für die Beobachtung und das Verständnis von Kindern.

Ich will hier kurz die theoretischen Ergebnisse aus der Beziehung von Angst und Schuldgefühl, wie ich sie in diesem Teil dargestellt habe, zusammenfassen. Schuldgefühl ist unentwirrbar mit Angst verbunden (genauer, mit einer speziellen Form der Angst, nämlich depressiver Angst); es führt zu einer Wiedergutmachungstendenz und entsteht in den ersten paar Lebensmonaten zusammen mit den frühesten Stadien des Über-Ichs.

VI

Die enge Beziehung von primärer innerer Angst und der von außen drohenden Gefahr wirft Licht auf das Problem der ‹objektiven› gegenüber der ‹neurotischen› Angst. FREUD definiert den Unterschied zwischen objektiver und neurotischer Angst folgendermaßen: «Realgefahr ist eine Gefahr, die wir kennen, Realangst die Angst vor einer solchen bekannten Gefahr. Die neurotische Angst ist Angst vor einer Gefahr, die wir nicht kennen. Die neurotische Gefahr muß also erst gesucht werden; die Analyse hat uns gelehrt sie ist eine Triebgefahr.»[31] Und weiter unten: «Die Realgefahr droht von einem äußeren Objekt, die neurotische von einem Triebanspruch.»[32]

In anderem Zusammenhang wies FREUD auf eine Aufeinanderwirkung dieser beiden Angstquellen hin,[33] und allgemeine analytische Erfahrung hat uns

---

30 R. E. MONEY-KYRLE hat in seiner Arbeit ‹Towards a Common Aim — a Psycho-Analytical Contribution to Ethics› die Unterscheidung von depressiver und Verfolgungsangst auf die Haltungen zur Ethik im allgemeinen und zu politischen Glaubenssätzen im besonderen angewandt und hat seitdem diese Anschauungen in seinem Buche ‹Psycho-Analysis and Politics›, London 1951, weiter ausgearbeitet.

31 Hemmung, Symptom und Angst. Ges. Schr. XI, S. 108.

32 a. a. O., Ges. Schr. XI, S. 110.

33 FREUD wies auf die Aufeinanderwirkung von Angst aus äußeren und inneren Quellen in einigen Fällen von neurotischer Angst hin. «Die Gefahr ist bekannt und real, aber die Angst vor ihr übermäßig groß, größer als sie nach unserem Urteil sein

gezeigt, daß die Unterscheidung von objektiver und neurotischer Angst nicht scharf gezogen werden kann.

Ich werde hier zu FREUDS Behauptung zurückkehren, daß «das Vermissen der geliebten (ersehnten) Person» beim Kinde Angst erzeugt.[34] Bei der Beschreibung der grundsätzlichen Angst des Kindes vor dem Verlust sagte FREUD: «Er [der Säugling] kann das zeitweilige Vermissen und den dauernden Verlust noch nicht unterscheiden; wenn *er die Mutter das eine Mal nicht zu Gesicht bekommen hat, benimmt er sich so, als ob er sie nie wiedersehen sollte*, und es bedarf wiederholter tröstlicher Erfahrungen, bis er gelernt hat, daß auf ein solches Verschwinden der Mutter ihr Wiedererscheinen zu folgen pflegt.»[35] (Hervorhebung von mir.)

An einer anderen Stelle beschrieb er «die Angst vor dem Liebesverlust, ersichtlich eine Fortbildung der Angst des Säuglings, wenn er die Mutter vermißt. Sie verstehen, welche *reale Gefahrsituation* durch diese Angst angezeigt wird. Wenn die Mutter abwesend ist oder dem Kinde ihre Liebe entzogen hat, ist es ja der Befriedigung seiner Bedürfnisse nicht mehr sicher, möglicherweise den peinlichsten Spannungsgefühlen ausgesetzt. Weisen Sie die Idee nicht ab, daß diese Angstbedingungen im Grunde die Situation der ursprünglichen Geburtsangst wiederholen, die ja auch eine Trennung von der Mutter bedeutete.»[36] (Hervorhebung von mir.)

Indessen beschrieb FREUD in demselben Buche ein paar Seiten vorher diese besondere Gefahrensituation vom Gesichtspunkt der neurotischen Angst, was zu zeigen scheint, daß er diese infantile Situation von beiden Gesichtspunkten aus betrachtete. Meiner Ansicht nach kann man diese beiden Hauptquellen der Angst des Kindes vor Verlust wie folgt beschreiben: Die eine ist die vollkommene Abhängigkeit des Kindes von der Mutter für die Befriedigung seiner Bedürfnisse und für die Befreiung von Spannungsgefühlen. Die Angst aus dieser Quelle könnte objektive Angst genannt werden. Die andere Hauptangstquelle stammt von der Furcht des Kindes, daß die geliebte Mutter von seinen sadistischen Regungen zerstört worden ist oder in Gefahr schwebt, zerstört zu werden, und diese Angst – die ‹neurotische Angst› genannt werden könnte – bezieht sich auf die Mutter als ein unentbehrliches äußeres (und inneres) gutes Objekt und trägt dazu bei, daß das Kind glaubt, sie werde niemals mehr zurückkehren. Von Anfang an besteht ein dauerndes gegenseitiges Aufeinanderwirken dieser zwei Angstquellen, d. h. der objektiven und der neurotischen Angst oder, mit anderen Worten, der Angst aus äußeren und inneren Ursachen.

---

dürfte . . . die Analyse zeigt, daß an die bekannte Realangst eine unerkannte Triebgefahr geknüpft ist.» (a. a. O., Ges. Schr. XI, S. 108/9.)

34 a. a. O., Ges. Schr. XI, S. 71.

35 a. a. O., Ges. Schr. XI, S. 113.

36 Neue Folge der Vorlesungen zur Einführung in die Psychoanalyse. Vorlesung XXXII, Ges. Schr. XII, S. 242.

Außerdem kann keine Gefahrensituation, die von äußeren Quellen ausgeht, von dem Kleinkind als eine rein äußere und bekannte Gefahr erlebt werden, wenn man annimmt, daß äußere Gefahr von Anfang an mit innerer Gefahr vom Todestrieb her verbunden ist. Aber es ist nicht nur das Kleinkind, das eine solche klare Unterscheidung nicht machen kann: bis zu einem gewissen Grade besteht die Aufeinanderwirkung äußerer und innerer Gefahrensituationen das ganze Leben hindurch.[37]

Das zeigte sich sehr deutlich in den während des Krieges durchgeführten Analysen. Es wurde klar, daß selbst bei normalen Erwachsenen die durch Luftangriffe, Bomben und Feuer – d. h. durch eine objektive Gefahrensituation – ausgelöste Angst nur dadurch vermindert werden konnte, daß außer dem Einfluß der aktuellen Situation die verschiedenen frühen Ängste, die durch sie mobilisiert worden waren, analysiert wurden. Bei vielen Menschen führte überstarke Angst, die mit dieser frühen Zeit zusammenhing, zu einer machtvollen Verleugnung (einer manischen Abwehr) der objektiven Gefahrensituation, die sich in einem scheinbaren Mangel an Furcht zeigte. Das war eine häufige Beobachtung bei Kindern und konnte nicht durch ihr unvollständiges Verständnis der aktuellen Gefahr allein erklärt werden. Die Analyse ließ erkennen, daß die objektive Gefahrensituation frühe phantastische Ängste des Kindes in einem solchen Maße wiederbelebt hatte, daß die objektive Gefahrensituation verleugnet werden mußte. In anderen Fällen war die relative Stabilität der Kinder trotz der Kriegsgefahren nicht so sehr von manischer Abwehr bestimmt als durch eine erfolgreiche Modifizierung früher depressiver und Verfolgungs-Ängste, die zu einem stärkeren Sicherheitsgefühl in der inneren und äußeren Welt und zu einer guten Beziehung zu den Eltern geführt hatte. Bei solchen Kindern wirkten trotz der Abwesenheit des Vaters die Gegenwart der Mutter und das Familienleben als Beruhigung gegen die von den objektiven Gefahren ausgelösten Ängste.

Diese Beobachtungen werden verständlich, wenn wir uns daran erinnern, daß die Wahrnehmung äußerer Realität und äußerer Objekte durch das Kind dauernd von seinen Phantasien beeinflußt und gefärbt wird und daß das zu einem gewissen Grade das ganze Leben hindurch so weitergeht. Äußere Erfahrungen, die Angst auslösen, aktivieren selbst bei Normalen sofort Angst, die aus inner-seelischen Quellen stammt. Das Aufeinanderwirken von objektiver und neurotischer Angst – oder, um es mit anderen Worten zu sagen, das Aufeinanderwirken von Ängsten, die aus äußeren und inneren Quellen stammen – entspricht der Aufeinanderwirkung äußerer und psychischer Realität.

---

37 Wie ich in meiner ‹Psychoanalyse des Kindes› ausgeführt habe (S. 203): «Bei stärkeren Belastungen, wenn der Gesunde erkrankt oder sonst versagt, können wir die tiefsten Angstsituationen auch bei ihm in voller und direkter Wirksamkeit erkennen. Da aber die Möglichkeit der neurotischen Erkrankung bei jedem Gesunden vorliegt, würde sich auch daraus die Folgerung ergeben, daß die Angstsituationen nie ganz aufgegeben werden.»

Um festzustellen, ob eine Angst neurotisch ist oder nicht, müssen wir einen Gesichtspunkt erwägen, auf den FREUD wiederholt hingewiesen hat, die Angst aus inneren Quellen. Dieser Faktor ist indessen mit der Fähigkeit des Ichs verknüpft, adäquate Abwehrmechanismen gegen Angst zu entwickeln, z. B. mit dem Verhältnis der Stärke der Angst zur Stärke des Ichs.

VII

Es versteht sich von selbst, daß diese Darstellung meiner Anschauungen sich aus einer Theorie der Aggression ableitet, die sich von der Hauptrichtung im gegenwärtigen psychoanalytischen Denken wesentlich unterscheidet. Die Tatsache, daß FREUD Aggression zuerst als ein Element der kindlichen Sexualität entdeckte – sozusagen als ein Anhängsel der Libido (Sadismus) – hatte die Wirkung, daß lange Zeit das psychoanalytische Interesse sich auf die Libido konzentrierte, und daß die Aggression mehr oder weniger nur als Hilfsmittel für die Libido betrachtet wurde.[38] Im Jahre 1920 entdeckte FREUD den Todestrieb, der sich in destruktiven Regungen manifestiert und in Vermischung mit dem Lebenstrieb wirksam ist. Im Jahre 1924 folgte ABRAHAM mit einer eingehenden Untersuchung des Sadismus beim kleinen Kinde. Aber selbst nach diesen Entdeckungen blieb psychoanalytisches Denken, wie aus der Masse der psychoanalytischen Literatur ersichtlich ist, vorwiegend mit der Libido und mit den Abwehrmechanismen gegen libidinöse Regungen beschäftigt und hat dementsprechend die Bedeutung der Aggression und ihrer Folgeerscheinungen unterschätzt.

Vom Anfang meiner psychoanalytischen Tätigkeit an war mein Interesse auf die Angst und ihre Ursachen gerichtet, und das brachte mich dem Verständnis der Beziehung von Aggression und Angst näher.[39] Die Analysen kleiner Kinder, für die ich die Spieltechnik entwickelte, gaben diesem Gesichtspunkt vermehrte Bedeutung, denn sie bestätigten, daß Angst bei kleinen Kindern nur dann erleichtert werden konnte, wenn ihre sadistischen Phantasien und Regungen mit mehr Verständnis für den Anteil, den die Aggression beim Sadismus und bei den Ursachen der Angst hat, analysiert wurden. Diese höhere Bewertung der Bedeutung von Aggression führte mich zu gewissen theoretischen Schlußfolgerungen, die ich in der Arbeit ‹Die Frühstadien des Ödipuskomplexes› (1927) darstellte. Ich stellte dort die Hypothese auf – sowohl für die normale als auch für die pathologische Entwicklung des Kindes –, daß Angst und Schuldgefühl, die im ersten Lebensjahr entste-

---

38 Vgl. Kap. X in ‹Developments in Psycho-Analysis›, London 1952, in dem PAULA HEIMANN dieses theoretische Vorurteil für die Libido und seinen Einfluß auf die Entwicklung der Theorie bespricht.

39 Dieser starke Akzent auf Angst war bereits in meinen ersten Veröffentlichungen erkennbar.

hen, innig mit den Vorgängen von Introjektion und Projektion verknüpft sind sowie mit den Frühstadien der Über-Ich-Entwicklung und der des Ödipuskomplexes, und daß in diesen Ängsten Aggression und die Abwehrmechanismen dagegen von überragender Bedeutung sind.

Weitere Untersuchungen in dieser Richtung wurden in der Britischen Psychoanalytischen Gesellschaft von ungefähr 1927 an durchgeführt. Eine Anzahl Psychoanalytiker dieser Gesellschaft lieferte in enger Zusammenarbeit zahlreiche Beiträge [40] zu dem Verständnis der zentralen Rolle, welche die Aggression im Seelenleben spielt. Eine Änderung in der allgemeinen Anschauung auf diesem Gebiet hat sich jedoch bei der psychoanalytischen Bewegung während der letzten fünfzehn Jahre nur in vereinzelten Beiträgen gezeigt. Man kann aber sagen, daß diese Beiträge sich in letzter Zeit etwas gehäuft haben.

Eines der Resultate dieser neuen Untersuchungen über Aggression war die Erkenntnis von der bedeutenden Funktion, die die Wiedergutmachungstendenz hat, die ein Ausdruck des Lebenstriebs in seinem Kampfe gegen den Todestrieb ist. Nicht nur wurden dabei die destruktiven Regungen in besserer Perspektive gesehen, sondern die Aufeinanderwirkung von Lebens- und Todestrieb wurde stärker gewürdigt, und dementsprechend auch die Rolle der Libido bei allen seelischen und emotionalen Vorgängen.

In dieser Arbeit habe ich darzustellen versucht, daß der Todestrieb (destruktive Regungen) der primäre Faktor bei der Verursachung der Angst ist. Es ist indessen auch in meiner Darstellung der Vorgänge, die zu Angst und Schuldgefühlen führen, mit enthalten, daß das primäre Objekt, gegen das die destruktiven Regungen gerichtet sind, das Libido-Objekt ist und daß es deshalb die Wechselwirkung von Aggression und Libido — letzten Endes die Mischung sowie die Polarität dieser beiden Triebe — ist, die Angst und Schuldgefühl verursacht. Eine andere Seite dieser Wechselwirkung ist die Milderung der destruktiven Regungen durch die Libido. Ein Optimum in der gegenseitigen Wirkung von Libido und Aggression bedeutet, daß die Angst, die aus der Dauerwirkung des Todestriebes stammt, wenn sie auch niemals ganz beseitigt werden kann, doch von der Kraft des Lebenstriebes beschränkt und in Schach gehalten wird.

---

40 Vgl. die Bibliographie auf S. 64 von ‹Developments in Psycho-Analysis›.

ÜBER DAS SEELENLEBEN DES KLEINKINDES

Einige theoretische Betrachtungen

Meine Untersuchungen über das kindliche Seelenleben haben mir immer mehr die verwirrende Vielfalt der Prozesse gezeigt, die in den frühen Entwicklungsstadien weithin gleichzeitig ablaufen. In dieser Arbeit versuche ich, einige Aspekte des kindlichen Seelenlebens im ersten Lebensjahr, die ich mit besonderem Hinblick auf Ängste, Abwehrmechanismen und Objektbeziehungen ausgewählt habe, zu klären.

A. Die ersten drei oder vier Monate des Lebens
Die paranoid-schizoide Position [1]

I

Zu Beginn des post-natalen Daseins erlebt das Kleinkind aus inneren und äußeren Quellen Angst. Seit vielen Jahren habe ich die Ansicht vertreten, daß das Wirken des Todestriebes die Furcht vor Vernichtung von innen her erzeugt und daß darin die primäre Ursache der Verfolgungsangst liegt. Die erste äußere Angstquelle kann in dem Erlebnis der Geburt gesehen werden. Dieses Erlebnis, das nach FREUD das Modell aller späteren Angstsituationen darstellt, beeinflußt notwendigerweise die ersten Beziehungen des Säuglings zu der äußeren Welt. [2]

Es scheint, daß Schmerz und Unbehagen, die er erlitten hat, sowie der Verlust des intrauterinen Zustandes als Angriff feindlicher Kräfte, d. h. als Verfolgung, von ihm empfunden werden. [3] Insoweit, als er Entbehrungen ausgesetzt ist, verbindet sich im Säugling Verfolgungsangst von Anfang an mit seiner Objektbeziehung.

Die Hypothese, daß die frühesten Erfahrungen des Säuglings beim Gestilltwerden und die Nähe der Mutter eine Objektbeziehung zu ihr einleiten, ist eines meiner Grundkonzepte. [4]

---

1 Auf S. 100 habe ich auseinandergesetzt, warum ich FAIRBAIRNS Ausdruck ‹schizoid› zusammen mit meinem eigenen ‹paranoide Position› gebrauche.

2 In ‹Hemmung, Symptom und Angst› (Ges. Schr. XI, S. 79) sagt FREUD: «Intrauterinleben und erste Kindheit sind weit mehr ein Kontinuum, als uns die auffällige Caesur des Geburtsaktes glauben läßt.»

3 Ich vermute, daß der Kampf zwischen Lebens- und Todestrieb sich bereits mit dem schmerzhaften Erlebnis der Geburt verbindet und die Verfolgungsangst, die durch sie erregt wird, vergrößert. Siehe ‹Zur Theorie von Angst und Schuldgefühl›, oben S. 124 ff.

4 Vgl. in ‹Developments in Psycho-Analysis›, besonders Kap. III: SUSAN ISAACS,

Diese Beziehung gilt einem Teilobjekt, denn oral-libidinöse und oral-destruktive Triebe sind von Anfang an besonders auf die mütterliche Brust gerichtet. Wir nehmen an, daß immer eine Wechselwirkung, wenn auch in veränderlichen Proportionen, von libidinösen und aggressiven Trieben besteht, die der Fusion von Lebens- und Todestrieb entspricht. Man kann sich vorstellen, daß in Perioden, die frei von Hunger und Spannung sind, ein optimales Gleichgewicht von libidinösen und aggressiven Trieben besteht. Dieses Gleichgewicht wird gestört, wenn infolge Versagungen durch innere oder äußere Ursachen aggressive Triebe verstärkt werden. Ich glaube, daß eine solche Änderung im Gleichgewicht von Libido und Aggression zu dem Gefühl der Gier, die hauptsächlich oraler Natur ist, führt. Jede Steigerung der Gier verstärkt das Gefühl von Versagung und damit wiederum die aggressiven Triebe. In Kindern, deren angeborene aggressive Komponente stark ist, werden Verfolgungsangst, Versagungsgefühl und Gier leicht erregt, und das trägt zu der Schwierigkeit des Kindes bei, Entbehrung und Angst zu ertragen. Dementsprechend würde die Stärke der Destruktionstriebe in ihrer Wechselwirkung mit den libidinösen Trieben die konstitutionelle Basis für die Intensität der Gier darstellen. Während in manchen Fällen Verfolgungsangst die Gier zu verstärken scheint, kann sie in anderen (worauf ich in ‹Die Psychoanalyse des Kindes› hinwies) zur Ursache der frühesten Eßhemmungen werden.

Die wiederholten Erfahrungen von Befriedigung und Versagung sind starke Reize für libidinöse und destruktive Regungen, für Liebe und Haß. Demzufolge wird die Brust, insoweit sie befriedigt, geliebt und als ‹gut› empfunden; insoweit sie die Quelle von Versagung ist, wird sie gehaßt und als ‹böse› empfunden. Dieser starke Gegensatz zwischen guter und böser Brust ist großenteils die Folge einer mangelnden Integration des Ichs sowie der Spaltungsprozesse, die sich innerhalb des Ichs und in Beziehung zum Objekt abspielen. Indessen haben wir gute Gründe anzunehmen, daß selbst während der ersten drei oder vier Lebensmonate das gute und böse Objekt in der kindlichen Seele nicht vollkommen voneinander getrennt sind. Die mütterliche Brust, in ihren guten wie auch bösen Aspekten, scheint sich für den Säugling mit der körperlichen Gegenwart der Mutter zu verbinden; und so wird die Beziehung zu ihr als einer Person vom frühesten Stadium an allmählich aufgebaut.

Außer den Erfahrungen von Befriedigung und Versagung, die aus äußeren Quellen stammen, trägt eine Reihe von endopsychischen Prozessen – besonders Introjektion und Projektion – zu der doppelten Beziehung zum ersten Objekt bei. Das Kind projiziert seine Liebesregungen und schreibt sie der befriedigenden (guten) Brust zu, ebenso wie es seine destruktiven Impulse, die es nach außen projiziert, der versagenden (bösen) Brust zuschreibt. Gleichzei-

---

Wesen und Funktion der Phantasie. – Kap. IV: P. Heimann, Gewisse Funktionen der Introjektion und Projektion in früher Kindheit. – Kap. VII: M. Klein, Beobachtungen an Säuglingen.

tig werden durch Introjektion eine gute und eine böse Brust im Innern aufgebaut.[5] So ist das Bild des äußeren und inneren Objektes in der kindlichen Seele durch seine Phantasien, die mit der Projektion seiner Triebregungen auf das Objekt verbunden sind, verzerrt. Die gute (äußere und innere) Brust wird das Vorbild aller hilfreichen und befriedigenden Objekte, die böse Brust dasjenige aller äußeren und inneren verfolgenden Objekte.

Die verschiedenen Faktoren, die das Gefühl des Kindes, befriedigt zu sein, darstellen, wie Hungerstillung, der Genuß des Saugaktes, die Befreiung von Unbehagen und Spannung, d. h. von Versagungen, und das Erlebnis, geliebt zu werden – alles das wird der guten Brust zugeschrieben. Demgegenüber wird die böse Brust für jede Versagung und jedes Unbehagen verantwortlich gemacht.

Ich werde zuerst die Verzweigungen in der Beziehung des Kindes zur bösen Brust beschreiben. Wenn wir das Bild betrachten, das in der kindlichen Seele besteht – wie wir es zurückblickend in den Analysen von Kindern und Erwachsenen sehen können –, so finden wir, daß die gehaßte Brust die oral-destruktiven Qualitäten der kindlichen Triebe im Zustande der Versagung und des Hasses erworben hat. In seinen Zerstörungsphantasien beißt, zerreißt, verschlingt und vernichtet es die Brust, aber es fühlt, daß die Brust es in derselben Weise angreift. Wenn urethral- und anal-sadistische Triebe stärker werden, greift das Kind in seiner Vorstellung die Brust mit giftigem Urin und explosivem Stuhl an und erwartet deshalb, daß sie sich auch ihm gegenüber giftig und explosiv verhält. Die Einzelheiten seiner sadistischen Phantasien bestimmen den Inhalt seiner Furcht vor inneren und äußeren Verfolgern, in erster Linie der sich rächenden (bösen) Brust.[6]

Da die phantasierten Angriffe auf das Objekt grundlegend durch Gier beeinflußt sind, ist die Furcht vor der Gier des Objektes wegen der Projektion der eigenen Gier ein wesentliches Element der Verfolgungsangst: die böse Brust will das Kind in derselben gierigen Weise verschlingen, wie dieses die Brust zu verschlingen wünscht.

Selbst in der frühesten Phase wird der Verfolgungsangst durch die Beziehung des Kindes zur guten Brust in einem gewissen Maße entgegengewirkt. Obgleich sich die Gefühle des Kindes, wie ich oben andeutete, auf die Nährbeziehung zur Mutter, die von der Brust repräsentiert ist, zentrieren, kommen

---

5 Diese ersten introjizierten Objekte bilden den Kern des Über-Ichs. Nach meiner Auffassung beginnt das Über-Ich mit den frühesten Introjektionsprozessen und baut sich aus guten und bösen Objekten auf, die in den verschiedenen Stadien der Entwicklung von Liebe und Haß verinnerlicht und allmählich vom Ich assimiliert und integriert werden.

6 Die Angst, die sich auf Angriffe durch verinnerlichte Objekte – vor allem durch Teilobjekte – bezieht, ist nach meiner Ansicht die Grundlage für Hypochondrie. Ich stellte diese Hypothese in meinem Buche ‹Die Psychoanalyse des Kindes› auf und erklärte dort auch meine Auffassung, daß frühe kindliche Ängste psychotischer Natur sind und die Basis für spätere Psychosen darstellen (S. 154, 274, 284).

schon andere Aspekte in die Beziehung zur Mutter hinein. Selbst sehr kleine Kinder reagieren auf das Lächeln der Mutter, ihre Hände, ihre Stimme, und auf die Art, wie sie sie hält und pflegt. Die Befriedigung durch die Liebe, die das Kind in diesen Situationen erfährt, hilft, der Verfolgungsangst und den Gefühlen des Verlustes und der Verfolgung, die durch das Geburtserlebnis ausgelöst sind, entgegenzuwirken. Die physische Nähe der Mutter beim Stillen — im wesentlichen die Beziehung zur guten Brust — hilft dem Kind immer wieder, die Sehnsucht nach einem früheren verlorenen Zustand zu überwinden, mildert Verfolgungsangst und stärkt das Vertrauen zum guten Objekt.

II

Es ist charakteristisch für die Gefühle des Kleinkindes, daß sie von extremer und machtvoller Natur sind. Das versagende böse Objekt wird als Schrecken erzeugender Verfolger empfunden, während die gute Brust sich in die ‹ideale› Brust verwandelt, welche die gierigen Wünsche auf unbegrenzte, unmittelbare und nie-endende Befriedigung erfüllen soll. Auf diese Weise entstehen Vorstellungen von einer vollkommenen und unerschöpflichen Brust, die immer erreichbar und befriedigend ist. Ein anderer Faktor, der auf eine Idealisierung der guten Brust hinwirkt, ist die Stärke der kindlichen Verfolgungsangst, die das Bedürfnis nach Schutz vor Verfolgung schafft und deshalb die Macht eines immer-befriedigenden Objekts verstärkt. Die idealisierte Brust bildet das Gegenstück zu der verfolgenden Brust, und insoweit Idealisierung von dem Bedürfnis nach Schutz vor verfolgenden Objekten herrührt, handelt es sich um eine Form der Angstabwehr.

Das Beispiel einer halluzinatorischen Befriedigung kann uns zum Verständnis der Entstehung der Idealisierung verhelfen. Durch halluzinierte Befriedigung werden Versagung und Angst, die aus verschiedenen Quellen stammen, eliminiert; die verlorene äußere Brust wird wiedergefunden, und das Gefühl, eine ideale Brust im eigenen Inneren zu besitzen, wird wieder belebt. Wir können auch annehmen, daß das Kind den ersehnten prä-natalen Zustand halluziniert. Weil die halluzinierte Brust unerschöpflich ist, wird auch die Gier für den Augenblick befriedigt. (Aber früher oder später zwingt das Hungergefühl das Kind zur Realität der äußeren Welt zurück, und damit wird die Versagung mit all den Gefühlen, zu denen sie führt, wieder erlebt.) Bei wunscherfüllenden Halluzinationen spielt eine Anzahl fundamentaler Mechanismen und Abwehrformen eine Rolle. Eine von ihnen ist die omnipotente Beherrschung des inneren und äußeren Objektes, denn das Ich nimmt vollkommen Besitz von der äußeren wie der verinnerlichten Brust. Weiterhin wird in der Halluzination die verfolgende Brust weit entfernt von der idealen Brust empfunden und ebenso das Erlebnis der Versagung von dem der Befriedigung. Es scheint, daß eine solche Spaltung, die man als eine Spaltung des Objektes und der Gefühle auffassen kann, mit dem Prozeß der Leugnung verbunden ist. Verleugnung in ihrer extremsten Form, wie wir sie in der halluzinierten Befriedigung finden, kommt der Vernichtung des versagenden Objektes oder der Situation gleich und ist somit von einem starken Gefühl der Omnipotenz, das zu den Frühstadien des Lebens gehört, begleitet. Damit sind die Versagungssituation und das Objekt, das sie erzeugt, sowie die bösen Gefühle, die der Versagung folgen, aber auch abgespaltene Ich-Anteile verschwunden; sie werden als vernichtet empfunden. Auf diese Weise werden Befriedigung und Befreiung von Verfolgungsangst erreicht. Vernichtung des verfolgenden Objekts und einer Verfolgungssituation ist mit omnipotenter Beherrschung des Objekts in ihrer extremsten Form verbunden. Man kann vermuten, daß diese Prozesse auch bei der Idealisierung in gewissem Maße wirksam sind.

Es scheint, daß das frühe Ich den Mechanismus der Vernichtung des abgespaltenen Teiles des Objektes auch noch in anderen Zuständen als dem der wunschbefriedigenden Halluzinationen anwendet. Zum Beispiel scheint in Verfolgungshalluzinationen der angsterregende Aspekt des Objektes so stark zu sein, daß der gute Teil als vollkommen zerstört empfunden wird – ein Prozeß, den ich hier nicht diskutieren kann. Es scheint, daß das Ausmaß, in welchem das Ich die beiden Aspekte voneinander getrennt hält, in verschiedenen Zuständen außerordentlich variiert. Davon kann es abhängen, ob der verleugnete Aspekt als vollkommen verschwunden erlebt wird.

Verfolgungsangst beeinflußt diese Prozesse wesentlich. Wir dürfen annehmen, daß, wenn Verfolgungsangst weniger stark ist, auch die Spaltung weniger intensiv und das Ich deshalb in der Lage ist, sich selbst zu integrieren und bis zu einem gewissen Grade zu einer Synthese der Gefühle dem Objekt gegenüber zu gelangen. Es kann wohl sein, daß ein solcher Schritt zur Integration nur zustande kommt, wenn in diesem Augenblick Liebe dem Objekt gegenüber die destruktiven Triebe überwiegt (d. h., wenn letzten Endes der Lebenstrieb stärker ist als der Todestrieb). Die Tendenz des Ichs, sich selbst zu integrieren, kann deshalb, glaube ich, als ein Ausdruck des Lebenstriebes aufgefaßt werden.

Die Synthese zwischen Liebesgefühlen und destruktiven Trieben, die auf das gleiche Objekt – die Brust – gerichtet sind, erzeugt depressive Angst, Schuldgefühl und den Drang, das beschädigte, geliebte Objekt, d. h. die gute Brust, wiederherzustellen. Das schließt ein, daß die Ambivalenz manchmal in Beziehung zu einem Teilobjekt – der mütterlichen Brust – empfunden wird.[7] Während der ersten Lebensmonate sind solche Zustände von Integration kurz. In diesem Stadium ist natürlicherweise die Kapazität des Ichs zu inte-

---

7 In meiner Arbeit ‹Zur Psychogenese der manisch-depressiven Zustände›, oben S. 43 ff, führte ich aus, daß während der depressiven Position die Ambivalenz zuerst in Beziehung zu einem ganzen Objekt empfunden wird. Da ich meine Ansicht hinsichtlich des Beginns der depressiven Angst (siehe meine Arbeit ‹Zur Theorie von Angst und Schuldgefühl›, oben S. 133 f) modifiziert habe, glaube ich jetzt, daß die Ambivalenz auch schon in Beziehung zu Teilobjekten empfunden wird.

grieren, noch reichlich begrenzt, und hinzu kommt die Stärke der Verfolgungsangst und der Spaltungsprozesse, die hier auf ihrem Höhepunkt sind. Wenn die Entwicklung fortschreitet, werden die Erfahrungen von Synthese, und damit von depressiver Angst, häufiger und dauern länger. Alles das stellt einen Teil des Wachstums der Integration dar. Zusammen mit der wachsenden Fähigkeit zur Integration und Synthese gegensätzlicher, auf das Objekt gerichteter Gefühle wird die Schwächung der destruktiven Triebe durch die Libido möglich.[8] Das wiederum führt zu einer wirklichen Verminderung der Angst, was eine fundamentale Bedingung für die normale Entwicklung darstellt.

Wie ich andeutete, gibt es große Variationen in Stärke, Häufigkeit und Dauer der Spaltungsprozesse (nicht nur bei verschiedenen Individuen, sondern auch in demselben Kind zu verschiedenen Zeiten). Es gehört zu der Kompliziertheit des frühen Gefühlslebens, daß eine Fülle von Prozessen sich in schnellster Folge ablösen oder selbst gleichzeitig ablaufen. Es scheint zum Beispiel, daß gemeinsam mit der Spaltung der Brust in eine geliebte und gehaßte (d. h. gute und böse) eine Spaltung ganz anderen Charakters vor sich geht, die zu dem Gefühl führt, daß das Ich sowie sein Objekt zerstückelt ist; diese Prozesse liegen Zuständen von Desintegration zugrunde.[9] Solche Zustände, wie ich sie oben ausführte, wechseln mit anderen, in denen ein gewisses Maß von Integration des Ichs und von Synthese des Objekts zunehmend zustande kommt.

Die frühen Methoden der Spaltung beeinflussen fundamental die Art, in der auf einem etwas späteren Stadium Verdrängung durchgeführt wird, und dieses wiederum bestimmt den Grad der Aufeinanderwirkung von Bewußtem und Unbewußtem. Mit anderen Worten, das Ausmaß, in welchem die verschiedenen seelischen Bereiche in Beziehung zueinander ‹porös› bleiben, wird weitgehend durch die Stärke oder Schwäche der frühen schizoiden Mechanismen bestimmt.[10] Von Anfang an spielen äußere Faktoren eine sehr wichtige Rolle; wir haben Grund anzunehmen, daß jede Auslösung von Verfolgungsangst schizoide Mechanismen verstärkt, zum Beispiel die Tendenz des Ichs,

---

8 Dieser Art des Aufeinanderwirkens von Libido und Aggression entspricht ein besonderer Zustand von Bindung zwischen den beiden Trieben.

9 Vgl. meine Arbeit ‹Bemerkungen über einige schizoide Mechanismen›, oben S. 99 ff.

10 Ich fand, daß bei Patienten des schizoiden Typus letzten Endes die Stärke der infantilen Mechanismen für die Schwierigkeit, Zugang zu dem Unbewußten zu gewinnen, verantwortlich ist. Bei solchen Patienten wird der Fortschritt zur Synthese dadurch verlangsamt, daß sie unter dem Druck von Angst immer wieder unfähig werden, die Verbindungen zwischen den verschiedenen Teilen des Selbst aufrechtzuerhalten, die im Laufe der Analyse verstärkt worden sind. Patienten des depressiven Typus sind viel mehr der Einsicht fähig, da die Trennung zwischen bewußt und unbewußt weniger scharf ist. Meiner Ansicht nach gelingt es diesen Patienten besser, die schizoiden Mechanismen der frühen Kindheit zu überwinden.

sich und das Objekt zu spalten. Auf der anderen Seite stärkt jede gute Erfahrung das Vertrauen in das gute Objekt und fördert die Integration des Ichs und die Synthese des Objektes.

III

Einige Schlußfolgerungen FREUDS führen zu der Annahme, daß das Ich sich durch Introjektion von Objekten entwickelt. Soweit die früheste Phase in Betracht kommt, wird nach meiner Ansicht die gute Brust, die in Situationen der Befriedigung und des Glückes introjiziert worden ist, ein wesentlicher Teil des Ichs und stärkt seine Fähigkeit zur Integration. Denn diese gute introjizierte Brust, die auch den hilfreichen und freundlichen Anteil des frühen Über-Ichs darstellt, stärkt die Fähigkeit des Kindes, zu lieben und seinen Objekten zu trauen, erhöht den Anreiz zur Introjektion von guten Objekten und Situationen und ist deshalb eine wesentliche Quelle der Angstentlastung. Sie wird die Repräsentantin des Lebenstriebes im Innern. Das gute Objekt kann diese Funktionen indessen nur erfüllen, wenn es als unverletzt erlebt wird, was einschließt, daß es vorwiegend mit Gefühlen der Befriedigung und Liebe verinnerlicht worden ist. Solche Gefühle setzen voraus, daß die Befriedigung beim Saugen relativ wenig von äußeren oder inneren Faktoren gestört war. Die Hauptquelle einer inneren Störung liegt in sehr starken aggressiven Triebregungen, welche die Gier vergrößern und die Fähigkeit, Versagung zu ertragen, vermindern. Mit anderen Worten, wenn in der Legierung der beiden Triebe der Lebenstrieb stärker als der Todestrieb ist – und dementsprechend Libido stärker als Aggression –, kann die gute Brust im kindlichen Gemütsleben sicher bewahrt werden.

Da die oral-sadistischen Wünsche im Leben des Kindes von Anfang an aktiv sind und durch Versagung aus äußeren und inneren Ursachen leicht geweckt werden, so ist es immer wieder unvermeidlich, daß sie Anlaß zu einem Gefühl geben, daß die Brust zerstört ist und sich als Folge seines gierig-aggressiven Verschlingens der Brust zerstückelt in seinem Innern befindet. Diese beiden Aspekte der Introjektion bestehen nebeneinander.

Ob Gefühle der Versagung oder Befriedigung in der kindlichen Beziehung zur Brust vorherrschen, ist sicherlich durch äußere Umstände beeinflußt, aber es kann kaum ein Zweifel darüber bestehen, daß konstitutionelle Faktoren, die die Stärke des Ichs von Anfang an beeinflussen, in Betracht gezogen werden müssen. Ich habe schon früher die Meinung vertreten, daß die Fähigkeit des Ichs, Spannung und Angst zu ertragen und damit in gewissem Maße Versagung zu tolerieren, ein konstitutioneller Faktor ist.[11] Diese angeborene größere Fähigkeit, Angst zu ertragen, scheint letzten Endes von dem Übergewicht der libidinösen über die aggressiven Triebe abzuhängen, d. h. von dem Anteil,

---

11 Vgl. ‹Psychoanalyse des Kindes›, S. 59, Fußnote.

den der Lebenstrieb in der Legierung der zwei Urtriebe von Anfang an hat.

Meine Hypothese, daß die orale Libido, wie sie sich in der Saugfunktion ausdrückt, das Kind befähigt, die Brust (und Brustwarze) als ein relativ unbeschädigtes Objekt zu introjizieren, widerspricht nicht der Annahme, daß die destruktiven Impulse in den frühesten Phasen am mächtigsten sind. Die Faktoren, die die Mischung und Entmischung der zwei Urtriebe beeinflussen, sind noch unklar, aber es besteht kaum Grund daran zu zweifeln, daß in der Beziehung zum ersten Objekt – der Brust – das Ich manchmal mit Hilfe von Spaltungsprozessen fähig ist, Libido von Aggression fernzuhalten.[12]

Ich wende mich nun dem Anteil zu, den die Projektion an der Entwicklung der Verfolgungsangst hat. An anderer Stelle habe ich beschrieben, wie die oral-sadistischen Triebe, die mütterliche Brust zu verschlingen und auszuhöhlen, in den Phantasien, den Körper der Mutter zu verschlingen, verarbeitet werden.[13] Angriffe, die aus allen anderen Quellen des Sadismus stammen, werden bald mit diesen oralen Angriffen verbunden, und zwei Hauptlinien der sadistischen Phantasien entwickeln sich. Eine Form – hauptsächlich oral-sadistischer Natur, verbunden mit Gier – besteht darin, den mütterlichen Körper alles Guten und Wünschenswerten zu berauben. Die andere Form phantasierter Angriffe – hauptsächlich analer Natur – besteht darin, ihren Körper mit bösen Substanzen und abgespaltenen Teilen des Selbst zu füllen. Diese Substanzen werden hauptsächlich durch Exkremente dargestellt, die sich in Mittel verwandeln, das angegriffene Objekt zu zerstören und zu kontrollieren. Oder das ganze Selbst, das als das böse Selbst empfunden wird, tritt in den Körper der Mutter ein und übernimmt seine Kontrolle. In diesen verschiedenen Phantasien nimmt das Ich durch Projektion von einem äußeren Objekt – vor allem der Mutter – Besitz und macht es zu einem Ausläufer des Selbst. Das Objekt wird damit in einem gewissen Grade ein Repräsentant des Ichs, und diese Prozesse sind nach meiner Ansicht die Grundlage für Identifikation durch Projektion oder ‹projektive Identifikation›.[14] Identifikation durch Introjektion und Identifikation durch Projektion scheinen komplementäre Prozesse zu sein. Wahrscheinlich spielen die Prozesse, die der projektiven Identifikation zugrunde liegen, bereits in den frühesten Beziehungen zur Brust eine Rolle.

---

12 Aus meinem Argument geht hervor, daß ich nicht mit ABRAHAMS Konzept eines prä-ambivalenten Stadiums – insoweit es bedeutet, daß destruktive (oral-sadistische) Impulse erst mit Beginn des Zahnens auftreten – übereinstimme. Indessen müssen wir uns erinnern, daß ABRAHAM auch auf den Sadismus, der im ‹vampirgleichen› Saugen enthalten ist, hingewiesen hat. Kein Zweifel kann darüber bestehen, daß der Beginn der Zahnentwicklung und die physiologischen Prozesse, die das Zahnfleisch affizieren, einen starken Reiz für kannibalische Impulse und Phantasien darstellen; aber Aggression bildet einen Teil der frühesten Beziehung des Kindes zu der Brust, obgleich sich diese in diesem Stadium gewöhnlich nicht im Beißen ausdrückt.

13 Vgl. ‹Psychoanalyse des Kindes›, S. 183.

14 Vgl. meine Arbeit ‹Bemerkungen über einige schizoide Mechanismen›, oben S. 99 und 106 f.

Das vampirhafte Saugen und die Aushöhlung der Brust entwickeln sich in der Phantasie des Kindes zu einem Drängen in die Brust und später in den mütterlichen Körper. Dementsprechend müßte man annehmen, daß projektive Identifikation gleichzeitig mit der gierigen oral-sadistischen Introjektion der Brust beginne. Diese Hypothese ist im Einklang mit der von mir oft zum Ausdruck gebrachten Ansicht, daß Introjektion und Projektion vom Beginn des Lebens an ineinanderwirken. Die Introjektion eines verfolgenden Objektes ist, wie wir gesehen haben, in einem gewissen Grade durch die Projektion der Zerstörungstriebe auf das Objekt bestimmt. Der Trieb, das Böse zu projizieren (auszuscheiden), wird durch die Angst vor inneren Verfolgern bestärkt. Wenn Projektion durch Verfolgungsangst beherrscht wird, wird das Objekt, in welches das Böse (das böse Selbst) projiziert worden ist, der Verfolger *par excellence*, weil es mit den schlechten Eigenschaften des ganzen Individuums ausgestattet ist. Die weitere Introjektion dieses Objektes verstärkt die Angst vor inneren und äußeren Verfolgern akut. (Der Todestrieb oder besser: die mit ihm verbundenen Gefahren sind nun wieder nach innen gerichtet.) So gibt es ein ständiges Ineinanderwirken von Verfolgungsangst in der inneren und äußeren Welt, ein Ineinanderwirken, bei welchem die Prozesse, die mit der projektiven Identifikation verknüpft sind, eine wichtige Rolle spielen.

Die Projektion von Liebesgefühlen—die dem Prozeß der libidinösen Objektbesetzung zugrunde liegt—ist, wie angedeutet, eine Vorbedingung dafür, ein gutes Objekt zu finden. Die Introjektion eines guten Objektes regt die Projektion guter Gefühle nach außen an, und dies wiederum stärkt durch erneute Introjektion das Gefühl, ein gutes inneres Objekt zu besitzen. Der Projektion des bösen Selbst in das Objekt und die äußere Welt entspricht die Projektion der guten Teile des Selbst oder des ganzen guten Selbst. Die erneute Introjektion des guten Objektes und des guten Selbst reduziert die Verfolgungsangst. Auf diese Weise verbessert sich gleichzeitig die Beziehung zu der inneren wie zu der äußeren Welt, und das Ich gewinnt an Stärke und Integration.

Ein Fortschritt in der Integration, der, wie in einem früheren Abschnitt erwähnt, davon abhängt, daß Liebesimpulse zeitweise das Übergewicht über Zerstörungstriebe haben, führt zu Übergangsstadien, in denen das Ich Gefühle von Liebe und Zerstörungsimpulse gegen ein Objekt (zuerst die mütterliche Brust) vereinigt. Diese Synthese löst weitere wichtige Schritte in der Entwicklung (die wahrscheinlich gleichzeitig auftreten) aus: die schmerzhaften Gefühle der depressiven Angst und Schuld entstehen; Aggression wird durch Libido vermindert; demzufolge vermindert sich Verfolgungsangst; die Angst um das Schicksal des bedrohten äußeren und inneren Objekts führt zu einer stärkeren Identifizierung mit ihm: das Ich versucht deshalb wiedergutzumachen und hemmt zugleich aggressive Triebe, die als gefährlich für das geliebte Objekt empfunden werden.[15]

---

15 ABRAHAM weist auf Triebhemmungen hin, die zuerst auf «. . . dem Stadium des Narzißmus mit einem kannibalischen Sexualziel» erscheinen (*A Short Study of the*

Mit der wachsenden Integration des Ichs nehmen die Erfahrungen der depressiven Angst an Häufigkeit und Dauer zu. Mit der Erweiterung der Perzeption entwickelt sich in der Seele des Kindes aus seiner Beziehung zu Teilen des mütterlichen Körpers und zu den verschiedenen Aspekten ihrer Persönlichkeit (wie ihr Geruch, ihre Stimme, Lächeln, das Geräusch ihrer Schritte, wie sie sich anfühlt, usw.) der Begriff der Mutter als eine ganze und einzigartige Person. Depressive Angst und Schuld konzentrieren sich allmählich auf die Mutter als Person und nehmen an Intensität zu; die depressive Position tritt in den Vordergrund.

IV

Bisher habe ich in dieser Arbeit Aspekte des seelischen Lebens der ersten drei oder vier Monate beschrieben. (Man muß sich indessen immer vor Augen halten, daß nur sehr vage Angaben über die Dauer der Entwicklungsphasen gemacht werden können, da es große individuelle Unterschiede gibt.) In dieser Phase, die von mir beschrieben wurde, stehen gewisse Züge als charakteristisch im Vordergrund. Die paranoid-schizoide Position hat die Vorherrschaft. Das Ineinanderwirken von Introjektion und Projektion – Re-Introjektion und Re-Projektion – bestimmt die Ich-Entwicklung. Die Beziehung zur geliebten und zur gehaßten – guten und bösen – Brust ist des Kindes erste Objektbeziehung. Destruktive Impulse und Verfolgungsangst sind auf ihrem Höhepunkt. Der Wunsch nach unbeschränkter Befriedigung ebenso wie Verfolgungsangst tragen zu dem kindlichen Gefühl bei, daß sowohl eine ideale als auch eine gefährliche, verschlingende Brust existieren, die in dem kindlichen Erleben weit voneinander entfernt gehalten werden. Diese beiden Aspekte der mütterlichen Brust werden introjiziert und bilden den Kern des Über-Ichs. Spaltungsprozesse, Omnipotenz, Idealisierung, Verleugnung und Kontrolle der inneren und äußeren Objekte stehen in diesem Stadium im Vordergrund. Diese ersten Abwehrmethoden sind extrem, was mit der Intensität der frühen Gemütsbewegungen und der begrenzten Fähigkeit des Ichs, Angst zu ertragen, im Einklang steht. Während diese Abwehrmaßnahmen in gewisser Hinsicht die Integration hemmen, sind sie doch für die ganze Ichentwicklung wesentlich, denn sie mildern immer wieder die Ängste des Kleinkindes. Eine relative und zeitlich begrenzte Sicherheit wird hauptsächlich dadurch

---

Development of the Libido, S. 496). Da die Hemmungen aggressiver Triebe und der Gier dazu neigen, auch libidinöse Wünsche mit zu erfassen, wird die depressive Angst zur Ursache jener Schwierigkeiten bei der Nahrungsaufnahme, die bei Kindern in den ersten Lebensmonaten auftreten und sich bei der Entwöhnung steigern. Die frühesten Stillschwierigkeiten, die bei gewissen Kindern von den ersten Tagen an auftreten, sind nach meiner Ansicht durch Verfolgungsangst verursacht. (Vgl. ‹Die Psychoanalyse des Kindes›, S. 166–186.)

erreicht, daß das verfolgende Objekt von dem guten ferngehalten wird. Das Vorhandensein eines guten (idealen) inneren Objektes ermöglicht dem Ich, für eine gewisse Zeit intensive Gefühle von Liebe und Befriedigung zu haben. Das gute Objekt bietet auch Schutz gegen das Verfolgungsobjekt, weil das Kind fühlt, daß das gute Objekt das letztere ersetzt hat (wie z. B. in den wunscherfüllenden Halluzinationen). Ich glaube, daß diese Prozesse der beobachtbaren Tatsache zugrunde liegen, daß Kleinkinder so schnell zwischen Zuständen vollkommener Befriedigung und größter Angst wechseln. In diesem Frühstadium ist die Fähigkeit des Ichs, mit Angst durch eine Synthese der sich widersprechenden Gefühlsregungen gegenüber der Mutter und damit ihren beiden Aspekten fertig zu werden, sehr beschränkt. Das bedeutet, daß die Angst vor dem bösen Objekt durch Vertrauen auf das gute sich verringert und damit depressive Angst nur als flüchtige Erfahrungen auftritt. Aus den miteinander abwechselnden Prozessen von Desintegration und Integration entwickelt sich allmählich ein stärker integriertes Ich, das eine größere Fähigkeit hat, mit Verfolgungsangst fertig zu werden. Die kindliche Beziehung zu Teilen des mütterlichen Körpers, die sich auf ihre Brust konzentriert, wandelt sich allmählich in eine Bindung zu ihr als Person.

Diese Prozesse der frühesten Kindheit können mit Hilfe von wenigen Begriffen beschrieben werden:

a) Ein Ich, das gewisse Anfänge von Integration und Kohäsion aufweist und sich in verstärkendem Maße in dieser Richtung entwickelt. Es erfüllt auch vom Beginn des post-natalen Lebens an gewisse fundamentale Funktionen; es verwendet Spaltungsprozesse und die Hemmung triebhafter Wünsche als Teil der Abwehrmaßnahmen gegen Verfolgungsangst, die das Ich von Geburt an erlebt.

b) Objektbeziehungen, die von Libido und Aggression, d. h. von Liebe und Haß, gebildet sind und die auf der einen Seite von Verfolgungsangst, auf der anderen von deren Folgeerscheinung, nämlich der omnipotenten Beruhigung, die ihrerseits von der Idealisierung des Objektes stammt, durchdrungen sind.

c) Introjektion und Projektion sind mit dem Phantasieleben des Kindes und allen seinen Gemütsbewegungen verbunden. Demzufolge sind sie auch mit den inneren Objekten guter und böser Natur, die die Entwicklung des Über-Ichs in Gang bringen, verknüpft.

Mit wachsender Fähigkeit des Ichs, Angst zu ertragen, ändern sich die Methoden der Abwehr. Dazu tragen auch der wachsende Sinn für Realität und der sich erweiternde Umfang der Befriedigungsmöglichkeiten, Interessen und Objektbeziehungen bei. Destruktive Triebe und Verfolgungsangst nehmen an Stärke ab; depressive Angst gewinnt an Einfluß und kommt zu einem Höhepunkt in der Periode, die ich im nächsten Abschnitt beschreiben werde.

B. Die kindliche depressive Position

I

Während des zweiten Viertels des ersten Lebensjahres treten gewisse Veränderungen in der intellektuellen und emotionalen Entwicklung des Kindes auf. Seine Beziehung zur äußeren Welt, sowohl zu Menschen wie zu Dingen, wird differenzierter. Der Umfang seiner Befriedigungen und Interessen wird weiter, und es wird fähiger, seine Gefühle auszudrücken und sich mit Menschen in Verbindung zu setzen. Diese Veränderungen beweisen eine allmähliche Entwicklung des Ichs. Integration, Bewußtsein, intellektuelle Fähigkeiten, Beziehung zur äußeren Welt und andere Ich-Funktionen entwickeln sich allmählich. Zur gleichen Zeit macht die sexuelle Organisation des Kleinkindes Fortschritte; urethrale, anale und genitale Züge werden stärker, obwohl die oralen Impulse und Wünsche noch im Vordergrund stehen. Auf diese Weise treffen aus verschiedenen Bereichen die Äußerungsformen von Libido und Aggression zusammen, die das kindliche Gemütsleben färben und neue Angstsituationen in den Vordergrund schieben; der Umfang der Phantasie erweitert sich, und damit werden sie differenzierter und komplizierter. Dementsprechend treten wichtige Änderungen in der Natur der Abwehrvorgänge auf.

Alle diese Entwicklungen spiegeln sich in der Beziehung des Kindes zu seiner Mutter wider (und in gewissem Maße auch in der zu seinem Vater und anderen Menschen). Die wachsende Beziehung zur Mutter als einer Person, auch wenn die Brust noch als Objekt eine Hauptrolle spielt, wird mehr und mehr gesichert, und die Identifizierung mit ihr gewinnt an Stärke, sobald das Kind die Mutter als Person erkennen und introjizieren kann.

Während ein gewisses Maß von Integration eine Vorbedingung für die Fähigkeit des Ichs ist, die Mutter und den Vater als ganze Personen zu introjizieren, beginnt eine neue Entwicklung auf der Linie von Integration und Synthese, wenn die depressive Position hervortritt. Die verschiedenen Aspekte der Objekte — Geliebtsein und Gehaßtsein, Gut und Böse — kommen näher aneinander heran, und die Objekte erscheinen jetzt als ganze Personen. Diese Prozesse der Synthese erstrecken sich über alle äußeren und inneren Objektbeziehungen. Sie umfassen die gegensätzlichen Aspekte der inneren Objekte (das frühe Über-Ich) auf der einen Seite und der äußeren Objekte auf der anderen. Weiter wird das Ich dazu getrieben, die Diskrepanz zwischen der äußeren und inneren Welt zu verkleinern, oder besser, die Diskrepanz zwischen äußeren und inneren Objekten. Zusammen mit diesen Syntheseprozessen werden weitere Schritte auf dem Weg zur Integration des Ichs unternommen, die zu einem festeren Zusammenhang zwischen den abgespalteten Teilen des Ichs führen. Diese Prozesse der Integration und Synthese sind die Ursache für eine Intensivierung des Konflikts zwischen Liebe und Haß. Die sich daraus ergebende depressive Angst und die Schuldgefühle wandeln sich nicht nur quantitativ, sondern auch qualitativ. Ambivalenz wird jetzt hauptsächlich dem ganzen Objekt gegenüber erlebt. Liebe und Haß kommen viel näher zusammen, und die ‹gute› und ‹böse› Brust, die ‹gute› und ‹böse› Mutter, können nicht mehr so weit voneinander getrennt werden wie in der früheren Phase. Obgleich die Kraft der destruktiven Impulse nachläßt, werden diese Triebe als eine große Gefahr für das geliebte Objekt empfunden, das nunmehr als eine Person gesehen wird. Die Gier und ihre Abwehr spielen eine beträchtliche Rolle in dieser Phase, denn infolge der Angst, das geliebte und unentbehrliche Objekt unwiderruflich zu verlieren, kann sich die Gier vergrößern. Auf der anderen Seite wird Gier als unkontrollierbar und destruktiv empfunden und bedroht die geliebten äußeren und inneren Objekte. Das Ich hemmt deshalb immer mehr Triebwünsche, und das kann zu schweren Störungen im Genuß der Nahrungsaufnahme beim Kleinkinde und später zu ernsten Hemmungen in zärtlichen und erotischen Beziehungen führen.[16]

Die beschriebenen Fortschritte in der Integration und Synthese bewirken eine größere Fähigkeit des Ichs, die immer mehr hervortretende psychische Realität anzuerkennen. Die Angst im Hinblick auf die introjizierte Mutter, die als beschädigt, leidend, mit Vernichtung bedroht oder schon als vernichtet und für immer verloren empfunden wird, führt zu einer stärkeren Identifizierung mit dem beschädigten Objekt. Diese Identifizierung verstärkt wiederum den Trieb wiedergutzumachen und die Versuche des Ichs, aggressive Impulse zu hemmen. Das Ich macht auch immer wieder Gebrauch von der manischen Abwehr. Wie wir bereits gesehen haben, werden Verleugnung, Idealisierung, Spaltung und Kontrolle der inneren und äußeren Objekte vom Ich dazu benützt, der Verfolgungsangst entgegenzuwirken. In einem gewissen Maße werden diese omnipotenten Methoden beibehalten, wenn die depressive Position auftritt, aber sie werden nunmehr auch dazu benützt, der depressiven Angst entgegenzuwirken. Sie unterliegen gewissen Veränderungen, entsprechend den Fortschritten bei der Integration und Synthese, das heißt, sie werden weniger extrem und entsprechen mehr der wachsenden Fähigkeit des Ichs, sich der psychischen Realität gegenüber zu behaupten. In dieser veränderten Form und mit diesem Ziel stellen diese frühen Methoden jetzt die manische Abwehr dar.

Das Ich steht einer Fülle von Angstsituationen gegenüber und neigt dazu, sie zu verneinen. Wenn die Angst überwältigend ist, verleugnet das Ich die Tatsache, daß es das Objekt überhaupt liebt, mit dem Erfolg, daß es zu einer dauernden Unterdrückung von Liebe und zur Abwendung von den primären Objekten und damit zum Anwachsen der Verfolgungsangst kommen kann;

---

16 Solche Schwierigkeiten, die oft bei Kindern, besonders bei der Entwöhnung, beobachtet werden (z. B. beim Übergang von der Brust- zur Flaschennahrung oder wenn neue Nahrungsstoffe der Flaschennahrung zugesetzt werden, usw.), können als ein depressives Symptom betrachtet werden. Das habe ich ausführlich in einer anderen Arbeit besprochen (‹On Observing the Behaviour of Young Infants›, Kap. VII, in ‹Developments in Psycho-Analysis›). Vgl. auch die Fußnote 15, oben Seite 150 f.

d. h. Regression zur paranoid-schizoiden Position.[17]

Die Versuche des Ichs, äußere und innere Objekte zu kontrollieren – eine Methode, die während der paranoid-schizoiden Position hauptsächlich gegen Verfolgungsangst gerichtet war–, können sich auch ändern. Wenn depressive Angst wächst, wird die Kontrolle über Objekte und Triebe hauptsächlich deswegen vom Ich ausgeübt, um Versagung zu verhüten, Aggression zuvorzukommen und die sich daran knüpfende Gefahr für die geliebten Objekte – d. h. depressive Angst – im Zaum zu halten.

Außerdem verändert sich die Art der Verwendung von Spaltungen des Objektes und des Selbst. Obwohl die früheren Methoden bis zu einem gewissen Grad weiterbenützt werden, teilt das Ich jetzt das ganze Objekt in ein unbeschädigtes lebendiges Objekt und ein beschädigtes gefährdetes (vielleicht sterbendes oder totes) Objekt; Spaltung wird somit vor allem eine Abwehr gegen depressive Angst.

Gleichzeitig macht die Ich-Entwicklung wichtige Fortschritte: das Ich wird nicht nur fähig, adäquatere Abwehrmechanismen gegen Angst zu entwickeln, sondern es kommt zu einer wirklichen Verringerung von Angst. Die anhaltende Erfahrung einer psychischen Realität, die in dem Durcharbeiten der depressiven Position enthalten ist, vergrößert für das Kind das Verständnis der äußeren Welt. Das Bild, das es sich von seinen Eltern macht und das bisher in idealisierte und schreckenerregende Figuren verzerrt war, kann jetzt allmählich wirklichkeitsnäher werden.

Wie ich schon erwähnt habe, verbessert sich die innere Welt des Kleinkindes, wenn es eine beruhigendere äußere Welt introjiziert; und das wiederum verbessert durch Projektion das Bild der äußeren Welt. Dadurch, daß das Kind immer wieder eine realistischere und beruhigendere äußere Welt introjiziert und in einem gewissen Maße ganze und unbeschädigte Objekte in sich selbst aufbaut, vollziehen sich allmählich wichtige Entwicklungen in der Organisation des Über-Ichs. Da außerdem gute und böse innere Objekte näher miteinander in Kontakt kommen – die bösen Aspekte werden durch die guten vermindert –, ändert sich die Beziehung zwischen Ich und Über-Ich, d. h., eine fortschreitende Assimilation des Über-Ichs durch das Ich findet statt (vgl. Anmerkung (1) unten S. 170).

In diesem Stadium wird der Drang, das beschädigte Objekt wiederherzustellen, voll wirksam. Wie wir früher gesehen haben, ist diese Tendenz unlöslich mit Schuldgefühlen verbunden. Wenn das Kind fühlt, daß seine destrukti-

---

17 Diese frühe Regression kann zu Schwachsinn als Ausdruck einer schweren Störung der Frühentwicklung führen. (Siehe ‹Bemerkungen über einige schizoide Mechanismen›, oben S. 99 ff.) Sie kann auch die Basis für eine schizophrene Erkrankung werden. Eine andere mögliche Folge einer ungenügenden Durcharbeitung der infantilen depressiven Position ist die manisch-depressive Krankheit. Schließlich kann auch eine schwere Neurose die Folge sein. Ich glaube deshalb, daß die infantile depressive Position von zentraler Bedeutung für die Entwicklung im ersten Lebensjahr ist.

ven Impulse und Phantasien auf die ganze Person des geliebten Objektes gerichtet sind, entsteht ein intensives Gefühl von Schuld und als Folge davon der starke Drang, das geliebte, beschädigte Objekt wiederherzustellen, zu erhalten und zu beleben. Diese Gefühle kommen meiner Ansicht nach dem Zustand des Trauerns und den Abwehrmechanismen gleich, die versuchen, von seiten des Ichs die Trauer zu überwinden.

Da die Tendenz der Wiedergutmachung schließlich dem Lebenstrieb entspringt, schöpft sie ihre Energie aus den libidinösen Phantasien und Wünschen. Diese Tendenz geht in alle Sublimierungen ein und bleibt von diesem Stadium an das Hauptmittel, durch das Depression begrenzt und vermindert werden kann.

Es scheint, daß es keinen Aspekt des Gemütslebens gibt, der in den Frühstadien nicht vom Ich zur Abwehr von Angst benützt wird. So wird auch die Wiedergutmachungstendenz, zuerst in omnipotenter Weise angewandt, zu einem wichtigen Faktor der Abwehr. Die Gefühle des Kindes (Phantasie) könnten wie folgt beschrieben werden: «Meine Mutter verschwindet, sie wird vielleicht niemals zurückkehren, sie leidet, sie ist tot. Nein, das kann nicht so sein, denn ich kann sie wiederbeleben.»

Die Omnipotenz nimmt ab, wenn das Kind allmählich größeres Zutrauen zu seinen Objekten und zu seiner Wiederherstellungskraft gewinnt.[18] Es fühlt, daß alle Schritte seiner Entwicklung, alle seine neuen Errungenschaften den Menschen seiner Umgebung Freude machen, und daß es auf diese Weise seine Liebe ausdrücken und dem Schaden, den es durch seine aggressiven Impulse angerichtet hat, entgegenwirken, ja ihn ungeschehen machen kann. Es fühlt sich in der Lage, seine beschädigten, geliebten Objekte wiederherzustellen.

In dieser Weise werden die Grundlagen für eine normale Entwicklung gelegt: die Beziehungen zu Menschen entwickeln sich, die Verfolgungsangst vor inneren und äußeren Objekten wird vermindert, die guten inneren Objekte werden gesichert, ein Gefühl größerer Sicherheit entsteht, und alle diese Veränderungen stärken und bereichern das Ich. Das stärkere und kohärentere Ich vereinigt, obwohl es von der manischen Abwehr reichlich Gebrauch macht, immer wieder die abgespaltenen Aspekte des Objektes und des Selbst. Allmählich werden die Prozesse der Spaltung und Synthese auf weniger weit voneinander entfernte Aspekte angewandt; die Wahrnehmung der Realität nimmt zu, und die Objekte erscheinen realitätsgerechter. Alle diese Entwicklungen führen zu einer wachsenden Adaptierung an äußere und innere Realität.[19]

Dementsprechend unterliegt die Haltung des Kindes gegenüber der Versa-

---

18 In den Analysen von Erwachsenen und Kindern kann man beobachten, daß Gefühle von Hoffnung entstehen, wenn die Depression tief empfunden wird. Das ist einer der Faktoren, die in der frühen Entwicklung dem Kinde helfen, die depressive Position zu überwinden.

19 Wie wir wissen, bestehen Spaltungsvorgänge unter dem Druck der Ambivalenz

gung einer ähnlichen Veränderung. Wie wir gesehen haben, wurde in der frühesten Phase der böse, verfolgende Aspekt der Mutter (ihre Brust) im Erleben des Kindes für alles verantwortlich gemacht, was versagend und böse war, sowohl im Innern wie im Äußern. Wenn der Realitätssinn des Kindes in Hinsicht auf seine Objekte und das Zutrauen in sie wachsen, wird es fähiger, zwischen Versagung, die von außen auferlegt ist, und phantasierten inneren Gefahren zu unterscheiden. Dementsprechend werden Haß und Aggression in nähere Beziehung zu der wirklichen Versagung oder dem Leid, das von äußeren Faktoren stammt, gebracht. Das fördert die Entwicklung einer realistischeren und objektiven Methode, sich mit seiner eigenen Aggression auseinanderzusetzen, die weniger Schuld erzeugt und schließlich das Kind befähigt, seine Aggression auf einem Ich-gerechteren Weg zu erfahren und zu sublimieren.

Dazu kommt, daß diese realistischere Haltung der Versagung gegenüber – aus der sich eine Verminderung der Verfolgungsangst vor inneren und äußeren Objekten ergibt – zu einer größeren Fähigkeit des Kindes führt, die gute Beziehung zu seiner Mutter und zu anderen Menschen wiederherzustellen, wenn die versagende Erfahrung nicht mehr besteht. Mit anderen Worten, die wachsende Anpassung an die Realität – die verbunden ist mit den Veränderungen der Funktion von Introjektion und Projektion – führt zu einer sicheren Beziehung zur äußeren und inneren Welt. Das wiederum bringt eine Verminderung vom Ambivalenz und Aggression mit sich, die es dem Bedürfnis nach Wiedergutmachung ermöglicht, voll zur Geltung zu kommen. Auf diesen Wegen wird der Prozeß der Trauer, der in der depressiven Position seinen Ursprung hat, allmählich durchgearbeitet.

Wenn das Kind das kritische Stadium von etwa drei bis sechs Monaten erreicht und den Konflikten, Schuld und Leid, die der depressiven Position zugehören, gegenübersteht, ist seine Fähigkeit, mit seiner Angst fertig zu werden, durch seine frühere Entwicklung in dem Ausmaß bestimmt, in dem es während der ersten drei oder vier Monate seines Lebens fähig gewesen ist, sein gutes Objekt, das den Kern seines Ichs bildet, in sich aufzunehmen und zu festigen. Wenn dieser Prozeß erfolgreich war – das setzt voraus, daß Verfolgungsangst und Spaltungsprozesse nicht exzessiv waren und daß ein gewisses Maß von Integrierung zustande gekommen ist –, verlieren die Verfolgungsangst und die schizoiden Mechanismen allmählich an Kraft, und das Ich wird fähig, das ganze Objekt zu introjizieren, aufzubauen und somit die depressive Position zu überwinden. Wenn dagegen das Ich unfähig ist, mit den zahlreichen schweren Angstsituationen in diesem Stadium fertig zu werden – ein Versagen, das durch fundamentale innere Faktoren wie auch durch äußere Erfahrungen bestimmt ist –, erfolgt eine starke Regression von der depressiven Position auf die frühere paranoid-schizoide Position. Das würde auch den Prozeß der Introjektion des ganzen Objektes behindern und würde bestim-

---

in gewissem Maße während des ganzen Lebens, und sie spielen eine wichtige Rolle in der normalen seelischen Ökonomie.

men, welche Entwicklung das Kind während des ersten Lebensjahres und der ganzen folgenden Kindheit nimmt.

II

Meine Hypothese der infantilen depressiven Position ist auf grundlegenden psychoanalytischen Begriffen von den frühen Stadien des Lebens aufgebaut, nämlich auf der primären Introjektion und der Vorherrschaft oraler Libido und kannibalischer Triebe bei Kleinkindern. Diese Entdeckungen durch FREUD und ABRAHAM haben wesentlich zum Verständnis der Ätiologie der Geisteskrankheiten beigetragen. Als ich diese Konzepte entwickelte und sie auf das Verständnis von Kleinkindern anwandte, wie es sich aus der Analyse von Kindern ergab, wurden mir mehr und mehr die Komplexität der frühen Prozesse und Erlebnisse und ihre Wirkung auf das kindliche Gefühlsleben klar. Hierdurch wiederum mußte neues Licht auf die Ätiologie von Geisteststörungen fallen. Eine meiner Schlußfolgerungen war, daß eine besonders enge Beziehung zwischen der infantilen depressiven Position und dem Phänomen der Trauer und Melancholie besteht.[20]

ABRAHAM, der FREUDS Arbeit über Melancholie fortsetzte, hat einen der fundamentalen Unterschiede zwischen normaler und pathologischer Trauer dargestellt (vgl. Anmerkung (2) unten S. 171). In der normalen Trauer gelingt es dem Individuum, die verlorene geliebte Person innerhalb seines Ichs aufzubauen, während in der Melancholie und pathologischen Trauer dieser Prozeß nicht erfolgreich verläuft. ABRAHAM beschrieb auch einige der wesentlichen Faktoren, von denen Erfolg und Mißerfolg abhängen. Wenn die kannibalischen Impulse übermächtig sind, kommt die Introjektion des verlorenen geliebten Objektes nicht zustande, und das führt zur Krankheit. In der normalen Trauer muß das verlorene geliebte Objekt auch im Ich aufgebaut werden. Dieser Prozeß ist erfolgreich, wie FREUD gesagt hat, wenn die Bindungen, die an dem geliebten und verlorenen Objekt haften, zurückgezogen und neu investiert werden, aber das verlorene Objekt muß während dieses Prozesses auch innerlich neu aufgebaut werden.

In meiner Arbeit ‹Trauer und ihre Beziehung zu manisch-depressiven Zuständen› habe ich die folgende Anschauung gebracht: «Meine Erfahrung hat mich zu dem Schluß geführt, daß zwar das Charakteristikum der normalen Trauer darin besteht, daß das Individuum das verlorene geliebte Objekt in sich selbst neu aufbaut; es tut dies aber nicht zum erstenmal, sondern durch die

---

20 Bezüglich der Beziehung der infantilen depressiven Position zu manisch-depressiven Zuständen auf der einen Seite und zu normaler Trauer auf der anderen vgl. meine Arbeiten ‹Zur Psychogenese der manisch-depressiven Zustände› und ‹Trauer und ihre Beziehung zu manisch-depressiven Zuständen›, oben S. 43 ff und 72 ff.

Trauerarbeit richtet es dieses Objekt, so wie alle seine geliebten inneren Objekte, die es verloren zu haben fühlt, wieder auf.» Wann immer das Gefühl der Trauer entsteht, unterminiert es das Gefühl vom sicheren Besitz der geliebten inneren Objekte, denn es belebt erneut die frühen Ängste vor den beschädigten und zerstörten Objekten – vor einer zerstörten inneren Welt. Schuldgefühle und Verfolgungsängste, d. h. die depressive Position, werden in voller Stärke wiederbelebt. Ein erfolgreicher innerer Neuaufbau des *äußeren* geliebten Objektes, das betrauert wird und dessen Introjektion durch den Prozeß der Trauer verstärkt wird, bedeutet, daß die geliebten *inneren* Objekte wiederhergestellt und wieder erworben sind. Deshalb ist die Realitätsprüfung, die charakteristisch für den Prozeß der Trauer ist, ein Mittel, nicht nur die Verbindungen zur äußeren Welt zu erneuern, sondern auch *die zerstörte innere Welt* neu aufzubauen. Trauer schließt somit eine Wiederholung der Gefühlssituation ein, die das Kind während der depressiven Position erlebte. Denn unter dem Druck der Furcht, die geliebte Mutter zu verlieren, arbeitet das Kind an der Aufgabe, seine innere Welt aufzubauen und zu integrieren, d. h. seine guten Objekte in sich selbst sicher zu verankern.

Einer der entscheidenden Faktoren, die bestimmen, ob der Verlust des geliebten Objektes (durch Tod oder andere Ursachen) zu einer manisch-depressiven Krankheit führt oder normal überwunden wird, ist nach meiner Erfahrung der Grad, bis zu welchem im ersten Lebensjahr die depressive Position erfolgreich durchgearbeitet und die geliebten introjizierten Objekte im Innern sicher verankert wurden.

Die depressive Position ist mit fundamentalen Veränderungen in der kindlichen libidinösen Organisation verbunden, denn während dieser Periode – um die Mitte des ersten Lebensjahres – erreicht das Kind die Frühstadien des direkten und umgekehrten Ödipuskomplexes. Ich beschränke mich an dieser Stelle auf eine grobe Skizzierung meiner Darstellung der Frühstadien des Ödipuskomplexes.[21] Die Frühstadien sind durch die wichtige Rolle charakterisiert, welche die Teilobjekte in der kindlichen Seele noch spielen, während sich die Beziehung zu ganzen Objekten festigt. Weiterhin ist, obgleich die genitalen Wünsche stark in den Vordergrund treten, die orale Libido noch immer führend. Starke orale Wünsche, die infolge der durch die Mutter erfahrenen Versagungen verstärkt sind, werden von der Brust der Mutter auf den Penis des Vaters übertragen.[22] Genitale Wünsche der Mädchen und Jungen fließen mit

21 Eine ins einzelne gehende Übersicht habe ich in der ‹Psychoanalyse des Kindes› (besonders in Kap. VIII) gegeben; ebenso in meinen Arbeiten ‹Frühstadien des Ödipus-Komplexes› (1928) und ‹Der Ödipus-Komplex im Lichte früher Ängste› (1945).
22 ABRAHAM schreibt in ‹Versuch einer Entwicklungsgeschichte der Libido› (1924), S. 84: «Bezüglich des introjizierten Teils erscheint noch eine Bemerkung notwendig. Sie bezieht sich auf die regelmäßige Gleichsetzung des Penis mit der weiblichen Brust. Sekundär übernehmen andere Körperteile die Vertretung dieser beiden Organe, so z. B. Finger, Fuß, Haar, Kot, Gesäß ...»

oralen Wünschen zusammen, und deshalb entsteht eine orale wie eine genitale Beziehung zu dem väterlichen Penis. Die genitalen Wünsche richten sich auch auf die Mutter. Die Wünsche des Kindes nach dem väterlichen Penis sind mit Eifersucht auf die Mutter verbunden, weil das Kind fühlt, daß sie dieses ersehnte Objekt bekommt. Diese vielfältigen Gemütsbewegungen und Wünsche bei beiden Geschlechtern liegen dem umgekehrten und dem direkten Ödipuskomplex zugrunde.

Ein anderer Anteil der frühen Ödipus-Stadien ist mit der wichtigen Rolle verbunden, die das Innere der Mutter und das eigene Innere in der kindlichen Seele spielen. Während der vorhergehenden Periode, als die destruktiven Triebe die Oberhand hatten (paranoid-schizoide Position), bestand der Trieb des Kindes darin, in den mütterlichen Körper einzudringen und Besitz von seinem Inhalt zu nehmen, und war hauptsächlich oraler und analer Natur. Dieser Trieb ist in der folgenden Periode noch aktiv (depressive Position), aber da die genitalen Wünsche stärker werden, ist er mehr auf den väterlichen Penis gerichtet, der Kindern und Stuhl gleichgesetzt ist, und der, wie das Kind meint, in dem mütterlichen Körper enthalten ist. Gleichzeitig führen die oralen Wünsche nach dem väterlichen Penis zu seiner Introjektion, und dieser introjizierte Penis — der sowohl ein gutes wie ein böses Objekt darstellt — spielt eine wichtige Rolle in der inneren Objektwelt des Kindes. Die frühen Stadien der Ödipus-Entwicklung sind außerordentlich komplex: Wünsche aus den verschiedensten Quellen überschneiden sich; diese Wünsche sind sowohl auf Teilobjekte als auch auf ganze Objekte gerichtet; der Penis des Vaters, der sowohl begehrt wie gehaßt wird, existiert nicht nur als ein Teil des väterlichen Körpers, sondern wird gleichzeitig von dem Kinde als in seinem eigenen Innern und im Innern des mütterlichen Körpers empfunden.

Neid scheint in der oralen Gier enthalten zu sein. Meine analytische Arbeit hat mich gelehrt, daß Neid (der mit Gefühlen von Liebe und Befriedigung abwechselt) zuerst auf die nährende Brust gerichtet ist. Zu diesem primären Neid kommt Eifersucht hinzu, wenn die Ödipus-Situation entsteht. Die Gefühle des Kindes in bezug auf beide Eltern scheinen sich auf folgender Linie zu bewegen: wenn das Kind Versagung empfindet, glaubt es, daß der Vater oder die Mutter das geliebte Objekt ununterbrochen genießen, das ihm vorenthalten ist — die mütterliche Brust, den väterlichen Penis. Es ist charakteristisch für die intensiven Gefühle und die Gier des Kleinkindes, daß es den Eltern einen ununterbrochenen Zustand der gegenseitigen Befriedigung oraler, analer und genitaler Natur zuschreibt.

Auf diesen Sexualtheorien beruht das Bild der vereinigten Eltern: z. B. die Mutter enthält den väterlichen Penis oder den ganzen Vater; der Vater enthält die mütterliche Brust oder die ganze Mutter; die Eltern sind unzertrennlich im sexualen Verkehr miteinander verbunden.[23] Phantasien dieser Art tragen

---

23 Vgl. den Begriff der vereinigten Eltern in ‹Psychoanalyse des Kindes›, besonders Kap. VIII.

auch zu der Idee der ‹Frau mit einem Penis› bei. Weiterhin baut das Kind durch Introjektion solche vereinigten Elternfiguren in sich selbst auf, und das bildet die Grundlage für viele Angstsituationen psychotischer Natur.

Allmählich entwickelt sich eine realistischere Beziehung zu den Eltern, und dementsprechend lernt das Kind, sie als getrennte Individuen zu betrachten, das heißt, die primitiven vereinigten Elternfiguren verlieren an Bedeutung.[24] Diese Entwicklungen sind mit der depressiven Position innigst verbunden. Die Angst vor dem Verlust der Mutter, des primären geliebten Objekts – das heißt depressive Angst –, trägt bei beiden Geschlechtern zu dem Bedürfnis nach Ersatzobjekten bei; das Kind wendet sich nun dem Vater zu, der in diesem Stadium auch als ganze Person introjiziert ist, um dieses Bedürfnis zu erfüllen.

Auf diese Weise werden Libido und depressive Angst zum Teil von der Mutter abgelenkt, und dieser Prozeß der Verteilung regt neue Objektbeziehungen an, wie er auch die Intensität der depressiven Gefühle vermindert. Die frühen Stadien des direkten und umgekehrten Ödipuskomplexes bringen den Ängsten des Kindes somit Linderung und helfen ihm, die depressive Position zu überwinden. Indessen entstehen zur gleichen Zeit neue Konflikte und Ängste, da die Ödipuswünsche nunmehr bedeuten, daß Neid, Rivalität und Eifersucht, die in diesem Stadium noch stark von oral-sadistischen Impulsen angeregt sind, als auf zwei Menschen gerichtet empfunden werden, die beide geliebt und gehaßt sind. Das Durcharbeiten dieser Konflikte, die zuerst in den Frühstadien des Ödipuskomplexes auftreten, ist Teil des Prozesses der Modifikation von Angst, die bis in die ersten Jahre der Kindheit zurückgeht.

Zusammenfassend: Die depressive Position spielt eine vitale Rolle in der frühen Entwicklung des Kindes, und Verfolgungsangst und depressive Ängste haben sich normalerweise, wenn die infantile Neurose im fünften Lebensjahre ein Ende nimmt, verändert. Die fundamentalen Schritte im Durcharbeiten der depressiven Position geschehen, wenn das Kind das ganze Objekt aufbaut – das heißt während der zweiten Hälfte des ersten Jahres. Man kann wohl behaupten, daß eine der Vorbedingungen für die normale Entwicklung erfüllt ist, wenn diese Prozesse erfolgreich verlaufen. Während dieser Periode werden Verfolgungsangst und depressive Angst immer wieder neu aktiviert, wie z. B. beim Zahndurchbruch und bei der Entwöhnung. Die Wechselwirkung zwischen Angst und physischen Faktoren ist ein Aspekt der komplexen Entwicklungsprozesse im ersten Lebensjahre, die alle Gefühle und Phantasien des

---

24 Die Fähigkeit des Kindes, die Beziehung zu beiden Eltern gleichzeitig zu gewinnen, die einen wichtigen Zug in seinem Geistesleben darstellt und mit seinen Gefühlen, die Eltern zu trennen – durch Eifersucht und Angst ausgelöst –, in Konflikt kommt, hängt davon ab, daß es fähig ist, sie als getrennte Einzelwesen zu erleben. Diese schon integrierte Beziehung zu den Eltern (die nicht mit dem zwanghaften Bedürfnis, die Eltern voneinander getrennt zu halten und ihren Sexualverkehr zu verhindern, verwechselt werden darf), schließt ein tieferes Verständnis ihrer Beziehung zueinander ein und ist eine Vorbedingung für die Hoffnung des Kindes, daß es sie zusammenbringen und auf eine glückliche Weise vereinigen kann.

Kindes einschließen; in gewissem Grade gilt das für das ganze Leben.

Ich habe in dieser Arbeit immer wieder betont, daß die Änderungen in der emotionalen Entwicklung und in den Objektbeziehungen des Kindes gradueller Natur sind. Die Tatsache, daß die depressive Position sich allmählich entwickelt, erklärt, warum ihre Wirkung auf das Kind gewöhnlich nur langsam eintritt.[25] Wir müssen uns auch vergegenwärtigen, daß das Ich, während depressive Gefühle erlebt werden, gleichzeitig Methoden entwickelt, um sich gegen sie zu wehren. Das ist, meiner Ansicht nach, einer der grundlegenden Unterschiede zwischen dem Kind, das Ängste psychotischer Natur erlebt, und dem psychotischen Erwachsenen; denn während das Kind diese Ängste durchmacht, sind bereits Modifikationsvorgänge am Werke.

C. Spätere Entwicklungen und Angstmodifikationen

I

Die infantile Neurose kann als eine Kombination von Prozessen betrachtet werden, bei denen Ängste psychotischer Natur gebunden, durchgearbeitet und modifiziert werden. Die fundamentalen Schritte in der Modifikation der Verfolgungsangst und depressiven Angst sind Teil der Entwicklung während des ersten Lebensjahres. Die infantile Neurose, wie ich sie sehe, beginnt deshalb innerhalb des ersten Lebensjahres und nimmt ihr Ende, wenn beim Beginn der Latenzperiode die Modifikation der frühen Ängste erreicht ist.

Alle Aspekte der Entwicklung tragen zu dem Prozeß der Angstmodifikation bei, und deshalb kann man das Schicksal der Angst nur in ihrer Wechselwirkung mit allen Entwicklungsfaktoren verstehen. Zum Beispiel: das Erwerben körperlicher Geschicklichkeit; Spielaktivitäten; die Entwicklung der Sprache und intellektueller Fortschritt im allgemeinen; Reinlichkeitsgewöhnung; Entwicklung von Sublimierungen; die Erweiterung der Objektbeziehungen; der Fortschritt in der kindlichen Libido-Organisation – alle diese Errungenschaften sind unlöslich mit Aspekten der infantilen Neurose verwoben, und damit mit dem Schicksal der Angst und der Abwehrmechanismen, die gegen sie entwickelt wurden. Hier kann ich nur einige wenige dieser ineinanderwirkenden Faktoren anführen und darstellen, wie sie zur Angstmodifikation beitragen.

Die ersten Verfolgungsobjekte, äußere wie innere, sind – wie erwähnt – die mütterliche böse Brust und der väterliche böse Penis; die Verfolgungsängste

---

25 Immerhin können Zeichen wiederholter depressiver Gefühle bei genauer Beobachtung an normalen Kindern entdeckt werden. Schwere Symptome von Depression kommen unter bestimmten Umständen sehr deutlich bei kleinen Kindern vor, wie zum Beispiel bei Krankheit, plötzlicher Trennung von der Mutter oder dem Kindermädchen sowie bei Nahrungsänderung.

vor inneren und äußeren Objekten beeinflussen sich gegenseitig. Diese Ängste, die zuerst auf die Eltern gerichtet sind, finden ihren Ausdruck in den frühen Phobien und beeinflussen die Beziehung des Kindes zu seinen Eltern stark. Sowohl Verfolgungsangst wie depressive Angst tragen wesentlich zu den aus der Ödipus-Situation entstandenen Konflikten bei und beeinflussen die Libido-Entwicklung.[26]

Die auf beide Eltern gerichteten genitalen Wünsche, die die frühen Stadien des Ödipuskomplexes einleiten (ungefähr um die Mitte des ersten Jahres), sind zuerst mit oralen, analen und urethralen Wünschen und Phantasien, sowohl libidinöser wie aggressiver Natur, verwoben. Die Ängste psychotischer Natur, die durch destruktive Triebe aus all diesen Quellen entstehen, neigen dazu, diese Triebe zu verstärken und, wenn exzessiv, zu starker Fixierung an die prä-genitalen Phasen zu führen.[27]

Die Entwicklung der Libido ist somit bei jedem Schritt durch Angst beeinflußt. Denn Angst führt zur Fixierung an prägenitale Phasen und immer wieder zur Regression auf diese Phasen. Auf der anderen Seite geben Angst und Schuld und die sich daraus ergebende Wiederherstellungstendenz Anreiz zu libidinösen Wünschen und regen die Vorwärtsentwicklung der Libido an; denn Geben und Nehmen libidinöser Befriedigung verringern Angst und befriedigen auch das Bedürfnis nach Wiedergutmachung. Deshalb hindern und fördern Angst und Schuld zu gewissen Zeiten die libidinöse Entwicklung. Das ist nicht nur von Individuum zu Individuum verschieden, sondern kann auch in ein und derselben Persönlichkeit Variationen unterliegen, entsprechend dem subtilen Ineinanderwirken innerer und äußerer Faktoren zu einer gegebenen Zeit.

In den schwankenden Positionen des direkten und umgekehrten Ödipuskomplexes werden alle frühen Ängste erlebt; Eifersucht, Wettbewerb und Haß erregen immer wieder Verfolgungsangst und depressive Angst. Ängste, die sich auf die Eltern als innere Objekte richten, werden indessen allmählich durchgearbeitet und in dem Maße vermindert, in dem das Kind ein wachsendes Gefühl von Sicherheit aus der Beziehung zu den Eltern schöpft.

In dem Ineinanderspiel von Progression und Regression, das stark durch Angst beeinflußt wird, gewinnen die genitalen Neigungen allmählich die Oberhand. Als Folge davon wächst die Fähigkeit zur Wiedergutmachung, und Sublimierungen gewinnen an Kraft und Stabilität; denn auf der genitalen Stufe sind sie mit dem höchsten Schöpfungsbedürfnis des Menschen verbunden. Genitale Sublimierungen in der weiblichen Position sind mit Fruchtbarkeit — der Kraft, Leben zu geben — verbunden und somit auch damit, verlorene und beschädigte Objekte wieder nachzuschaffen. In der männlichen Position

---

26 Die gegenseitige Abhängigkeit von Verfolgungs- und depressiven Ängsten auf der einen Seite und Kastrationsangst auf der anderen ist im einzelnen in meiner Arbeit ‹Der Ödipuskomplex im Lichte früher Ängste› behandelt (1945).

27 Vgl. dazu Kap. V in ‹Developments in Psycho-Analysis›.

wird das Element des Leben-Spendens durch Phantasien der Befruchtung verstärkt, um damit die beschädigte oder zerstörte Mutter wiederherzustellen und zu beleben. Deshalb stellt das Genitale nicht nur das Fortpflanzungsorgan dar, sondern auch das Mittel zur Wiederherstellung und Neuerschaffung.

Die Intensivierung der genitalen Tendenzen schließt einen großen Fortschritt in der Ich-Integration ein, denn diese Tendenzen übernehmen die libidinösen und Wiederherstellungswünsche prägenitaler Natur, und so kommt eine Synthese zwischen prägenitalen und genitalen Wiederherstellungstendenzen zustande. Zum Beispiel ist die Fähigkeit, das ‹Gute›, in erster Linie die gewünschte Nahrung und Liebe, von der Mutter zu empfangen, und der Drang, sie wiederum zu füttern und somit wiederherzustellen — die Grundlage für orale Sublimierungen —, eine Vorbedingung für die erfolgreiche genitale Entwicklung.

Die wachsende Stärke der genitalen Libido, die den Fortschritt in der Fähigkeit zur Wiedergutmachung einschließt, geht zusammen mit allmählicher Verminderung der durch destruktive Tendenzen ausgelösten Angst und Schuld, obgleich in der Ödipussituation genitale Wünsche die Ursache von Konflikt und Schuld sind. Daraus folgt, daß das genitale Primat eine Verminderung von oralen, urethralen und analen Tendenzen und Ängsten einschließt. In dem Prozeß der Durcharbeitung der Ödipus-Konflikte und dem Erwerb des genitalen Primats wird das Kind befähigt, seine guten Objekte sicher in seiner inneren Welt aufzubauen und eine stabile Beziehung zu seinen Eltern zu entwickeln. Alles das bedeutet, daß es allmählich Verfolgungsangst und depressive Angst durcharbeitet und modifiziert.

Wir haben Grund anzunehmen, daß, sobald das Kind sein Interesse auf andere Objekte als die mütterliche Brust richtet — z. B. Teile ihres Körpers, andere Objekte seiner Umgebung, Teile seines eigenen Körpers usw. —, ein Prozeß beginnt, der grundlegend für die Entwicklung von Sublimierungen und Objektbeziehungen ist. Liebe, Wünsche (aggressive und libidinöse) und Ängste werden von dem ersten und einzigartigen Objekt der Mutter auf andere Objekte übertragen; und neue Interessen entwickeln sich, die zum Ersatz für die Beziehung zum primären Objekt werden. Dieses primäre Objekt ist indessen nicht nur die äußere, sondern auch die introjizierte gute Brust; und die Ablenkung von Emotionen und schöpferischen Impulsen, die auf die äußere Welt gerichtet sind, ist mit Projektion verbunden. Für diese Prozesse hat die Funktion der Symbolbildung und Phantasietätigkeit große Bedeutung.[28] Wenn depressive Angst entsteht, und besonders mit dem Beginn der

---

28 Ich muß davon absehen, hier ausführlich die Wege zu beschreiben, auf denen die Symbolbildung von Anfang an mit dem Phantasieleben des Kindes und mit den Angstschicksalen unlöslich verbunden ist. Ich weise auf Kap. III und VII in ‹Developments in Psycho-Analysis› hin sowie auf einige meiner früheren Arbeiten: ‹Kleinkind-Analyse› (1926) und ‹Die Bedeutung der Symbolbildung für die Ich-Entwicklung› (1930), oben S. 29 ff.

depressiven Position, fühlt sich das Ich dazu getrieben, seine Wünsche, Emotionen, sowie Schuld und das Bedürfnis wiedergutzumachen, zu projizieren, abzulenken und auf neue Objekte und Interessen zu verteilen. Diese Prozesse sind nach meiner Ansicht das ganze Leben hindurch die Hauptquelle für Sublimierungen. Es ist indessen eine Vorbedingung für die erfolgreiche Entwicklung von Sublimierungen (wie auch der Objektbeziehungen und der libidinösen Organisation), daß Liebe für die ersten Objekte aufrechterhalten werden kann, während Wünsche und Ängste abgelenkt und verteilt werden. Denn, wenn Mißgunst und Haß gegenüber den ersten Objekten vorherrschen, neigen sie dazu, die Sublimierungen und die Beziehung zu Ersatzobjekten zu bedrohen.

Eine andere Störung der Wiedergutmachungsfähigkeit und demzufolge der Fähigkeit zur Sublimierung entsteht, wenn, auf Grund des Scheiterns der Überwindung der depressiven Position, die Hoffnung wiedergutzumachen getrübt ist oder, um es anders auszudrücken, wenn Verzweiflung herrscht über die Zerstörung, der die geliebten Objekte ausgesetzt sind.

II

Wie oben angedeutet, sind alle Aspekte der Entwicklung mit der infantilen Neurose verbunden. Ein charakteristischer Zug der infantilen Neurose ist die frühe Phobie, die während des ersten Lebensjahres beginnt und, sich in Form und Inhalt ändernd, durch die Jahre der Kindheit hindurch immer wieder erscheint. Sowohl Verfolgungs- wie depressive Ängste liegen den frühen Phobien einschließlich der Eßstörungen, des *pavor nocturnus*, der Angst bei Abwesenheit der Mutter, der Furcht vor Fremden, der Störungen in der Beziehung zu den Eltern und der Objektbeziehungen im allgemeinen zugrunde. Das Bedürfnis, Verfolgungsobjekte zu externalisieren, ist ein mit dem Wesen des Phobiemechanismus eng verbundenes Element.[29] Dieses Bedürfnis entstammt sowohl der Verfolgungsangst (bezüglich des Ichs) als auch der depressiven Angst (die sich auf Gefahren zentriert, die den guten inneren Objekten durch innere Verfolger droht). Furcht vor innerer Verfolgung findet auch in hypochondrischen Ängsten ihren Ausdruck.[30] Ebenso trägt sie zu

---

29 Vgl. ‹Die Psychoanalyse des Kindes›, S. 136, 166–171.

30 Meine Erfahrung hat mir gezeigt, daß jene Ängste, die der Hypochondrie zugrunde liegen, auch die Wurzel hysterischer Konversionssymptome darstellen. Der beiden gemeinsame grundlegende Faktor ist die Furcht vor Verfolgung innerhalb des Körpers (Angriffe durch introjizierte Verfolgungsobjekte; oder Schaden, den der eigene Sadismus durch Angriffe mit gefährlichen Exkrementen den inneren Objekten zugefügt hat). Das alles wird als physischer, dem Ich zugefügter Schaden empfunden. Die Klärung dieser Prozesse, die der Transformation dieser Verfolgungsängste in körperliche Symptome zugrunde liegen, kann neues Licht auf die Probleme der Hysterie werfen.

einer Anzahl körperlicher Krankheiten bei, wie z. B. dem häufigen Schnupfen kleiner Kinder.

Orale, urethrale und anale Ängste (die Reinlichkeitsgewohnheiten fördern oder hemmen können) sind grundlegende Züge in der Symptomatologie der kindlichen Neurose. Ebenso ist es auch charakteristisch für die infantile Neurose, daß während der ersten Jahre des Lebens Rückschläge der verschiedensten Art vorkommen. Wie wir oben gesehen haben, kommt es zu einer Regression auf frühere Stadien und deren Angstsituationen, wenn Angst verfolgender und depressiver Art verstärkt wird. Solche Regressionen zeigen sich im Verlust bereits erworbener Sauberkeitsgewohnheiten oder in dem, wenn auch veränderten, Wiederauftreten anscheinend überwundener Phobien.

Während des zweiten Jahres treten zwanghafte Züge in den Vordergrund; sie repräsentieren und binden orale, urethrale und anale Ängste. Zwanghafte Züge können in Schlaf-, Reinlichkeits- oder Eßzeremonien und in einem allgemeinen Bedürfnis nach Wiederholung beobachtet werden, z. B. in dem Wunsch, dieselben Geschichten immer wieder erzählt zu bekommen, besonders mit denselben Ausdrücken, oder dieselben Spiele immer wieder zu spielen. Obwohl diese Züge ein Teil der normalen Entwicklung des Kindes sind, können sie als neurotische Symptome beschrieben werden. Der Verminderung oder Überwindung dieser Symptome entspricht eine Modifikation der oralen, urethralen und analen Ängste; das wiederum schließt eine Modifikation der Verfolgungsängste und depressiven Ängste ein.

Die Fähigkeit des Ichs, Schritt für Schritt Abwehrformen zu entwickeln, die es ihm in einem gewissen Maße ermöglichen, Ängste durchzuarbeiten, ist ein wesentlicher Teil des Modifikationsprozesses der Angst. In dem frühesten Stadium (paranoid-schizoide Position) wird der Angst mit extremen und mächtigen Abwehrmechanismen entgegengewirkt, wie z. B. Spaltungen, Omnipotenz und Verleugnung.[31] In dem darauffolgenden Stadium (depressive Position) unterliegen die Abwehrformen, wie wir gesehen haben, bedeutenden Veränderungen, die durch die größere Fähigkeit des Ichs, Angst zu ertragen, charakterisiert sind. Da im zweiten Lebensjahr die Ich-Entwicklung weiter fortschreitet, macht das Kind von seiner wachsenden Anpassung an die äußere Realität und von seiner sich entwickelnden Kontrolle körperlicher Funktionen beim Prüfen innerer Gefahren durch die äußere Realität Gebrauch.

Alle diese Veränderungen sind für die zwanghaften Mechanismen charakteristisch, die man auch als eine sehr wichtige Art der Abwehr betrachten kann. Zum Beispiel werden durch die Reinlichkeitsgewöhnung die kindlichen

---

31 Wenn diese Abwehrformen über das Stadium, dem sie entsprechen, hinaus beibehalten werden, kann die Entwicklung auf verschiedene Weise leiden; die Integration wird gehemmt, das Phantasieleben und libidinöse Wünsche werden eingeschränkt. Dementsprechend können die Wiedergutmachungstendenzen, Sublimierungen, Objektbeziehungen und die Beziehung zur Realität gestört werden.

Ängste in bezug auf seinen gefährlichen Stuhl (= seine Zerstörungswut), seine bösen introjizierten Objekte und das innere Chaos immer wieder für eine gewisse Zeit vermindert. Die Sphinkter-Kontrolle beweist ihm, daß es innere Gefahren und seine inneren Objekte kontrollieren kann. Weiterhin dienen seine wirklichen Exkremente als Beweis gegen seine phantastische Angst vor deren destruktiven Qualitäten. Es kann sie jetzt ausscheiden und dabei den Wünschen der Mutter oder des Kindermädchens folgen, die dadurch, daß sie die Bedingungen, unter denen die Exkremente produziert werden, zu billigen scheinen, auch das Wesen des Stuhlganges billigen, und das macht den Stuhl ‹gut›.[32] So kann das Kind fühlen, daß der Schaden, der in seinen aggressiven Phantasien durch seine Exkremente seinen inneren und äußeren Objekten zugefügt worden ist, wieder ungeschehen gemacht werden kann. Der Erwerb der Reinlichkeitsgewohnheiten vermindert deswegen auch Schuld und befriedigt den Trieb nach Wiedergutmachung.[33] Zwangsmechanismen bilden einen wichtigen Teil der Ich-Entwicklung. Sie ermöglichen es dem Ich, Angst für eine gewisse Zeit in Schach zu halten. Das hilft dem Ich wiederum, größere Integration und Kraft zu gewinnen; dadurch werden allmähliches Durcharbeiten, Verminderung und Veränderung der Angst möglich. Indessen sind die Zwangsmechanismen in diesem Stadium nur eine Form der Abwehr: wenn sie überstark werden, zeigen sie an, daß das Ich nicht in der Lage ist, mit psychotischer Angst fertig zu werden, und daß sich eine schwere Zwangsneurose im Kind entwickelt.

Eine andere wesentliche Veränderung der Abwehrformen ist für das Stadium charakteristisch, in dem die genitale Libido an Stärke gewinnt. Wenn das geschieht, so ist das Ich, wie wir gesehen haben, schon stärker integriert; die Anpassung an die äußere Realität hat sich verbessert; die Funktion des Bewußtseins ist erweitert; das Über-Ich ist auch besser integriert; eine vollere Synthese unbewußter Prozesse, das heißt innerhalb der unbewußten Anteile des Ichs und des Über-Ichs, hat sich durchgesetzt; die Abgrenzung zwischen

---

32 Die Erkenntnis, daß das Kind ein Bedürfnis hat, Sauberkeitssinn zu erwerben, ein Bedürfnis, das mit Angst, Schuld und den dagegen aufgebauten Abwehren verbunden ist, führt zu folgender Schlußfolgerung: Erziehung zur Sauberkeit, wenn sie ohne Druck und in einer Phase, in der das Bedürfnis danach offenbar wird (was gewöhnlich im Laufe des zweiten Jahres geschieht), angewandt wird, ist für die Entwicklung des Kindes günstig. Wenn sie dem Kinde in einem früheren Stadium aufgezwungen wird, kann sie schädlich sein. Weiterhin sollte das Kind in jedem Stadium nur ermutigt, aber nicht gezwungen werden, Reinlichkeitsgewohnheiten zu erwerben. Das ist in dieser Kürze nur eine sehr unvollständige Bemerkung zu einem sehr wichtigen Problem der Erziehung.

33 FREUDS Anschauung über Reaktionsbildung und ‹Ungeschehenmachen› in der Zwangsneurose liegt meinem Konzept der Wiedergutmachung zugrunde, das aber darüber hinaus verschiedene Prozesse einschließt, bei denen das Ich fühlt, daß es den Schaden, den es in der Phantasie angerichtet hat, beseitigt, das Objekt wiederherstellt, es erhält und wiederbelebt.

Bewußtem und Unbewußtem ist deutlicher. Diese Entwicklungen machen es für die Verdrängung möglich, eine führende Rolle in der Abwehr einzunehmen.[34] Ein wichtiger Faktor bei der Verdrängung ist der tadelnde und verbietende Aspekt des Über-Ichs, ein Aspekt, der als Folge des Fortschrittes in der Über-Ich-Organisation an Stärke gewinnt. Die Forderungen des Über-Ichs, gewisse Triebe und Phantasien, sowohl aggressiver wie libidinöser Natur, dem Bewußtsein fernzuhalten, werden leichter vom Ich befolgt, weil es in der Integration und Assimilation des Über-Ichs Fortschritte gemacht hat.

In einem früheren Abschnitt habe ich beschrieben, daß selbst während der ersten Monate des Lebens das Ich Triebwünsche hemmt, anfangs unter dem Druck von Verfolgungs- und etwas später von depressiven Ängsten. Ein weiterer Schritt kommt in der Entwicklung der Triebhemmungen zustande, wenn das Ich von der Verdrängung Gebrauch machen kann.

Wir haben die Art und Weise kennengelernt, in der das Ich der paranoid-schizoiden Phase Spaltungsprozesse anwendet. Der Mechanismus der Spaltung unterliegt der Verdrängung (wie es in FREUDS Begriff eingeschlossen ist); aber im Gegensatz zu den frühesten Formen der Spaltung, die zu Stadien der Desintegration führt, führt die Verdrängung normalerweise nicht zu einer Desintegration des Selbst. Da in diesem Stadium eine größere Integration, sowohl innerhalb bewußter wie unbewußter Teile der Seele, besteht, und da bei der Verdrängung die Spaltung vorwiegend eine Teilung zwischen Bewußtem und Unbewußtem hervorruft, wird keiner der beiden Teile des Selbst demselben Grad von Desintegration ausgesetzt, der sich in früheren Stadien entwickeln kann. Indessen beeinflußt die Intensität, mit der Spaltungsprozesse in den ersten paar Monaten des Lebens angewandt werden, wesentlich die Anwendung der Verdrängung in einem späteren Stadium. Denn wenn die früheren schizoiden Mechanismen und Ängste nicht genügend überwunden worden sind, kann als Resultat statt einer fließenden Grenze zwischen Bewußtem und Unbewußtem eine starre Schranke zwischen ihnen entstehen; das deutet an, daß die Verdrängung überstark und damit die Entwicklung gestört ist. Auf der anderen Seite neigen bei mäßiger Verdrängung das Unbewußte und Bewußte dazu, füreinander ‹porös› zu bleiben, und deshalb wird es den Trieben und ihren Abkömmlingen in gewissem Maße gestattet, immer wieder aus dem Unbewußten hervorzutreten. Sie werden durch das Ich einer Art Auswahl und Zurückweisung unterworfen. Die Auswahl der Triebe, Phantasien und Gedanken, die verdrängt werden sollen, hängt von der verstärkten Fähigkeit des Ichs ab, die Maßstäbe äußerer Objekte anzunehmen. Diese Fähigkeit ist mit einer größeren Synthese innerhalb des Über-Ichs und mit der wachsen-

---

34 Vgl. hierzu FREUD in ‹Hemmung, Symptom und Angst› (Ges. Schr. XI, S. 65): «Immerhin setzen wir als Stoff für spätere Überlegung die Möglichkeit beiseite, daß die Verdrängung ein Prozeß ist, der eine besondere Beziehung zur Genitalorganisation der Libido hat, daß das Ich zu anderen Methoden der Abwehr greift, wenn es sich der Libido auf anderen Stufen der Organisation zu erwehren hat . . .»

den Angleichung des Über-Ichs an das Ich verbunden.

Die Veränderungen in der Struktur des Über-Ichs, die allmählich entstehen und mit der ödipalen Entwicklung verbunden sind, tragen zu dem Untergang des Ödipuskomplexes zu Beginn der Latenzperiode bei. Mit anderen Worten, der Fortschritt in der libidinösen Organisation und die verschiedenen Anpassungen, zu denen das Ich auf dieser Stufe fähig wird, sind mit einer Modifikation von Verfolgungs- und depressiven Ängsten im Hinblick auf die introjizierten Eltern verbunden, was größere Sicherheit in der inneren Welt bedeutet.

Von der Angst und ihren Wandlungen her betrachtet, könnten die Veränderungen, die für den Beginn der Latenzperiode charakteristisch sind, wie folgt zusammengefaßt werden: die Beziehung zu den Eltern ist sicherer; die introjizierten Eltern nähern sich dem Bilde der realen Eltern; ihre Maßstäbe, ihre Ermahnungen und Verbote werden angenommen und verinnerlicht, und deshalb ist die Verdrängung der Ödipuswünsche erfolgreicher. All das stellt einen Höhepunkt der Über-Ich-Entwicklung dar, welcher das Resultat eines Prozesses ist, der sich über die ersten Lebensjahre erstreckt.

D. Schlußfolgerung

Ich habe im einzelnen die ersten Schritte in der Überwindung der depressiven Position beschrieben, die die zweite Hälfte des ersten Lebensjahres charakterisiert. Wir haben gesehen, daß in den frühesten Stadien, wenn Verfolgungsangst vorherrscht, die Objekte des Kindes primitiv und verfolgend sind; sie verschlingen, zerreißen, vergiften, überfluten usw., das heißt, die Vielfältigkeit oraler, urethraler und analer Wünsche und Phantasien wird auf die äußeren und auch auf die inneren Objekte projiziert. Das Bild dieser Objekte ändert sich allmählich in der kindlichen Seele, wenn die libidinöse Organisation sich weiter entwickelt und die Angst modifiziert wird.

Die Beziehungen des Kindes zur inneren und äußeren Welt verbessern sich gleichzeitig; die gegenseitige Abhängigkeit dieser Beziehungen voneinander schließt Veränderungen in den Prozessen der Introjektion und Projektion ein, die ein wesentlicher Faktor in der Verminderung von Verfolgungs- und depressiver Angst sind. Das alles führt zu einer größeren Fähigkeit des Ichs, das Über-Ich zu assimilieren, wodurch die Stärke des Ichs wächst.

Wenn eine Stabilisierung erreicht ist, haben sich gewisse fundamentale Faktoren verändert. Ich denke hier nicht an die Entwicklung des Ichs – die, wie ich zu zeigen versucht habe, auf jedem Schritt mit der emotionalen Entwicklung und Angstmodifikation verbunden ist –, es sind die Veränderungen in unbewußten Prozessen, die ich hier unterstreichen möchte. Ich glaube, daß diese Veränderungen verständlicher werden, wenn wir sie mit dem Ursprung der Angst verbinden. Hier weise ich auf meine Hypothese hin, daß die destruktiven Triebe (der Todestrieb) die primäre Ursache der Angst darstellen.[35] Gier

35 Vgl. meine Arbeit ‹Zur Theorie von Angst und Schuldgefühl›, oben S. 124 ff.

wird durch Unzufriedenheit und Haß erhöht, das heißt durch die Manifestationen des Zerstörungstriebes; aber diese Manifestationen sind wiederum durch Verfolgungsangst verstärkt. Wenn sich im Laufe der Entwicklung die Angst vermindert und mit größerer Sicherheit beherrscht wird, nehmen auch Unzufriedenheit und Haß ab, ebenso wie die Gier, und das führt schließlich zu einer Milderung der Ambivalenz. Um es in der Terminologie der Triebtheorie auszudrücken: Wenn die infantile Neurose ihren Ablauf genommen hat, das heißt, wenn Verfolgungs- und depressive Ängste vermindert und modifiziert sind, ist das Gleichgewicht in der Verbindung von Lebens- und Todestrieb (und so zwischen Libido und Aggression) verändert. Das schließt wichtige Veränderungen in unbewußten Prozessen ein, das heißt in der Struktur des Über-Ichs und in der Struktur der unbewußten (sowie der bewußten) Anteile des Ichs.

Wir haben gesehen, daß die Schwankungen in den libidinösen Positionen und die zwischen Fortschritt und Regression, welche die ersten Jahre der Kindheit charakterisieren, unlöslich mit den Schicksalen der Verfolgungs- und der depressiven Ängste der frühen Kindheit verbunden sind. Diese Ängste sind damit nicht nur ein wichtiger Faktor für Fixierung und Regression, sondern beeinflussen auch den Gang der Entwicklung dauernd.

Es ist eine Vorbedingung der normalen Entwicklung, daß in dem Aufeinanderwirken von Regression und Fortschritt die bereits erreichten wesentlichen Anteile des Fortschrittes erhalten bleiben. Mit anderen Worten, daß der Prozeß der Integration und der Synthese nicht grundlegend und dauernd gestört ist. Wenn die Angst allmählich modifiziert wird, dann muß der Fortschritt das Übergewicht gegenüber der Regression behalten, und somit ist im Verlauf der infantilen Neurose das Fundament für die geistige Stabilität gelegt.

ANMERKUNGEN

(1) Wenn diese fundamentalen Anpassungen in der Beziehung von Ich und Über-Ich in der frühen Entwicklung nicht genügend zustande gekommen sind, ist es eine der wichtigsten Aufgaben der psychoanalytischen Behandlung, dem Patienten zu ermöglichen, sie retrospektiv zu vollziehen. Das ist nur möglich durch die Analyse der frühesten Entwicklungsstadien (wie auch der späteren) und durch eine gründliche Analyse der negativen wie der positiven Übertragung. In der wechselhaften Übertragungssituation werden die äußeren und inneren Objekte – gute und böse –, die zuerst die Über-Ich-Entwicklung und Objektbeziehungen prägen, auf den Analytiker übertragen. Deswegen muß er notwendigerweise manchmal angsterregende Objekte repräsentieren, und nur auf diesem Wege können die infantilen Verfolgungsängste voll erlebt, durchgearbeitet und vermindert werden. Wenn der Analytiker die positive Übertragung verstärkt, dann vermeidet er, die Rolle der bösen Objekte in der Vorstellung des Patienten zu spielen, und wird als ein gutes Objekt introjiziert. In manchen Fällen kann auf diese Weise der Glaube an gute Objekte gestärkt werden; aber ein solcher Gewinn ist weit davon entfernt, stabil zu sein, denn der Patient war nicht

in der Lage, den Haß, die Angst und den Argwohn, die in den frühen Lebensstadien mit den angsterregenden und gefährlichen Aspekten der Eltern verbunden waren, zu erleben. Nur durch die Analyse der negativen wie der positiven Übertragung erscheint der Analytiker abwechselnd in der Rolle der guten oder bösen Objekte, d. h., er wird abwechselnd geliebt und gehaßt, bewundert und gefürchtet. Der Patient ist damit in der Lage, frühe Angstsituationen durchzuarbeiten und zu modifizieren. Die Spaltung von guten und bösen Objekten nimmt ab; ihre Synthese gelingt besser, das heißt, Aggression wird durch Libido vermindert. Mit anderen Worten, Verfolgungs- und depressive Ängste werden unmittelbar an ihrem Ursprung vermindert.

(2) ABRAHAM weist auf die Fixierung der Libido auf der Höhe der oralen Entwicklungsphase als auf einen der fundamentalen ätiologischen Faktoren in der Melancholie hin. Er beschrieb diese Fixierung in einem besonderen Fall wie folgt: «In seinen depressiven Zuständen wurde er von einer Sehnsucht nach der Brust seiner Mutter überwältigt, eine Sehnsucht, die unbeschreiblich mächtig und verschieden von allem anderen war. Bleibt die Libido noch auf diesen Punkt fixiert, wenn das Individuum herangewachsen ist, dann ist eine der wichtigsten Bedingungen für das Auftreten einer melancholischen Depression erfüllt» (*Selected Papers*, S. 458). ABRAHAM erhärtete seine Schlußfolgerungen, die neues Licht auf die Beziehung zwischen Melancholie und normaler Trauer warfen, durch Auszüge aus zwei Krankengeschichten. Diese waren die ersten beiden Fälle einer manisch-depressiven Erkrankung, die einer gründlichen Analyse unterzogen wurden – ein neues Unternehmen in der Entwicklung der Psychoanalyse. Bis zu jener Zeit war nicht viel klinisches Material zur Unterstützung der FREUDschen Entdeckungen über Melancholie veröffentlicht worden. ABRAHAM schrieb (a. a. O., S. 433–434): «Freud beschrieb in allgemeinen Umrissen die psychosexuellen Prozesse, die in der Melancholie stattfinden. Er war in der Lage, eine intuitive Ahnung von ihnen aus der gelegentlichen Behandlung von depressiven Patienten zu gewinnen; aber nicht sehr viel klinisches Material ist bis heute in der psychoanalytischen Literatur zur Unterstützung dieser Theorie veröffentlicht worden.» Aber selbst an Hand dieser wenigen Fälle hatte ABRAHAM verstanden, daß bereits in der Kindheit (im Alter von fünf Jahren) ein Zustand echter Melancholie eingetreten war. Er sagte, er sei dazu geneigt, von «einer primären Parathymie», die von dem Ödipuskomplex des Knaben ausgeht, zu sprechen, und schloß diese Beschreibung mit den Worten: «Es ist dieser Gemütszustand, den wir Melancholie nennen» (S. 496). SANDOR RADÓ ging in seiner Arbeit ‹Das Problem der Melancholie› (1927) weiter und hielt die Hungersituation des Säuglings für die Wurzel der Melancholie. Er sagte: «Der tiefste Fixationspunkt in der depressiven Disposition kann in der Situation des drohenden Liebesverlusts (Freud), oder genauer, in der Hungersituation des Säuglings gefunden werden.» In dem Hinweis auf die Aussage FREUDS, daß in der Manie das Ich wiederum mit dem Über-Ich vereinigt ist, schließt RADÓ, daß «dieser Prozeß eine getreue intrapsychische Wiederholung der Erfahrung der Vereinigung mit der Mutter ist, die während des Trinkens an der Brust stattfindet». Indessen wandte RADÓ diese Schlußfolgerung nicht auf das Gemütsleben des Kleinkindes an; er wies lediglich auf die Ätiologie der Melancholie hin.

Das Kind wendet sich von Beginn seines Lebens an mit all seinen Bedürfnissen an die Mutter. Nach meiner in anderen Zusammenhängen erhärteten Ansicht enthält diese erste Bindung bereits die Grundelemente einer Objektbeziehung. Außerdem liegt dieser Beziehung ein angeborener Faktor zugrunde. Denn die Brust, auf die das Kind all sein Begehren richtet, wird instinktiv nicht nur als Quelle aller Nahrung, sondern des Lebens selbst empfunden. Wenn alles gut geht, stellt die befriedigende Brust in gewissem Maße die verlorene vorgeburtliche Einheit mit der Mutter wieder her. Dies hängt hauptsächlich von der Fähigkeit des Kindes ab, die Brust oder ihren symbolischen Repräsentanten, die Flasche, ausreichend zu besetzen; denn auf diese Weise wird die Mutter zu einem geliebten Objekt gemacht. Es ist gut möglich, daß die Tatsache, daß das Kind im vorgeburtlichen Zustand einen Teil der Mutter bildete, zu dem inneren Gefühl beiträgt, daß ein Objekt existiert, das ihm alles geben wird, was es braucht und begehrt.

In diese früheste Beziehung zur Brust gerät jedoch unweigerlich ein Element der Versagung durch diese Brust, weil selbst eine glückliche Nährsituation nicht gänzlich die vorgeburtliche Einheit mit der Mutter ersetzen kann. Außerdem kann das Verlangen des Kindes nach einer unerschöpflichen und immer gegenwärtigen Brust – die es nicht nur befriedigen würde, sondern die auch destruktive Impulse und Verfolgungsangst verhindern würde – niemals völlig gestillt werden. Diese unvermeidlichen Enttäuschungen verstärken, gemeinsam mit glücklichen Erlebnissen, den angeborenen Konflikt zwischen Liebe und Haß und den dahinterliegenden zwischen Lebens- und Todestrieb und führen zu dem Gefühl, daß es eine gute und eine böse Brust gibt.

Als Folge hiervon ist das frühe emotionelle Leben durch ein Gefühl charakterisiert, daß das gute Objekt immer wieder verloren und wiedergefunden wird. Wenn ich von einem angeborenen Konflikt zwischen Liebe und Haß spreche, will ich damit sagen, daß sowohl die destruktiven Impulse als auch die Liebesfähigkeit bis zu einem gewissen Grad durch die Konstitution bedingt und individuell verschieden stark sind. Äußere Umstände können sie verstärken. So werden zweifellos destruktive Impulse, Verfolgungsangst, Gier und Neid durch eine schwierige Geburt, nicht ausreichende Ernährung und möglicherweise sogar durch unangenehme Erfahrungen während des pränatalen Stadiums intensiviert.

Ich möchte in dieser Arbeit die Aufmerksamkeit auf einen bestimmten Aspekt der frühesten Objektbeziehungen und Internalisierungsprozesse lenken. Ich meine damit die Einflüsse des Neides auf die Entwicklung der Fähigkeit, dankbar und glücklich zu sein. Ich möchte die Hypothese aufstellen, daß Neid an den Schwierigkeiten des Kindes insofern beteiligt ist, als es das Gefühl hat, daß die versagende Brust die ihm vorenthaltene Befriedigung für sich selbst zurückbehält.

Neid, Eifersucht und Gier müssen voneinander unterschieden werden. Neid ist das ärgerliche Gefühl, daß eine andere Person etwas Wünschenswertes besitzt und genießt, wobei der neidische Impuls darin besteht, es wegzunehmen oder zu verderben. Weiterhin beschränkt sich Neid auf die Beziehung des Objektes zu nur einer Person und geht auf die früheste ausschließliche Beziehung zur Mutter zurück. Eifersucht beruht auf Neid, setzt jedoch die Beziehung des Subjektes zu mindestens zwei Personen voraus. Eifersucht bezieht sich hauptsächlich auf die Liebe, auf die das Subjekt ein Recht zu haben glaubt, die ihm jedoch weggenommen worden ist oder in Gefahr steht, ihm weggenommen zu werden. Nach der Alltagsauffassung der Eifersucht fühlt sich ein Mann oder eine Frau durch jemand anderen einer geliebten Person beraubt.

Gier ist ein heftiges und unersättliches Verlangen, das über die Bedürfnisse des Subjektes und über die Fähigkeit und die Wünsche des Objektes, zu geben, hinausgeht. Auf unbewußter Stufe ist das Ziel der Gier vor allem, die Brust vollkommen auszuhöhlen, leer zu saugen und zu verschlingen, d. h., ihr Ziel ist destruktive Introjektion. Neid hingegen strebt nicht nur danach, auf diese Weise auszurauben, sondern auch danach, Böses, vor allem böse Exkremente und böse Teile von sich selbst, in die Mutter, d. h. in erster Linie in ihre Brust, hineinzutun, um sie zu verderben und zu zerstören. Im tiefsten Sinne heißt das, ihre schöpferische Fähigkeit zu zerstören. Ich habe an anderer Stelle diesen Prozeß als einen destruktiven Aspekt der projektiven Identifikation beschrieben, die vom Lebensanfang an wirksam ist. Wenn auch keine starre Trennungslinie zwischen Gier und Neid gezogen werden kann, weil sie so eng miteinander verknüpft sind, so könnte man doch den Unterschied entsprechend so definieren, daß die Gier hauptsächlich mit Introjektion und der Neid mit Projektion verknüpft ist.

Meine Arbeit hat mir gezeigt, daß die Brust das erste zu beneidende Objekt ist, weil das Kind das Gefühl hat, daß sie alles besitzt, was es begehrt, und daß sie über einen unbegrenzten Strom von Milch und Liebe verfügt, den sie für ihre eigene Befriedigung zurückhält. Dieses Gefühl vergrößert sein Erleben von Enttäuschung und Haß. Wenn der Neid übermäßig groß ist — was anzeigen würde, daß die gewöhnlichen paranoiden und schizoiden Züge stark sind —, kommt es zu einer Störung der Beziehungen zur Mutter.

Wir können beobachten, wie dieser primitive Neid in der Übertragungssituation wiederbelebt wird. Der Analytiker hat beispielsweise soeben eine Interpretation gegeben, die dem Patienten Erleichterung brachte und eine Wandlung der Stimmung von Verzweiflung zu Hoffnung und Vertrauen herbeiführte. Bei manchen Patienten oder sogar ein anderes Mal beim gleichen Patienten kann diese hilfreiche Interpretation bald danach zu einem Objekt der Kritik werden. Sie wird dann nicht mehr als etwas Gutes, das empfangen und als Bereicherung erlebt worden ist, empfunden. Der neidische Patient mißgönnt dem Analytiker den Erfolg seiner Arbeit. Und wenn diese neidische Kritik dazu führt, daß der Patient das Gefühl hat, den Analytiker und die von ihm gegebene Hilfe verdorben zu haben, kann der Patient den Analytiker nicht in ausreichendem Maß als gutes Objekt introjizieren und seine Interpretation nicht mit wirklicher Überzeugung annehmen. Es kann auch sein, daß er sich aus Schuldgefühl, wegen der Entwertung der gegebenen Hilfe, unwürdig fühlt, von der Analyse Nutzen zu haben.

Demgemäß spielt Neid, neben den von FREUD entdeckten und von JOAN RIVIERE weiterentwickelten Faktoren in der negativen therapeutischen Reaktion eine wichtige Rolle. Selbstverständlich kritisieren uns unsere Patienten aus vielerlei, manchmal nicht unberechtigten Gründen. Aber das Bedürfnis des Patienten, gerade die erlebte Hilfe zu entwerten, ist ein Ausdruck des Neides. Dies gilt insbesondere für paranoide Patienten, die sich dem sadistischen Vergnügen hingeben, die Arbeit des Analytikers herabzusetzen, obwohl sie ihnen Erleichterung gebracht hat. Andererseits versuchen manche unserer Patienten, jede Kritik zu vermeiden, und arbeiten ein Stück weit sehr gut mit. Und doch sehen wir, daß ihre Zweifel und ihre Ungewißheit über den Wert der Analyse bestehenbleiben. Nach meinen Erfahrungen hat der langsame Fortschritt, den wir in solchen Fällen machen, auch mit Neid zu tun. Der Patient hat den neidischen und feindseligen Teil seines Selbst abgespalten; trotzdem wird dieser den Lauf der Analyse notwendigerweise wesentlich beeinflussen. Andere Patienten versuchen, Kritik zu vermeiden, indem sie verwirrt werden. Diese Verwirrtheit ist nicht nur eine Abwehr, sondern drückt auch die Ungewißheit aus, ob der Analytiker noch eine gute Figur ist oder ob er und die von ihm gegebene Hilfe böse geworden sind, weil er durch Kritik verdorben worden ist.

Alle diese Haltungen gehören zur negativen therapeutischen Reaktion, weil sie den schrittweisen Aufbau eines guten Objekts in der Übertragungssituation stören und deshalb – so wie in der frühesten Situation die gute Nahrung und das erste Objekt nicht assimiliert werden konnten – den Erfolg der Analyse in der Übertragungssituation verhindern.

So können wir aus dem Zusammenhang des analytischen Materials manchmal erschließen, was der Patient als Säugling der mütterlichen Brust gegenüber empfand. Das Kind kann beispielsweise unzufrieden sein, daß die Milch zu schnell oder zu langsam kommt; oder daß es die Brust nicht dann bekam, wenn es am meisten danach verlangte, und es will sie deshalb, wenn sie ihm geboten wird, nicht mehr haben. Es wendet sich von ihr ab und saugt statt dessen an seinen eigenen Fingern. Wenn es die Brust annimmt, trinkt es vielleicht nicht genug oder das Nähren wird gestört. Manche Kleinkinder haben offensichtlich große Schwierigkeiten, solche Vorwürfe gegen die Brust zu überwinden. Von anderen werden solche Gefühle, selbst wenn sie durch wirkliche Versagungen hervorgerufen worden sind, bald überwunden: die Brust wird genommen und das Nähren voll genossen.

Es liegt in der Natur des Neides, daß er das ursprüngliche gute Objekt verdirbt und den von mir in anderem Zusammenhang beschriebenen sadistischen Angriffen auf die Brust vermehrten Antrieb gibt. Übermäßiger Neid vermehrt die *Intensität* und die *Dauer* solcher Angriffe und macht es dadurch für das

Kind schwierig, das verlorene gute Objekt wiederzugewinnen. Weniger durch Neid bestimmte sadistische Angriffe auf die Brust gehen hingegen rasch vorüber und zerstören dadurch in der Vorstellung des Kindes nicht so stark und anhaltend das Gutsein des Objektes. Die zurückkehrende Brust wird als Beweis angesehen, daß sie nicht verletzt und noch gut ist.

Wenn der Neid überstark ist, kann das Kind innerlich ein gutes Objekt nicht genügend fest aufbauen und deshalb auch nicht bewahren. Infolgedessen ist es später auch nicht fähig, andere gute Objekte in seiner inneren Welt dauerhaft aufzurichten. Die gegenteilige Situation findet sich bei Kindern mit einer großen Liebesfähigkeit. Die Beziehung zum guten Objekt ist fest verwurzelt und kann, ohne grundlegend zerstört zu werden, zeitweilige Zustände von Haß, Neid und Enttäuschungen überstehen, die selbst bei geliebten und von der Mutter gut versorgten Kindern nicht ausbleiben. Deshalb kann, wenn diese negativen Zustände nur vorübergehend sind, das gute Objekt immer wiedergewonnen werden. Dieser Faktor spielt eine wesentliche Rolle beim Aufbau des guten Objekts und bei der Bildung der Grundlage für Stabilität und für ein starkes Ich.

Die von mir beschriebenen Emotionen und Haltungen entstehen im frühesten Stadium der Kindheit, in dem für den Säugling die Mutter das eine und einzige Objekt ist. Wieweit diese ausschließliche Beziehung ungestört bleibt, hängt zum Teil von äußeren Faktoren ab. Aber die Grundgefühle — vor allem die Liebesfähigkeit — scheinen angeboren zu sein. Ich habe wiederholt die Hypothese vorgetragen, daß das früheste gute Objekt, die mütterliche Brust, den Kern des Ichs bildet und höchst bedeutsam für sein Wachstum und seine Integration ist. Wir beobachten bei der Analyse unserer Patienten, daß die Brust in ihren guten Aspekten der Prototyp mütterlicher Güte und Großzügigkeit wie auch der Produktivität ist. Dies alles wird vom Kind auf viel primitivere Art erlebt, als die Sprache es auszudrücken vermag.

Heftiger Neid auf die nährende Brust stört die Fähigkeit zu vollständiger Befriedigung, die für die Entwicklung des Kindes von vitaler Bedeutung ist. Denn nur, wenn der *ungestörte* Genuß am Genährtwerden *häufig* erlebt wird, kommt die Introjektion der mütterlichen Brust als eines guten Objektes mit relativer Sicherheit zustande. Die Fähigkeit, eine Befriedigung durch die Brust voll zu genießen, bildet das Fundament sowohl für alles spätere Glücklichsein wie für Lustgewinnung verschiedenster Art. Es ist bedeutsam, daß FREUD dem Lust-Unlust-Prinzip so großen Wert beigemessen hat.

Eine volle Befriedigung an der Brust bedeutet, daß das Kind das Gefühl hat, von seinem geliebten Objekt ein einzigartiges Geschenk bekommen zu haben, das es zu behalten wünscht. Dies ist die Grundlage der *Dankbarkeit*. Zur Dankbarkeit gehören der Glaube an gute Objekte und das Vertrauen in sie. Zur Dankbarkeit gehört außerdem die Fähigkeit, das geliebte Objekt zu assimilieren — und zwar nicht nur als Nahrungsquelle — und es ohne störenden Neid zu lieben. Je öfter das empfangene Geschenk voll akzeptiert wird, desto öfter wird das Gefühl des Genusses und der Dankbarkeit erlebt, was den Wunsch einschließt, Lust zurückzugeben. Dankbarkeit ist mit Großzügigkeit nahe verbunden. Denn innerer Reichtum entsteht durch frühere Assimilation des guten Objektes und befähigt das Individuum, seine Gaben mit anderen zu teilen.

Um meine Behauptung zu erhellen, ist es notwendig, daß ich auf meine Anschauungen über das frühe Ich zurückgreife. Ich glaube, daß es vom Beginn des post-natalen Lebens an in einer rudimentären Form besteht und eine Anzahl wichtiger Funktionen ausübt. Es ist gut möglich, daß dieses frühe Ich mit dem von Freud postulierten unbewußten Teil des Ichs identisch ist. Obwohl er nicht annahm, daß von Anfang an ein Ich existiert, schrieb er doch dem Organismus eine Funktion zu, die – soweit ich sehe – nur vom Ich ausgeübt werden kann. Nach meiner von Freud abweichenden Ansicht erzeugt die drohende Vernichtung durch den in uns vorhandenen Todestrieb die primordiale Angst, und es ist das Ich, das im Dienste des Lebenstriebes, vielleicht sogar durch den Lebenstrieb bewirkt, diese Drohung in gewissem Ausmaße nach außen wendet. Freud schrieb diese grundlegende Abwehr gegen den Todestrieb dem Organismus zu, während ich diesen Prozeß als primäre Aktivität des Ichs auffasse.

Es gibt noch andere primitivere Tätigkeiten des Ichs, die meiner Auffassung nach der dringlichen Notwendigkeit entspringen, in den Kampf zwischen den Lebens- und Todestrieben einzugreifen. Eine dieser Funktionen ist die schrittweise Integration. Die entgegengesetzte Tendenz des Ichs, sich selbst und seine Objekte zu spalten, ist teils der mangelnden Kohäsion des Ichs bei der Geburt zuzuschreiben, teils als Abwehr gegen die primordiale Angst anzusehen. Ich habe jahrelang einem besonderen Spaltungsprozeß, nämlich dem der Teilung der Brust in ein gutes und ein böses Objekt, großen Wert beigemessen. Ich hielt ihn für einen Ausdruck des angeborenen Konfliktes zwischen Liebe und Haß und der daraus entstehenden Ängste. Neben dieser Teilung scheint es jedoch verschiedene andere Spaltungsprozesse zu geben, wie die Fragmentierung des Ichs und seiner Objekte, durch welche eine Verstreuung der destruktiven Impulse erreicht wird. Dies ist einer der charakteristischen Abwehrmechanismen während der paranoid-schizoiden Position, die sich, wie ich glaube, normalerweise über die ersten drei oder vier Lebensmonate erstreckt.

Das heißt natürlich nicht, daß das Kind während dieser Zeit nicht fähig ist, seine Ernährung, seine Beziehung zur Mutter und häufige Zustände körperlichen Behagens und Wohlbefindens voll zu genießen. Es heißt dagegen, daß, *wenn* Angst entsteht, sie hauptsächlich paranoider Natur ist und daß die Abwehr, wie auch die angewandten Mechanismen, überwiegend schizoid sind. Dasselbe gilt *mutatis mutandis* für das emotionelle Leben des Kindes während der als depressive Position charakterisierten Periode.

Ich möchte jetzt auf den Spaltungsprozeß zurückkommen, den ich als eine Vorbedingung für die relative Stabilität des kleinen Kindes halte: während der allerersten Monate sondert es überwiegend das gute Objekt vom bösen ab und bewahrt es dadurch auf grundlegende Weise. Diese primäre Teilung gelingt nur, wenn eine adäquate Liebesfähigkeit vorhanden ist. Exzessiver Neid, eine Nebenerscheinung destruktiver Impulse, stört den Aufbau eines guten Objektes, und dadurch kann die primäre Spaltung in eine gute und böse Brust nicht ausreichend durchgeführt werden. Hierdurch ist später die Unterscheidung zwischen gut und böse in verschiedener Beziehung gestört. Wenn andererseits die Kluft zwischen den zwei Aspekten des Objektes zu tief ist, dann sind die überaus wichtigen Prozesse der Ich-Integration und Objektsynthese, wie auch die Milderung des Hasses durch die Liebe, beeinträchtigt, und die depressive Position kann nicht durchgearbeitet werden. Eine sehr weitreichende und scharfe Trennung zwischen geliebten und gehaßten Objekten zeigt an, daß destruktive Impulse, Neid und Verfolgungsangst sehr stark sind und als Abwehr gegen diese Emotionen dienen.

Ich berühre hiermit das Problem der Idealisierung. Es handelt sich hierbei um einen frühen Prozeß, den ich für allgemein verbreitet halte, dessen Antriebskräfte jedoch individuell verschieden sind. Wie ich vor vielen Jahren bei meiner Arbeit mit Kindern entdeckte, ist Idealisierung eine Folgeerscheinung der Verfolgungsangst, eine Abwehr gegen sie, und die ideale Brust ist der Gegenspieler der verschlingenden Brust. Aber ich habe außerdem gesehen, daß Idealisierung dem angeborenen Gefühl entspringt, daß es eine extrem gute Brust gibt, einem Gefühl, das zur Sehnsucht nach einem guten Objekt führt. Kinder mit großer Liebesfähigkeit haben weniger Bedürfnis nach Idealisierung als diejenigen, bei denen destruktive Impulse und Verfolgungsangst vorherrschen. Exzessive Idealisierung zeigt an, daß Verfolgung die Haupttriebkraft ist. Die Idealisierung wird auch zu einer wichtigen Abwehr gegen Neid; denn wenn das Objekt so hoch erhoben wird, daß der Vergleich mit ihm unmöglich ist, wird hierdurch dem Neid entgegengewirkt. Das weitgehend das gute Objekt ersetzende, idealisierte Objekt ist mit dem Ich viel weniger integriert, weil es hauptsächlich von der Verfolgung herstammt.

Während Menschen, die fähig waren, das primäre gute Objekt mit relativer Sicherheit aufzubauen, imstande sind, ihre Liebe zu ihm trotz seiner Unzulänglichkeiten aufrechtzuerhalten, sind die Liebesbeziehungen und Freundschaften anderer durch Idealisierung charakterisiert. Die Idealisierung bricht leicht zusammen, und das kann dazu führen, daß ein Liebesobjekt häufig für ein anderes ausgetauscht werden muß; denn keine dieser Personen kann völlig den Erwartungen entsprechen. Die früher idealisierte Person wird dann oft als Verfolger empfunden (worin sich der Ursprung der Idealisierung als eines Gegenspielers der Verfolgung zeigt), und dann wird auf diesen die neidische und kritische Haltung des Subjektes projiziert.

Zwischen dem der mütterlichen Brust gegenüber erlebten Neid und der Entwicklung der Eifersucht besteht ein direkter Zusammenhang. Eifersucht basiert auf Mißtrauen und Rivalität dem Vater gegenüber, der beschuldigt wird, die mütterliche Brust und die Mutter weggenommen zu haben. Diese Rivalität kennzeichnet die frühen Stadien des direkten und umgekehrten Ödipuskomplexes, die gleichzeitig mit der depressiven Position im zweiten Viertel des ersten Jahres entstehen. Die Bedeutung der vereinigten elterlichen Figuren, die sich in Phantasien ausdrücken, daß die mütterliche Brust oder die Mutter den Penis des Vaters enthält oder der Vater die Mutter in sich hat, habe ich in früheren Schriften hervorgehoben. Der Einfluß dieser vereinigten elterlichen Figur auf die Fähigkeit des Kindes, zwischen den Eltern zu unterscheiden und zu jedem der Elternteile gute Beziehungen aufzunehmen, wird durch die Stärke des Neides und die daraus entstehende Eifersucht beeinträchtigt. Denn das Gefühl, daß die Eltern immer sexuelle Befriedigung voneinander erhalten, verstärkt die – aus verschiedenen Ursprüngen abgeleitete – Phantasie, daß sie immer miteinander vereinigt sind. Als Folge hiervon kann eine dauernde Störung in der Beziehung zu beiden Eltern entstehen.

Während der als depressive Position bezeichneten Periode, in der das Kind fortschreitend seine Gefühle von Liebe und Haß integriert und die guten und bösen Aspekte der Mutter synthetisiert, geht es durch – mit Schuldgefühlen verbundene – Zustände des Trauerns. Es beginnt außerdem mehr von der äußeren Welt zu verstehen und begreift, daß es die Mutter nicht als ausschließlichen Besitz für sich selbst behalten kann. Eifersucht gehört, wie wir wissen, zur Ödipussituation und ist von Haß und Todeswünschen begleitet. Normalerweise jedoch mildern der Gewinn neuer Objekte, die geliebt werden können – der Vater und die Geschwister –, und andere Kompensationen, die das sich entwickelnde Ich aus der äußeren Welt erhält, die Eifersucht und Enttäuschung in gewissem Ausmaß. Wenn hingegen paranoide und schizoide Mechanismen zu stark sind, bleiben die Eifersucht und der darunterliegende Neid ungemildert.

Dies alles hat eine wesentliche Bedeutung für die Entwicklung des Ödipuskomplexes. FREUD hat gezeigt, wie wichtig die Beziehung des Mädchens zu seiner Mutter für seine späteren Beziehungen zum Mann ist. Ich glaube, daß, wenn seine ersten oralen Befriedigungen *hauptsächlich* durch solche inneren Faktoren wie starker Neid, Gier und Haß gestört worden sind, seine Wendung von der Brust zum Penis weitgehend als Fluchtmechanismus aufzufassen ist. In diesem Fall kann die Beziehung zum Vater und später zu anderen Männern auf verschiedenerlei Weise darunter leiden. Der Neid auf die Mutter drückt sich in einer überstarken Ödipus-Rivalität aus, die auch die Beziehung zum Vater stört und stark zum Penisneid des Mädchens beiträgt.

In der Beziehung des Mädchens zu seinem Vater hängt viel davon ab, ob es an erster Stelle neidisch ist, daß die Mutter den Penis des Vaters besitzt, oder ob es hauptsächlich darauf aus ist, die Liebe des Vaters ausschließlich für sich selbst zu gewinnen. Wenn Neid der Hauptfaktor ist, wünscht das Mädchen den Vater für die Mutter zu verderben und macht ihn dadurch zu einem wertlosen oder bösen Objekt. Hierdurch wird seine Beziehung zum Mann unterminiert, und die Störung kann sich als Frigidität zeigen. Wenn Eifersucht auf die Liebe des Vaters überwiegt, kann das Mädchen etwa Haß auf die Mutter mit Liebe zum Vater vereinen.

Auch bei Männern ist der Neid auf die mütterliche Brust ein wichtiger Faktor. Wenn der Neid stark ist und die orale Befriedigung hierdurch beeinträchtigt wird, werden der Haß und die Ängste auf das weibliche Genitale übertragen. Während normalerweise die genitale Entwicklung dem Knaben die Möglichkeit gibt, die Mutter als Liebesobjekt beizubehalten, führt eine tiefe Störung der oralen Beziehung zu schwerwiegenden Störungen in der genitalen Beziehung zu Frauen. Übermäßiger Neid erstreckt sich leicht auf alle weiblichen Attribute, insbesondere auch auf die Fähigkeit der Frau, Kinder zu gebären.

Im Grund richtet sich der Neid auf die *Schaffenskraft*: das, was die beneidete Brust zu bieten hat, wird unbewußt als Prototyp der Fähigkeit zur Produktion empfunden, weil die Brust und die Milch, die sie gibt, als die Quelle des Lebens angesehen werden. Beim Mann wie bei der Frau spielt dieser Neid die Hauptrolle, sowohl bei den Wünschen, die Attribute des anderen Geschlechts wegzunehmen, wie bei den Wünschen, diejenigen des gleichgeschlechtlichen Elternteils zu besitzen oder zu verderben. Daraus folgt, daß paranoide Eifersucht und Rivalität in der direkten und umgekehrten Ödipussituation sowohl beim Mann wie bei der Frau, so verschieden deren Entwicklung auch verläuft, auf einen übermäßigen Neid auf das primäre Objekt, die Mutter und ihre Brust, zurückgehen.

Ich möchte nunmehr einige meiner Schlußfolgerungen an klinischem Material, das aus der Analyse einer Patientin stammt, anschaulich machen. Sie war an der Brust gestillt worden; die übrigen Umstände waren jedoch nicht günstig gewesen, so daß sie überzeugt war, daß ihre Säuglingszeit und Ernährung völlig unbefriedigend verlaufen waren. Ihre Enttäuschung über die Vergangenheit verband sich mit Hoffnungslosigkeit in bezug auf die Gegenwart und Zukunft. Ihr Neid auf die nährende Brust und die daraus entstandene unsichere Beziehung zu guten Objekten waren schon vor jener Analysenstunde gründlich durchgearbeitet worden, von der ich berichten will.

Die Patientin telefonierte und sagte, daß sie wegen Schmerzen in der Schulter nicht zur Behandlung kommen könne. Am nächsten Tage rief sie wieder an, um mitzuteilen, daß sie sich noch nicht wohl fühle, jedoch annähme, daß sie mich am nächsten Tage aufsuchen könne. Als sie am dritten Tage wirklich kam, war sie voller Klagen. Ihr Mädchen hätte zwar nach ihr gesehen, aber sonst hätte sich kein Mensch um sie gekümmert. Sie beschrieb dann, wie ganz plötzlich der Schmerz sehr zugenommen habe und sie gleichzeitig ein Gefühl starker Kälte verspürt habe. Sie habe das dringende Bedürfnis empfunden, daß sogleich jemand kommen und ihre Schulter bedecken solle, damit sie warm würde. In diesem Augenblick fiel ihr ein, daß sie sich so als Säugling gefühlt haben müsse, wenn sie wünschte, daß einer nach ihr schauen solle, und niemand kam.

Dann berichtete die Patientin einen Traum:

Sie war in einem Restaurant, setzte sich an einen Tisch, aber niemand kam, um sie zu bedienen. Sie entschloß sich, sich an eine lange Reihe mit anzustellen und sich selbst etwas zu essen zu holen. Vor ihr war eine Frau, die zwei oder drei kleine Kuchenstücke nahm und damit fortging. Die Patientin nahm auch zwei oder drei kleine Kuchenstücke.

Ihre wesentlichen Assoziationen führten zu ihrer Klage über die zwei versäumten Stunden und meinen Mangel an Interesse für sie. Über den Namen der Kuchenstücke (in Wirklichkeit *petits fours*) war sie sich plötzlich unsicher. Zuerst dachte sie ‹petit fru›, dieses erinnerte sie dann an ‹petit frau› und damit an ‹Frau Klein›. Der Kernpunkt meiner Interpretation war, daß ihre Enttäuschung über die versäumten analytischen Stunden mit der unbefriedigenden Ernährung und dem Unglücklichsein in der Säuglingszeit im Zusammenhang stand. Die zwei Kuchenstücke von den ‹zwei bis drei› bedeuteten die Brust, deren sie sich zweimal durch die versäumten analytischen Stunden beraubt sah. Im Zusammenhang mit dieser Arbeit ist ein Aspekt des Traumes besonders wichtig. Die Frau (= Analytikerin), die mit den zwei oder drei *petits fours* wegging, bedeutete nicht nur die vorenthaltene Brust, sondern auch die Brust, die im Begriff war, *sich selbst* zu füttern. Die Enttäuschung wurde also durch Neid auf die Brust vergrößert. Dieser Neid führte zu einem bitteren Groll, weil die Mutter als selbstsüchtig und geizig erlebt wurde und lieber sich selbst fütterte und liebte als ihren Säugling.

Als Reaktion auf die Analyse des Traumes zeigte sich ein auffallender Wechsel in der emotionellen Situation. Die Patientin erlebte jetzt lebhafter als in früheren Stunden ein Gefühl des Glücklichseins und der Dankbarkeit. Sie hatte Tränen in den Augen, was bei ihr ungewöhnlich war, und sagte, daß sie das Gefühl habe, jetzt völlig befriedigend genährt worden zu sein. Es erschien ihr auch, als seien ihre Brusternährung und Kindheit vielleicht doch glücklicher gewesen, als sie retrospektiv gemeint hatte. Darüber hinaus fühlte sie sich auch hoffnungsvoller in bezug auf die Zukunft und den Erfolg der Analyse. Die Patientin hatte einen Teil ihrer selbst, der ihr in anderem Zusammenhang keineswegs unbekannt war, voller begriffen. Sie hatte durchaus gesehen, daß sie auf verschiedene Leute neidisch und eifersüchtig war, aber sie hatte das gleiche noch nicht genügend in der Beziehung zur Analytikerin erkennen können, weil es zu schmerzlich war einzusehen, daß sie mir den Erfolg der Analyse, auf die ihre ganzen Hoffnungen sich richteten, mißgönnte. Nachdem in dieser Stunde ihr Neid interpretiert worden war, ließ er nach, und die Fähigkeit, zu genießen und dankbar zu sein, kam zum Vorschein und befähigte sie, ein glückliches Gefüttertwerden zu erleben. Diese emotionelle Situation mußte sowohl in der positiven wie in der negativen Übertragung wieder und wieder durchgearbeitet werden, bis ein dauerhaftes Resultat erreicht war.

Wir beobachten, daß manche Patienten durchaus fähig sind, ihr Mißfallen und ihre Kritik am Analytiker auszudrücken; aber dies ist etwas grundlegend anderes als das Verständnis, daß sie selbst es waren, die den Analytiker und seine Arbeit durch ihren Neid verdorben haben. Der neidische Teil ihres Selbst ist abgespalten, übt jedoch seine Macht aus und trägt zur negativen therapeutischen Reaktion bei.

Bei der zur Diskussion stehenden Patientin kam das Erleben des glücklichen Genährtwerdens dadurch zustande, daß es ihr in der Beziehung zu der Analytikerin möglich wurde, die abgespaltenen Teile ihres Selbst wieder einzubeziehen, und daß sie erkannte, wie neidisch und darum mißtrauisch sie auf mich und ursprünglich auf ihre Mutter war. Dieses Erleben war mit Dankbarkeit verbunden. Im Lauf der Analyse wurde der Neid geringer, und die Gefühle der Dankbarkeit wurden häufiger und anhaltender.

Ich kann die Schwankungen und Schwierigkeiten, denen wir begegnen, wenn wir die mit der Analyse des Neides verbundenen Spaltungsprozesse analysieren, nur andeuten. Der Patient hat beispielsweise Dankbarkeit und Anerkennung für die Geschicklichkeit des Analytikers erlebt. Aber gerade diese Geschicklichkeit des Analytikers wird zur Ursache der Umwandlung der Bewunderung in Neid. Dem Neid steht vielleicht der Stolz, einen guten Analytiker zu haben, entgegen. Aber wenn dieser Neid Besitzwünsche und Gier erweckt, kommt es zu einer Rückkehr zu der gierigen Haltung des Säuglings, die etwa folgendermaßen beschrieben werden könnte: Ich habe alles, was ich möchte, die gute Mutter gehört nur mir. Eine derart gierige und über den andern verfügende Haltung führt dazu, daß die Beziehung zum guten Objekt gestört wird. Aus Schuldgefühl wegen der zerstörerischen Gier kann es bald danach zu einer anderen Abwehr kommen, wie etwa: ich möchte den Analytiker (die Mutter) nicht verletzen. Lieber verzichte ich darauf, seine Geschenke anzunehmen. Eine derartige Haltung kann ihrerseits wiederum leicht als Schuld, daß man die Geschenke des Analytikers nicht angenommen hat, erlebt werden.

Jede der eben aufgezählten Schwankungen muß analysiert werden, so wie sie in der Übertragungssituation auftaucht. Dadurch, daß wir eine Menge von Abwehrhaltungen und die darunterliegenden Emotionen durcharbeiten, so wie sie auftauchen, können wir mit der Zeit dem Patienten helfen, ein besseres Gleichgewicht zu erreichen. Mit diesem Ziel vor Augen müssen wir die Spaltungsprozesse wieder und wieder analysieren, und ich glaube heute, daß dies der schwierigste Teil des analytischen Verfahrens ist. Da keine Angst erlebt werden kann, ohne daß das Ich irgendeine zur Verfügung stehende Abwehr benutzt, spielen diese Spaltungsprozesse eine wichtige Rolle als Abwehr gegen Angst, Verfolgung und Depression. Ich habe den Eindruck, daß die Realisierung des Neides und des durch ihn dem geliebten Objekt zugefügten Schadens und die tiefen Ängste, zu denen diese Erkenntnis führt, an dem starken Widerstand beteiligt sind, dem wir begegnen, wenn wir versuchen, den Spalt zu beseitigen und ein Stück weit eine Integration herbeizuführen. Es ist von größter Bedeutung, auf jedes Detail in der Übertragungssituation zu achten, das ein Licht auf die frühesten Schwierigkeiten wirft. Auf diese Weise entdecken wir manchmal, daß sogar eine starke positive Übertragung trügerisch sein kann, weil sie auf Idealisierung beruht und den abgespaltenen Haß und Neid nur verdeckt.

Ich habe beschrieben, wie schmerzlich es für den Patienten ist, sich seines schädlichen und verletzenden Neides auf die Mutter bewußt zu werden, und warum ein so starker Widerstand gegen eine derartige Einsicht besteht. Wenn der Patient durch den analytischen Prozeß diesem abgespaltenen Haß und diesem verachteten Teil seiner Persönlichkeit von Angesicht zu Angesicht begegnet, wird dies oft als Schock erlebt und führt zu einer Depression. Das durch die Erkenntnis des destruktiven Neides hervorgerufene Schuldgefühl kann zeitweilig dazu führen, daß der Patient seine eigene Leistungsfähigkeit unterschätzt. Wenn hingegen die Beseitigung des Spaltes als untragbar erlebt wird, können wir beobachten, daß eine ganz andere Richtung eingeschlagen wird, die dazu führt, daß die Omnipotenzphantasien zunehmen. Dies kann ein kritisches Stadium sein, weil der Patient seine Ausflucht darin sehen kann, seine feindseligen Haltungen zu verstärken. Er fühlt sich berechtigt, den Analytiker zu hassen, zu glauben, daß er dem Analytiker überlegen sei und von ihm unterschätzt werde. Er hat dann das Gefühl, daß alles bisher in der Analyse Erreichte nur sein Werk ist. Wenn wir auf die frühe Situation zurückgehen, heißt dies, daß der Patient sich als Kind seinen Eltern überlegen fühlte. Mir sind sogar Phantasien begegnet, daß der Patient oder die Patientin sozusagen die Mutter zeugte oder sie geboren hatte und ihre Brüste besaß. Auf diese Weise war es die Mutter, die den Patienten der Brust beraubte und nicht der Patient, der sie ihr wegnahm. Projektion, Omnipotenz und Verfolgung sind in diesem Stadium auf dem Höhepunkt.

Ich habe die Schwierigkeiten betont, die an bestimmten Stellen der Analyse von Patienten, deren Neid konstitutionell stark ist, auftreten. Aber wir sollten nicht vergessen, daß Leute, deren Analyse niemals bis in solche Tiefen durchgeführt wurde oder die überhaupt niemals analysiert worden sind, ähnliche Schwierigkeiten erleben und darunter zusammenbrechen können, weil in der Tiefe Neid und Ängste am Werk sind und unter gewissen Umständen an die Oberfläche kommen können. Ohne überoptimistisch zu sein, denn ich bin mir der Schwierigkeiten und Grenzen der psychoanalytischen Therapie bewußt, glaube ich doch, daß die Analyse jener tiefen und schweren Störungen in vielen Fällen ein Schutz gegen diese, durch exzessive neidische und omnipotente Haltungen entstehende, potentielle Gefahr ist.

Schließlich ist es das Hauptziel des analytischen Verfahrens, die Integration des Ichs und gleichzeitig die Synthese der Objektbeziehungen zu fördern. Wie Freud es ausdrückte: «Wo *Es* war, soll *Ich* sein.» Die im Prozeß der Integration gewonnene Einsicht führt den Patienten Schritt für Schritt zu der Erkenntnis, daß in seinem Selbst gefährliche Teile sind. Er wird fähig, dies zu akzeptieren, weil mit der zunehmenden Integration auch die Liebesfähigkeit wächst und Neid und Haß gemildert werden. Der Schmerz, den der Patient während dieses Prozesses ertragen muß, verringert sich allmählich durch die mit der Integration verbundenen Fortschritte. Zum Beispiel werden Patienten, denen das vorher unmöglich war, fähig, Entscheidungen zu treffen und überhaupt freieren Gebrauch von ihren Möglichkeiten zu machen. Dies ist damit verbunden, daß die Hemmung ihrer Wiedergutmachungsfähigkeit nachläßt. Die Genußfähigkeit kann auf mancherlei Weise zunehmen, und es tauchen immer wieder Hoffnungen auf.

Die Bereicherung der Persönlichkeit durch Integration der abgespaltenen Teile des Selbst ist ein vitaler Prozeß. Zusammen mit dem Haß, dem Neid und der Zerstörungslust waren andere wichtige Teile der Persönlichkeit verlorengegangen und werden im Lauf der Analyse wiedergewonnen.

FREUD akzeptierte eine Anzahl von Faktoren als konstitutionell. Manche früher für angeboren gehaltenen Zustände der sehr frühen Kindheit werden nach neueren Erkenntnissen als Folge früher Erfahrungen angesehen. Hierdurch wird jedoch nicht der Schluß widerlegt, daß einige Faktoren konstitutionell bedingt sind, auch wenn sie von Beginn des post-natalen Lebens an durch äußere Erfahrungen beeinflußt werden und *vice versa*.

In dieser Arbeit habe ich besonders betont, daß Neid, Gier, Haß und Verfolgungsgefühle in bezug auf das primäre Objekt, die mütterliche Brust, weitgehend angeboren sind. Ich habe diese konstitutionellen Faktoren mit dem Überwiegen des Lebens- oder Todestriebes in der von FREUD angenommenen Verschmelzung dieser beiden Triebe in Zusammenhang gebracht. Auch ABRAHAM glaubte an angeborene Faktoren. Er entdeckte vor allem, daß die Stärke der oralen Impulse, die er mit der Genese der manisch-depressiven Krankheit in Zusammenhang brachte, durch ein konstitutionelles Element bestimmt ist. Er sah, daß Neid ein oraler Zug ist, aber – und hier weicht meine Auffassung von seiner ab – er nahm an, daß Neid und Feindseligkeit einem späteren Stadium angehören. ABRAHAM sprach nicht von der Dankbarkeit, beschrieb jedoch die Großzügigkeit als einen oralen Zug. Meine Konzeption des Neides schließt auch die sich im Spalten und Projizieren ausdrückenden oral-sadistischen Tendenzen ein, die das Böse erst in die Brust und dann in die Mutter hineinverlegen. Auf die Tatsache, daß urethral- und oral-sadistische Züge von Beginn des Lebens an wirksam sind, wurde von mir schon vor langer Zeit in meiner ‹Psychoanalyse des Kindes› hingewiesen.

Obwohl ich also der Ansicht bin, daß Aggression, Verfolgungsangst, Gier und Neid eine konstitutionelle Basis haben, hat meine Erfahrung mich gelehrt, daß es uns trotzdem gelingt, grundlegende und günstige Veränderungen analytisch hervorzurufen. Das ist kein Widerspruch. Von Anfang an heften sich alle diese Emotionen an das erste Objekt. Wenn destruktive Impulse, Neid und Verfolgungsangst übermäßig groß sind, verzerrt und vergrößert das Kind jede erlebte Versagung, und die mütterliche Brust wird äußerlich und innerlich zu einem vorwiegend verfolgenden Objekt. Dann können selbst potentiell gute Erfahrungen an der Brust nicht akzeptiert werden und deshalb der Verfolgungsangst nicht genügend entgegenwirken.

Durch Zurückführen der Analyse bis auf die früheste Kindheit geben wir dem Patienten die Möglichkeit, grundlegende Situationen wiederzuerleben, ein Wiedererleben, das ich oft als ‹Erinnerung in Gefühlen› bezeichnet habe. Das bringt mit sich, daß der Patient in der Retrospektive frühere Versagungen erfolgreicher übersteht. Die Analyse der negativen und positiven Übertragung, die uns zu den frühesten Objektbeziehungen zurückführt, befähigt den Patienten, wenn wir Erfolg haben, seine eigenen destruktiven Impulse und Projektionen zu erleben und sein gutes Objekt retrospektiv zuverlässiger aufzubauen. Das kann nur erreicht werden, wenn die Spaltungsprozesse, die hauptsächlich als Abwehr gegen Verfolgung und Schuld benutzt worden sind, infolge der Analyse an Macht verlieren. Auf diese Weise wird das besser integrierte Ich fähig, Schuld und Verantwortungsgefühle auf sich zu nehmen, die es in der Kindheit nicht ertragen konnte. Eine Objektsynthese und damit eine Milderung des Hasses durch Liebe wird möglich, und dadurch verlieren der Haß und der Neid, die durch die destruktiven Impulse bedingt sind, an Macht. Auf diesem Weg kann auch die Psychoanalyse von Psychotikern gelingen.

Um es anders auszudrücken: Durch die folgerichtige Analyse sowohl der negativen als der positiven Übertragung werden die Verfolgungsangst und die schizoiden Mechanismen verringert, und der Patient kann die depressive Position durcharbeiten. Wenn seine anfängliche Unfähigkeit, ein gutes Objekt in sich festzuhalten, in einem gewissen Ausmaß überwunden ist, nehmen seine Genußfähigkeit und seine Anerkennung der vom guten Objekt empfangenen Geschenke Schritt für Schritt zu, der Neid läßt nach und Dankbarkeit wird möglich. Diese Veränderungen dehnen sich auf viele Aspekte der Persönlichkeit aus und reichen vom frühesten emotionellen Leben bis zu den Erfahrungen und Beziehungen des Erwachsenen. Durch Analyse der Einwirkungen früher Störungen auf der ganzen Entwicklungslinie haben wir meiner Meinung nach am meisten Aussicht, unseren Patienten helfen zu können.

ÜBER DIE VERFASSERIN

MELANIE KLEIN: Geboren 1882 in Wien. Psychoanalytische Ausbildung bei SANDOR FERENCZI in Budapest und bei KARL ABRAHAM in Berlin. Psychoanalytische Arbeit in Berlin. 1925 auf Einladung von ERNEST JONES Übersiedlung nach England. Honorary Fellow of British Psychological Society, Psychoanalytische Arbeit und Vorlesungen in London. Gestorben am 22. September 1960 in London.

Wichtige Veröffentlichungen
(mit Ausnahme der im vorliegenden Band abgedruckten Aufsätze)

Bücher: The Psycho-Analysis of Children (London 1932; dt.: Die Psychoanalyse des Kindes, Wien 1934) / *Envy and Gratitude* (London 1957; der im vorliegenden Band veröffentlichte Aufsatz' ‹Neid und Dankbarkeit› ist eine verkürzte Fassung des englischen Originals) / *Narrative of a Child Analysis* (London 1961)

Veröffentlichungen in Zeitschriften und Sammelwerken: Der Familienroman in Statu Nascendi (Int. Zschr. f. Psa. 6, 1920) / Hemmungen und Schwierigkeiten im Pubertätsalter (Die Neue Erziehung 4, 1922) / * Eine Kinderentwicklung (Imago 7, 1921) / * Die Rolle der Schule für die libidinöse Entwicklung des Kindes (Int. Zschr. f. Psa. 9, 1923) / * Zur Frühanalyse (Imago 9, 1923) / * Zur Genese des Tics (Int. Zschr. f. Psa. 11, 1925) / * Die psychologischen Grundlagen der Frühanalyse (Imago 12, 1927) / * *Criminal Tendencies in Normal Children* (Brit. J. med. Psych. 7, 1927) / * Frühstadien des Ödipuskonfliktes (Int. Zschr. f. Psa. 14, 1928) / * Die Rollenbildung im Kinderspiel (Int. Zschr. f. Psa. 15, 1929) / * Frühe Angstsituationen im Spiegel künstlerischer Darstellungen (Int. Zschr. f. Psa. 17, 1931; engl. 1929) / * *The Psychotherapy of the Psychoses* (Brit. J. med. Psych. 10, 1930) / * *A Contribution of the Theory of Intellectual Inhibition* (Int. J. Psycho-Anal. 12, 1931) / * *The Early Development of Conscience in the Child* (in: *Psychoanalysis Today*, New York 1933) / *Love, Guilt and Reparation* (in: *Love, Hate and Reparation*, London 1937) / * *The Oedipus Complex in the Light of Early Anxieties* (Int. J. Psycho-Anal. 26, 1945) / *The Mutual Influences in the Development of the Ego and Id* (Psychoanal. Study Child 7, 1952) / *Some Theoretical Conclusions regarding the Emotional Life of the Infant* (in: *Developments in Psycho-Analysis*, London 1952) / *On the Origins of Transference* (Int. J. Psycho-Anal. 33, 1952) / *On Identification* (in: *New Directions in Psycho-Analysis*, London 1955) / *The Development of Mental Functioning* (Int. J. Psycho-Anal. 39, 1958) / *Our Adult World and its Roots in Infancy* (Human Relations 12, 1959) / *A Note on Depression in the Schizophrenia* (Int. J. Psycho-Anal. 40, 1960)

* Gesammelt in: *Contributions to Psycho-Analysis*, 1921–45 (London 1948)

Seite dieses Buches	Band und Seite	
	Gesammelte Schriften, 1924 f	Gesammelte Werke, 1940 f
31	XI 107	XIV 197
53	VI 353/405	XIII 237/289
55	VIII 269	VII 381
74	V 546	X 439
	V 537	X 430
	V 549/550	X 442/443
77	XI 343	XIV 245
84	V 537	X 439
85	V 549	X 442
88	V 549	X 442
123	VIII 355/435	VIII 240/320
	VIII 421	VIII 306
124	VIII 422	VIII 307
	VIII 427	VIII 312
125	VIII 429	VIII 314
126	XI 72	XIV 162
	XI 28/29	XIV 118/119
	XI 30	XIV 120
	XI 77	XIV 167
	XII 242	XV 94
127	XII 237	XV 99
	XII 100	XIV 492
	XII 101	XIV 493
	XII 106	XIV 498
129	VI 400	XIII 284
	V 386	XIII 383
	V 380	XIII 377
130	XI 70	XIV 160
	V 380	XIII 377
131	XI 80	XIV 170
134	XII 103	XIV 495
	XII 92	XIV 484
139	XI 108	XIV 198
	XI 110	XIV 200
140	XI 108/109	XIV 198/199
	XI 71	XIV 161
	XI 113	XIV 203
	XII 242	XV 94
144	XI 79	XIV 169
170	XI 65	XIV 155

BIBLIOGRAPHIE

ABRAHAM, K., Versuch einer Entwicklungsgeschichte der Libido auf Grund der Psychoanalyse seelischer Störungen. Neue Arbeiten zur ärztlichen Psychoanalyse, Heft 11, S. 96. Wien 1924

DEUTSCH, H., Zur Psychoanalyse der manisch-depressiven Zustände. Int. Zschr. f. Psa. 19, 1933

FAIRBAIRN, W. R. D., A Revised Psychopathology of the Psychoses and Neuroses. Int. J. Psycho-Anal. 22, 1941

–, Endopsychic Structure considered in Terms of Object-Relation. Int. J. Psycho-Anal. 25, 1944

–, Object-Relationships and Dynamic Structure. Int. Psycho-Anal. 27, 1946

FERENCZI, S., Notes and Fragments. Int. J. Psycho-Anal. 30, 1949

–, Zur Psychoanalyse von Sexualgewohnheiten. Int. Zschr. f. Psa. 11, 1925

FREUD, A., Einführung in die Technik der Kinderanalyse. Wien 1927

FREUD, S., Gesammelte Werke. London 1940–1952

GLOVER, E., A Psycho-Analytic Approach to the Classification of Mental Disorders. J. of Mental Science, Vol. 78, Oct. 1932

GLOVER, J., Notes on the Psychopathology of Suicide. Int. J. Psycho-Anal. 3, 1922

HEIMANN, P., A Contribution to the Problem of Sublimation and its Relation to Processes of Internalization. Int. J. Psycho-Anal. 23, 1942

–, Certain Functions of Introjection and Projection in Early Infancy. In: Developments in Psycho-Analysis. London 1952

–, Notes on the Theory of the Life and Death Instincts. In: Developments in Psycho-Analysis. London 1952

HUG-HELLMUTH, H. v., Zur Technik der Kinderanalyse. Int. Zschr. f. Psa. 7, 1921

ISAACS, S., The Nature and Function of Phantasy. In: Developments in Psycho-Analysis, London 1952

JONES, E., Angst, Schuldgefühl und Haß. Int. Zschr. f. Psa. 16, 1930

–, Die Theorie der Symbolik. Int. Zschr. f. Psa. 5, 1919 und 8, 1922

KLEIN, M., HEIMANN, P., MONEY-KYRLE, R. F. (ed.), New Directions in Psycho-Analysis. The Significance of Infant Conflict in the Pattern of Adult Behaviour. London 1955

LEWIN, B., The Body as Phallus. Psa. Quarterly II, 1933

MONEY-KYRLE, R. E., Psycho-Analysis and Politics. London 1951

RADÓ, S., Das Problem der Melancholie. Int. Zschr. f. Psa. 13, 1927

RICKMANN, J. (ed.), On the Bringing up of Children. London 1936

ROSENFELD, H., Analysis of a Schizophrenic State with Depersonalization. Int. J. Psycho-Anal. 28, 1947

–, Remarks on the Relation of Male Homosexuality to Paranoia, Paranoid Anxiety and Narcissism. Int. J. Psycho-Anal. 30, 1949

–, A Note on the Psychopathology of Confusional States in Chronic Schizophrenias. Int. J. Psycho-Anal. 31, 1950

SCHMIDEBERG, M., The Role of Psychotic Mechanisms in Cultural Development. Int. J. Psycho-Anal. 11, 1930

–, Zur Psychoanalyse asozialer Kinder und Jugendlicher. Int. Zschr. f. Psa. 18, 1932

SEARL, N., Die Flucht in die Realität. Int. Zschr. f. Psa. 15, 1929

SEGAL, H., Notes on Symbol Formation. Int. J. Psycho-Anal. 38, 1957

SHARPE, E., Über Sublimierung und Wahnbildung. Int. Zschr. f. Psa. 17, 1931

Weiss, E., Der Vergiftungswahn im Lichte der Introjektions- und Projektionsvorgänge. Int. Zschr. f. Psa. 12, 1926

Winnicott, D. W., Primitive Emotional Development. Int. J. Psycho-Anal. 26, 1945

PERSONEN- UND SACHREGISTER

Personenregister

Sachregister

194

196

MELANIE KLEIN

Das Seelenleben des Kleinkindes

und andere Beiträge zur Psychoanalyse

Aus dem Englischen von Hans A. Thorner
203 Seiten. Halbleinen. 19,– DM. ISBN 3-12-904810-3

Mit diesem Bande werden die wichtigsten kürzeren Arbeiten zur Psychoanalyse, die Melanie Klein im Laufe ihres Lebens veröffentlicht hat, zum ersten Male dem deutschen Leser zugänglich gemacht. Die meisten Aufsätze sind der Kinderanalyse gewidmet, die Mittelpunkt der gesamten Forschungsarbeit von Melanie Klein war und durch die von ihr entwickelte Spieltechnik erst eigentlich ermöglicht wurde. Sie hat die Erkenntnisse Freuds in wichtigen Punkten weitergeführt: Die Position der Mutter in der Entwicklung des Kindes gewinnt bei ihr ganz neue Geltung, die frühen Entwicklungsstadien, die dem klassischen Ödipuskomplex vorangehen, werden erhellt, die Bedeutung der «inneren Objekte» für die Über-Ich-Entwicklung wird erkannt. In mehreren Arbeiten ist die Verfasserin auch zu neuen Erkenntnissen über die Entstehung der Psychosen gekommen.

«Eine Fundgrube praktischer und theoretischer Hinweise zum Verständnis und zur Behandlung von Kleinkindern.»
DER PSYCHOLOGE, Bern

ERNST KLETT VERLAG

Stuttgart

rororo studium
Herausgegeben von
Ernesto Grassi

Prof. Dr. Dr. Horst-Eberhard Richter

Die Gruppe

Hoffnung auf einen neuen Weg, sich selbst und andere zu befreien. Psychoanalyse in Kooperation mit Gruppeninitiativen

Wie kann die Arbeit in den modernen Initiativgruppen zur Änderung des Einzelnen und der Gesellschaft beitragen? Richter beschreibt in lebendigen Episoden und analytischen Kommentaren Inhalte und Formen der Gruppenarbeit: Demokratisierung, Abbau von Abhängigkeiten, Minderheitenprobleme, Aggression, Emanzipation, Familientherapie und Hilfe zur Selbsthilfe von sozialen Randgruppen.
352 Seiten. Brosch.

Patient Familie

Entstehung, Struktur und Therapie von Konflikten in Ehe und Familie

Eine grundlegende und umfassende Darstellung der Familientherapie auf der Basis der Psychoanalyse. Das Buch des Direktors der Psychosomatischen Klinik der Universität Gießen und Autors des Standardwerkes «Eltern, Kind und Neurose» ist mit voller Absicht für einen weiten Leserkreis geschrieben. Es liefert anhand von Therapiebeispielen Informationen über Familienneurosen, die in unglücklichen Ehen, qualvollen Familienverhältnissen, Schulversagen, Depressionen und körperlichen Leiden ihren Ausdruck finden können.
256 Seiten. Geb.
und als Taschenbuchausgabe: rororo sachbuch 6772

Eltern, Kind und Neurose

Die Rolle des Kindes in der Familie

Welche Kindheitserlebnisse sind es, die zu seelischen Erkrankungen und zu Störungen der Charakterentwicklung führen? In welchem Ausmaß und in welcher Weise können die Eltern kindliche Fehlreaktionen hervorrufen? Und umgekehrt: Können Eltern durch erzieherische Maßnahmen die Entstehung von Neurosen bei ihren Kindern verhüten?
rororo ratgeber 6082

Rowohlt

Summerhill

A. S. Neill

**Theorie und Praxis
der antiautoritären Erziehung
Das Beispiel Summerhill
338 Seiten. Geb. und Taschenbuchausgabe:
rororo sachbuch 6707**

**Das Prinzip Summerhill:
Fragen und Antworten
Argumente, Erfahrungen, Ratschläge
rororo sachbuch 6690**

**Summerhill: Pro und Contra
15 Ansichten zu A. S. Neills Theorie und Praxis
rororo sachbuch 6704**

**Joshua Popenoe
Schüler in Summerhill
112 Seiten mit 53 Fotos. Großformat. Geb.**

Rowohlt

684/2

sexologie rororo

Herausgeber:
PROF. DR. DR. HANS GIESE †
Institut für Sexualforschung an der
Universität Hamburg

Kinderläden
Revolution der Erziehung oder Erziehung zur Revolution?

aktuell rororo

von Hille Jan Breiteneicher, Rolf Mauff, Manfred Triebe und dem Autorenkollektiv Lankwitz

Mangel an Kindergartenplätzen, Hemmung der Chancengleichheit von Mann und Frau, überholte Erziehungsprinzipien, autoritäre Führung der öffentlichen Kindertagesstätten, mangelnde Vorschulerziehung, zuwenig Mitwirkung der Eltern – das waren zunächst die Vorwürfe an die Adresse der öffentlichen Kindergartenerziehung. Freie Elterninitiativen zur Gründung privater Kindergärten in leerstehenden Läden [daher der Name Kinderladen] waren die Folge. Ging es anfangs nur um die Erziehung nach neuen, antiautoritären Prinzipien, z. B. im Sinne Summerhills, so entwickelte sich doch bald eine Richtung, die Kindererziehung als Bestandteil eines Klassenkampfes sowohl im Eltern- als auch im Kinderkollektiv verwirklichen will.

Die jungen Autoren dieses Bandes – ausnahmslos in der Berliner Kinderladenbewegung tätig – haben eine Bestandsaufnahme versucht. Sie haben sich nicht gescheut, auch eigene Fehler zuzugeben. Doch auch vor einer eindeutigen Antwort auf die Frage nach der Revolution haben sie sich nicht gedrückt. An Hand von Beispielen und zusammenfassenden Aufsätzen haben sie Theorie und Praxis der Kinderläden dargestellt.

rororo aktuell 1340/41

Herbert R. Kohl

anti-
autoritärer
unterricht
in der
schule
von heute

sachbuch. rororo

erfahrungsbericht und praktische anleitung

718/1